高等教育“十三五”应用型精品规划教材·旅游管理专业系列

酒店文化

主　编　谢春山　邹本涛
副主编　王焕宇　陈艳珍　戴晓丹

北京理工大学出版社
BEIJING INSTITUTE OF TECHNOLOGY PRESS

内容简介

酒店文化是伴随着企业文化的兴起而在酒店经营管理与服务供给过程中形成的一种文化现象。酒店文化包括物质、制度、行为和精神四个文化层次，其核心内涵是酒店在提供服务时所形成的价值观念和行为准则。酒店文化所具有的本质与内涵、结构与特征，决定了本教材的编写应坚持多视角、多层次和辩证分析的原则，既要研究酒店文化的意义和作用、酒店文化的内涵与特征，也要研究酒店文化形成的历程与发展趋势，以促进酒店文化的建设和酒店管理理论的完善，进而推进社会文化的繁荣和进步。

本教材以酒店文化研究为核心，按照研究内容的内在逻辑顺序，依次探讨了酒店文化概述、酒店品牌文化、酒店服务文化、酒店管理文化、酒店餐饮文化、酒店营销文化、酒店建筑文化、酒店礼仪文化、酒店康乐文化、酒店名人文化等，具有框架清晰、内容精练、观点新颖、视角独特、易读易懂等特点。本教材除正文外，每章都包含本章导读、学习目标、核心概念、本章小结、延伸阅读、复习思考题、参考文献等组成部分，使书稿的编排体例灵活而完整。

本教材可作为普通高等院校和高职高专院校旅游管理专业和酒店管理专业教学用书，也适合旅游业的从业人员和广大旅游爱好者阅读。

图书在版编目（CIP）数据

酒店文化/谢春山，邹本涛主编．—北京：北京理工大学出版社，2019.5（2019.6 重印）
ISBN 978－7－5682－7027－4

Ⅰ.①酒…　Ⅱ.①谢…②邹…　Ⅲ.①饭店－企业文化－高等学校－教材　Ⅳ.①F719.3

中国版本图书馆 CIP 数据核字（2019）第 088830 号

出版发行／北京理工大学出版社有限责任公司
社　　址／北京市海淀区中关村南大街 5 号
邮　　编／100081
电　　话／（010）68914775（总编室）
（010）82562903（教材售后服务热线）
（010）68948351（其他图书服务热线）
网　　址／http：//www.bitpress.com.cn
经　　销／全国各地新华书店
印　　刷／涿州市新华印刷有限公司
开　　本／787 毫米×1 092 毫米　1/16
印　　张／14.5
字　　数／342 千字
版　　次／2019 年 5 月第 1 版　2019 年 6 月第 2 次印刷
定　　价／40.00 元

责任编辑／王晓莉
文案编辑／王晓莉
责任校对／周瑞红
责任印制／李志强

前言

早在古代，酒店业经营者已认识到文化的重要性。古罗马兴盛时期有一种专供酒菜的店铺，称为酒肆（Tabema）。酒肆除提供酒水饭菜外，还开设赌局，留客住宿。酒肆外堆放着酒坛，屋檐下挂着成串的灌肠，墙壁涂成五颜六色，甚至出现了“某某酒店欢迎光临”的宣传标语。公元3世纪，随着罗马帝国的衰落，酒店业及其文化也一蹶不振，直到14世纪后才开始复兴。

在中国古代，为旅游体验活动提供食宿的逆旅、食店早在商周时期即已诞生。西周时期形成的“宾至如归”的饭店服务理念影响至今。为了吸引游客，推销产品，上古时期中国酒店发明了“酒旗”（幌子）这一宣传形式。魏晋至宋元时期，逆旅、食店兼营食宿服务，馆驿也开始向私务旅行者开放，酒店文化的色彩日益浓厚。魏晋、隋唐时期的逆旅、食店，“冬有温庐，夏有凉荫，刍秣成行，器用取给”“客舍洒扫以待，征旅择家而息”（《晋书·潘岳传》），极大地便利了旅客。至元代，私营旅馆、酒店遍布城乡，“饭店”一词正式登上历史舞台。为了招徕顾客，逆旅、饭店或装饰彩门，或张挂名画，或运用歌舞，“勾引观者，流连食客”（《坚异补志》）。明清时期，驿站普遍衰落，旅馆、饭店却更加繁荣。明代都市里的高级酒楼，如福禄楼、会仙楼、泰和楼、丰乐楼等，都悬挂着名人题写的匾额，酒楼门前有衣冠鲜丽的堂倌招呼客人，酒楼内备有美酒佳肴、歌伎舞女，还设有专供文人墨客饮酒题诗的诗牌。清代酒店的发展，超过以往任何时代。“九衢处处酒帘飘，涞雪凝香贯九霄。万国衣冠咸列坐，不妨晨夕恋黄娇。”（清·赵骏烈《燕城灯市竹枝词·北京风俗杂咏》）这首描述清帝国盛世北京餐饮业繁华兴盛的竹枝词，堪称形象而深刻的历史实录。

18世纪中叶，欧洲的酒店文化率先迈进近代门槛。一般认为，近代西方饭店的发展经历了大饭店和商业饭店两个时期。与此相对应，近代西方的饭店文化也经历了贵族化和平民化两个阶段。在大饭店时期，为迎合特权阶层的地位和声望需要，大饭店在文化上极力营造“贵族享受”的氛围。英国的大饭店非常重视“绅士式的服务”，服务人员训练有素，对礼貌礼节有着不同寻常的高要求；美国的大饭店注重私人生活，追求精致的服务，为上层社会提供聚会的时髦场所；法国的大饭店以其得天独厚的饮食文化为依托，提供匠心独具的宫廷饮食和优雅规范的膳食服务。在商业饭店时期，商业饭店大都秉承“薄利多销”的经营思想和“顾客第一”的服务理念，在控制成本上下功夫，力求为客人提供高质量的设施和服务。斯塔特勒饭店首次提出“提供普通民众能付得起费用的世界第一流的服务”，首次在每套客房内设置浴室和消毒马桶坐圈，首次在门把手上配置钥匙孔，首次在房门边安置开关，首次提供通宵洗衣、自动冰水、送报上门等服务。该饭店在服务方面的多项创新被20世纪的饭店业奉为标准，业主斯塔特勒也因此被称为“现代饭店之父”。这一阶段，中国的酒店文化也开始参照西方的服务标准和理念。

第二次世界大战结束后，作为旅游业三大支柱产业之一的饭店业取得了巨大的发展，酒店文化标准化程度越来越高。从20世纪五六十年代开始，国际上推出了星级饭店的评定，即按照饭店的建筑设备、饭店规模、服务质量、管理水平，把旅游饭店的等级定为若干等（或三等，如日本将饭店分为高级饭店、简易饭店和国民宿舍三大类；或四等，如罗马尼亚将饭店分为特级、一级、二级、三级共四个等级；通常为五等，以星的数量表示）。与此同时，一些住宿业组织也越来越重视在国际上建立服务质量信誉，不断推出服务质量标准化的举措，丽思卡尔顿、万豪国际酒店集团等，率先制定了旨在推进服务质量标准化的迎宾基本准则。通过这些服务质量标准化措施的不断推出，现代饭店服务质量有了显著的提升。1987年，我国首次制定《旅游涉外饭店的星级划分和评定》，国家层面的饭店服务质量标准化工作就此展开。20世纪90年代，国外饭店业首先提出个性化服务的理念，即以规范化服务为前提和基础，在满足一般游客的一般要求的基础上，进一步发现与满足不同客人的个性化需求，这一理念流行全球。威斯汀集团推出“2000威斯汀客房”的全新概念：客房因客人而异，设有商务、休闲、奖励旅游、会议、度蜜月等主题客房，充分满足不同客人的需要。另外，在卫生间、客房灯光和温度调节、服务方式（如“默默无声的服务员”的服务设计，使饭店员工工作时尽可能避开客人，以免打扰客人）等方面，旅游饭店也有革命性的个性化创新。我国的酒店文化也加快了个性化的步伐。

酒店文化的发展，极大地推动了旅游管理类专业的建设，旅游管理类专业、特别是酒店管理专业，纷纷开设酒店文化课程，并尝试编写酒店文化类教材。目前，以“酒店文化”为题的教材已有若干种。这些教材的出版，对满足教学需要，促进酒店文化的研究，丰富图书市场，功不可没。但这些教材也存在许多问题：有的逻辑不够严谨，酒店文化与企业文化经常混为一谈；有的结构松散，与酒店有关的文化都纳入酒店文化之中；有的重叠交叉，内容与相关学科大面积重复。在酒店文化的不断发展中，一些核心概念范畴，如酒店文化、酒店品牌文化、酒店服务文化、酒店管理文化、酒店营销文化等，也有待进一步完善。

有鉴于此，应北京理工大学出版社之约，辽宁师范大学、渤海大学、辽东学院、辽宁现代服务职业技术学院、沈阳工学院部分长期从事酒店文化教学研究的专家学者重新编写了这部《酒店文化》教材。

本教材以酒店精神文化为中心，由三大板块构成。

（1）酒店文化总论。这部分主要从宏观视角探讨酒店文化研究的兴起、发展，酒店文化的本质、内涵、结构、特征与作用（第一章）。

（2）酒店文化分论。这部分主要从中观视角探讨酒店品牌文化、酒店服务文化、酒店管理文化等酒店主干文化（第二至四章）。

（3）酒店文化专题。这部分主要从微观视角探讨酒店餐饮文化、酒店营销文化、酒店建筑文化、酒店礼仪文化、酒店康乐文化、酒店名人文化等酒店分支文化（第五至十章）。

每一章除正文外，设本章导读、学习目标、内容结构、核心概念、本章小结、延伸阅读、复习思考、参考文献等若干单元，以便师生教学。

与同类教材相比，本教材具有三大特点。

（1）追踪前沿、自主创新。本教材是作者在积累大量酒店文化研究成果的基础上撰写而成的，走的是“学术研究先行，教材编写继之”之路：首先对已有的酒店文化研究成果进行筛选，并对酒店文化的主要问题重新研究，发表了许多相关论文，然后将最新成果编入教材。因而完全符合教材创新性的要求：有自主知识产权的内容，体现作者的科研成果和新的科研成果的应用，反映相关学科发展趋势和经济社会发展的需要。

（2）概念范畴清晰、严谨。酒店文化是一门尚待走向成熟的学问，其表现之一就是尚未建立起自己的概念体系。酒店文化的核心概念如酒店文化、酒店服务文化、酒店管理文化、酒店品牌文化、酒店营销文化、酒店礼仪文化、酒店建筑文化、酒店名人文化等至今没有正式的定义或根本就没有定义。本教材对上述概念作了尽可能的梳理，对其现存定义加以补充、修正或赋予新意，使之更加清晰与严谨。

（3）内容结构完整、合理。目前国内酒店文化教材内容多，不够完整，如缺少酒店文化的重要组成部分——酒店品牌文化、酒店营销文化、酒店建筑文化、酒店名人文化；酒店文化的历史与酒店的历史往往混为一谈，酒店文化的组织结构往往被酒店的组织结构代替，内容与相关教材正面重叠；绝大部分章节缺少概述，有“点”而无“面”。本教材增加了酒店品牌文化、酒店营销文化、酒店建筑文化、酒店名人文化等，删除了“酒店的历史”“酒店的组织结构”等常见内容，每章以“概述”或“内涵与特征”开篇，基本克服了上述缺点，内容结构更加完整、合理。

本教材为集体合作编写的产物，辽宁师范大学谢春山教授、渤海大学邹本涛教授为主编，负责设置大纲，统稿、定稿；辽东学院王焕宇教授、辽宁现代服务职业技术学院陈艳珍教授、沈阳工学院戴晓丹副教授为副主编，协助主编修改书稿。具体撰写分工如下：辽宁师范大学谢春山教授编写第一章，辽宁民族师范高等专科学校魏占慧老师编写第二章，渤海大学邹本涛教授编写第三章，辽东学院王焕宇教授编写第四章，沈阳工学院戴晓丹副教授编写第五章，辽宁现代服务职业技术学院陈艳珍教授编写第六章，锦州师范高等专科学校王贺婵老师编写第七章，大连市旅游中等职业技术专业学校张裕金老师编写第八章，沈阳大学刘丹老师编写第九章，通化师范学院徐昌贵老师编写第十章。前言由谢春山、邹本涛共同撰写。

辽宁师范大学历史文化旅游学院旅游系的部分研究生为本教材的编写做出了较大贡献。邵蕾、于霞、王伟文为本教材第一章至第四章及第七章提供了部分初稿。曲彦慧、付丹、衣博文、李楠、胡文静、钟华美、曾婷婷、张乐、宋明轩、吉园园等同学在本教材的编写过程中做了大量的文字校对工作。

由于时间仓促，加之编者水平有限，本教材如有缺点和疏漏之处，恳请广大读者和学界同仁批评指正。对此，我们将不胜感激！

谢春山　邹本涛

2018 年 8 月

第一章

酒店文化概述

本章导读

酒店文化是伴随着企业文化的兴起而在酒店经营管理与服务供给过程中形成的一种文化现象。分析和探讨酒店文化的兴起、发展、本质、内涵、结构、特征与作用，不但有助于酒店理论的完善、社会文化的进步，还有助于酒店管理专业的发展与酒店文化建设的深入，进而促进酒店业的持续和健康发展。

学习目标

1. 了解酒店文化研究的发展阶段与内容。
2. 理解和掌握酒店文化的本质和内涵。
3. 理解和掌握酒店文化的结构与特征。
4. 理解和掌握酒店文化的作用和研究意义。

内容结构

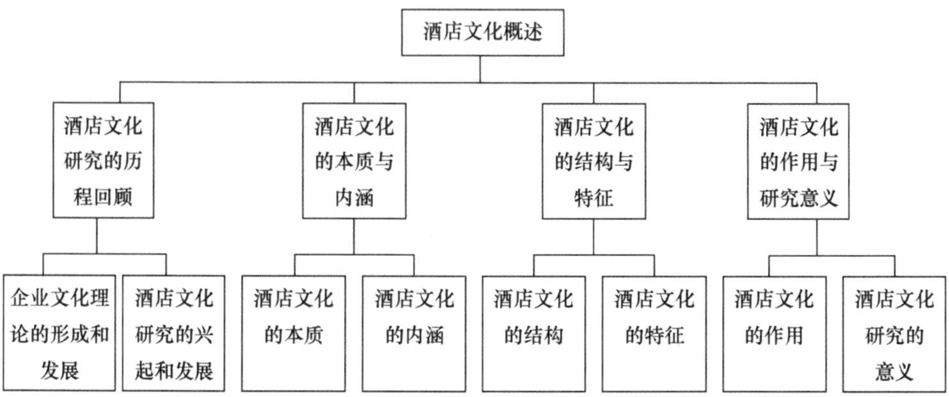

核心概念

酒店文化；兴起与发展；内涵与本质；结构与特征；作用与误区。

第一节　酒店文化研究的历程回顾

随着经济和社会的发展，酒店行业之间的竞争日益激烈，在经过价格竞争、质量竞争和服务竞争之后，现已进入文化竞争阶段。在酒店业整体提升的过程中，文化的重要性越来越突出，一座酒店若没有独特的企业文化和酒店文化，就会失去生命力。因此，通过丰富酒店文化的底蕴来参与企业之间的竞争，已经成为现代酒店发展的重要趋势之一。鉴于酒店是企业的一种特殊类型，酒店文化自然也就是企业文化的重要组成部分。从一定意义上讲，酒店文化实际上就是企业文化。因此，要了解酒店文化研究的发展历程，就必须首先了解企业文化理论的形成和发展。

一、企业文化理论的形成和发展

（一）国外企业文化的形成和发展

企业文化的产生是现代企业发展到一定阶段的必然结果。自20世纪70年代末开始，企业文化就已经成为企业管理研究中的一个重要课题。通过对国外学者有关企业文化研究的专著和论文的梳理分析，本教材将西方企业文化理论的形成和发展分为三个阶段，即企业文化研究的萌芽与初始阶段、企业文化理论的形成与繁荣阶段、企业文化理论的内容拓展与创新阶段。国外企业文化研究的兴起和发展如表1.1所示。

表1.1　国外企业文化研究的兴起和发展

阶段	时间	代表著作
企业文化研究的萌芽与初始阶段	20世纪20—70年代初	沃尔特·斯戈特（1960）《芝加哥的象征工业、企业、教育、文化之城》、牛顿·马各里斯（1965）《组织文化与自我实现过程》
企业文化理论的形成与繁荣阶段	20世纪70年代初期—80年代中期	威廉·大内（1981）《Z理论》、阿伦·肯尼迪和特伦斯·迪尔（1981）《西方企业文化》、特伦斯·迪尔和艾伦·肯尼迪（1982）《企业文化：企业生活的规矩和礼仪》、威吉·塞斯（1984）《企业文化：概念分析及其管理学意义》、帕斯卡尔（1984）《日本企业管理艺术》

续表

阶段	时间	代表著作
企业文化理论的内容拓展与创新阶段	20 世纪 80 年代中期—21 世纪初期	爱德加·H·沙因（1985）《企业文化与领导艺术：动态研究》、南希·马丁（1988）《企业文化变革中沟通的作用》；网络文化、企业文化与企业核心竞争力、多元文化、创新文化、无界限沟通等成为企业文化研究的新视角和新内容

1. 企业文化研究的萌芽与初始阶段

从时间界限上来说，20 世纪 20—70 年代初是企业文化研究的萌芽与初始阶段。这一阶段人们对企业文化的研究主要是从一般的组织文化的角度进行的，虽然所研究的内容包括企业宗旨、员工激励、价值观、企业氛围和自我价值实现等众多方面，但尚未形成体系完整的企业文化理论，对学界和业界的影响较为有限。尽管如此，沃尔特·斯戈特的《芝加哥的象征工业、企业、教育、文化之城》和牛顿·马各里斯的《组织文化与自我实现过程》等著作对企业文化的某些方面所进行的研究仍具有重要的意义，在一定程度上为企业文化理论的产生奠定了基础。

2. 企业文化理论的形成与繁荣阶段

20 世纪 70 年代初期—80 年代中期是西方企业文化理论的形成与繁荣阶段。在这一阶段，威廉·大内的《Z 理论》、阿伦·肯尼迪和特伦斯·迪尔的《西方企业文化》、汤姆·彼得斯和罗伯特·沃特曼的《追求卓越》、罗伯特·爱伦和夏洛特·克拉夫特的《企业自然的思维和行为：创造理想的企业文化的途径》、特伦斯·迪尔和艾伦·肯尼迪的《企业文化：企业生活的规矩和礼仪》、帕斯卡尔的《日本企业管理艺术》、威吉·塞斯的《企业文化：概念分析及其管理学意义》、劳伦斯·M·米勒的《美国精神：瞭望新企业文化》等在企业文化研究方面具有开创意义的著作相继出版发行，标志着企业文化以完整的理论形式展现在世人面前。虽然这个阶段的企业文化研究成果还是较为基础性的，主要集中在企业文化的概念、作用、培育和管理方式、企业文化与企业高层管理者的关系等方面，但很快被理论界和业界接受，并在整个企业管理领域产生重要而深远的影响。

3. 企业文化理论的内容拓展与创新阶段

企业文化研究的内容拓展与创新阶段主要集中在 20 世纪 80 年代中期到 21 世纪初期。在这一阶段中，企业文化研究的深度和广度都有所扩展，主要表现在研究的领域更为广泛，研究的内容更加深入。这一阶段的代表性著作有爱德加·H·沙因的《企业文化与领导艺术：动态研究》、南希·马丁的《企业文化变革中沟通的作用》等。这一阶段的企业文化研究除了基础性问题外，还重点对企业文化的形成和变革问题进行了研究。此后，随着某些特殊事件的发生，企业文化研究又开始转向一些新的研究论题。如 2001 年和 2002 年美国出现大公司欺诈行为后，企业文化研究者便开始关注企业道德和企业诚信问题。此外，随着时代的发展，网络文化、企业文化与企业核心竞争力、多元文化、创新文化、无界限沟通等成为企业文化研究的新视角和新内容。

（二）国内企业文化研究的兴起和发展

相对于国外来说，国内企业文化的研究起步较晚，兴起于20世纪80年代后期，可分为两个阶段，即企业文化的起步阶段与企业文化的发展阶段。国内企业文化的兴起和发展如表1.2所示。

表1.2 国内企业文化的兴起和发展

阶段	时间	主要表现
起步阶段	20世纪80年代后	虽然“企业文化”一词频繁出现在报纸杂志上，但研究水平总体不高，多停留在对企业文化概念的阐释和对原著进行改写或整理的层次上
发展阶段	20世纪90年代后	众多研究成果相继出现，标志着我国学者对企业文化的研究逐渐从对企业文化的概念阐述转向对实际应用的研究；同时，企业文化的建设成为政府和企业共同关注的热点

1. 起步阶段

我国企业文化研究的起步阶段可追溯到20世纪80年代。由于改革开放对国外企业文化的引进和介绍，我国学术界逐渐开始关注企业文化，尤其是当“企业文化”一词频繁出现在报纸杂志上后，全国企业界更是掀起了塑造企业精神的热潮。据不完全统计，到1989年底，报刊登载的企业文化文章就有250余篇，可见当时国内对“企业文化”关注的热情之高。这一时期的研究水平总体上看还不是很高，多停留在对企业文化概念的阐释和对原著进行改写或整理的层次上。如1982年，杨斌在最早介绍企业文化的杂志《世纪经济》中，发表了《Z理论——美国企业界如何迎接日本的挑战》和《日本企业管理艺术》两篇关于企业文化名著的评介文章。1984年，《管理世界》杂志上最早出现《组织文化》的译文。

2. 发展阶段

20世纪90年代后是我国企业文化研究的发展阶段。在这一阶段，魏法元的《面向知识经济的企业管理》、袁宝华的《知识经济挑战传统企业管理》、陈军的《知识经济与网络时代企业文化新趋势》、孙孝科的《信息化对企业文化的影响探析》、李巍和鲍升华的《企业文化作用机理研究》、张丽娜的《优秀的企业信息文化对企业信息化建设的作用分析》、许鹏鸿的《企业文化与企业管理的关系研究》、林静的《企业文化建设与企业管理战略探讨》、王鑫的《企业文化管理与建设初探》等众多研究成果相继出现，标志着我国学者对企业文化的研究逐渐从对企业文化的概念阐述转向对实际应用的研究。此外，国务院国有资产监督管理委员会下发的《关于加强中央企业企业文化建设的指导意见》、中国企业文化促进会颁布的《2006—2020年中国企业文化建设发展规划纲要》以及《中央企业发展系列报告》编委会公布的《中央企业企业文化建设报告2010》等，标志着企业文化的建设成为政府和企业共同关注的热点，促进了企业文化研究的稳步发展。

二、酒店文化研究的兴起和发展

1. 国外酒店文化研究的兴起和发展

国外酒店文化研究是伴随着企业文化的兴起而逐渐发展起来的。20 世纪 70 年代末到 20 世纪 80 年代，因日本对美国经济的挑战而掀起了企业文化研究的热潮之后，酒店文化作为企业文化的一个重要分支，逐渐引起专家学者的广泛关注。许多学者在企业文化研究的基础之上开始对酒店文化进行研究。20 世纪 90 年代后，国外酒店文化研究的内容不断拓展，影响日益扩大。

亚伯拉罕通过民族文化、公司文化和工作价值观对酒店管理行为影响的比较研究之后认为，酒店企业不同文化因素对酒店管理会造成不同的影响。安吉拉·洛佩尔和莫林·布鲁克斯对不同背景下的国际酒店因存在文化差异而采取不同的管理方法进行了研究。比尔·迈克充分肯定酒店品牌文化的重要性，认为品牌文化竞争是最高层次的竞争，也是国际酒店业的发展趋势。克里斯托弗在对中国境内国际酒店企业管理进行研究后认为，为了在中国巨大的酒店市场中获得较好的收益，跨国际管理者必须学习和借鉴中国的管理风格和管理文化，以适应酒店集团在中国本土的发展。杨振德对酒店组织文化中领导类型与文化共享的相互作用及效果进行了研究，认为领导类型与文化共享之间相互影响，具有明显的相关性。斯瑞肯斯和弗朗西从个人主义与集体主义文化差异的角度，以公平需求为基础，对酒店产品定价进行了研究，认为个人主义者不会因是否公平而对价格敏感，但集体主义者却会因不公平而对价格反应强烈。

总之，国外酒店文化研究首先肯定了文化在酒店中的意义和作用，指出酒店文化建设应根据社会、组织、领导、员工等文化背景培育合适的酒店文化，并应充分借鉴当地的文化以形成有效的管理风格。

2. 国内酒店文化研究的兴起和发展

随着世界范围内酒店业的蓬勃发展，酒店文化作为一种全新的管理理论开始深刻地影响着酒店的经营与管理，并在很大程度上影响着酒店服务的质量与声誉。虽然酒店文化早在 20 世纪 80 年代初期就传入我国，并受到酒店业的重视，但国内酒店文化研究却在 20 世纪 90 年代初期才开始兴起和发展起来。

总体看来，国内酒店文化研究主要集中在酒店文化的概念与构成、酒店文化与竞争力、文化特色与创新、酒店文化管理与建设等方面。

在酒店文化内涵与构成方面，聂明林在探讨酒店文化概念的基础上分析了酒店文化构成的三个层次，即酒店的物质文化、酒店的技术文化、酒店的精神文化。王秀芝等人认为，酒店文化包括语言文化、饮食文化、行为文化、客房文化、环境文化、娱乐文化。吴萍、苏勤全面阐述了酒店文化的基本构成及其特征，将酒店文化分成四个层次，即酒店的物质文化、行为文化、制度文化与精神文化。

在酒店文化与竞争力方面，彭学强、谢祥项从酒店产品、服务、企业文化和员工素质四个方面探讨了强化旅游酒店的差异化形象，打造酒店核心竞争力的问题。来逢波在研究酒店文化与竞争力关系的基础上，提出了开展酒店文化创新、提高酒店竞争力的新途径。谭卫平从品牌、管理、服务、人力资源与技术五个方面阐述了酒店文化与酒店竞争力的关系，认为只有酒店竞争力各要素与酒店文化管理系统进行整合，并与酒店文化融为一体，才能形成酒店独特的核心竞争力。

在酒店文化特色与创新方面，金高、杨保建从酒店文化与本土文化相结合的角度对酒店文化创新进行了研究。唐文闻认为，酒店文化定位特色化主要表现在酒店的经营理念、建筑设计风格、主题内容、地域传统、人员以及酒店活动六个方面。此外，王淮梁从建筑的角度探讨了民族文化在现代酒店中的运用。张仁庆对酒店服饰国际流行与传统结合进行了研究。淦凌研究了民族建筑、饮食、歌舞、服饰文化在酒店品牌建设中的应用。

在酒店文化管理与建设方面，徐虹从企业内部、企业与东道国之间、企业员工与顾客之间三个方面探讨了跨文化管理问题。聂云霞在分析显性文化、制度文化、价值观和劳动人事方面的差异给中外合资酒店经营管理带来难题的基础上探讨了跨文化管理对策。陈红玲、陈文捷以广东东莞喜来登酒店为例，对跨文化管理进行实证研究。王明景在中西方酒店文化比较分析的基础上强调要建设与中国本土文化相融合的酒店文化。崔莹在分析我国酒店文化建设误区的基础之上，强调应从认识与实践两个方面来建设有中国特色的酒店文化。田野在分析我国酒店行业文化建设现状的基础上，以案例形式对酒店文化建设进行了系统研究。

上述研究成果从不同层面、不同角度对酒店文化进行了深入、细致的研究，不但在理论上丰富了酒店文化的内容，更在实践上有助于酒店文化建设及酒店的经营管理，进而促进了酒店业的持续和健康发展。

第二节　酒店文化的本质与内涵

一、酒店文化的本质

目前，国内学者对酒店文化本质的认识和理解主要从经营管理的角度、员工规范的角度和对客服务的角度展开。酒店文化本质的研究维度如表 1.3 所示。

表 1.3　酒店文化本质的研究维度

研究维度	主要内容
经营管理的角度	酒店文化是在酒店经营管理过程中形成的一种文化现象，是酒店物质文化和精神文化的统一
员工规范的角度	酒店文化是酒店员工共同认可并遵守的经营理念、价值观念和行为准则，是影响员工服务行为和服务质量的重要因素
对客服务的角度	酒店文化是酒店在为客人提供服务的过程中所产生的一种特殊的文化形式，是酒店服务理念和服务要求的外在显现

1. 经营管理角度的酒店文化本质

从经营管理的角度来看，酒店文化是在酒店经营管理过程中形成的一种文化现象，是酒店物质文化和精神文化的统一。吴敏从“舞台真实”的角度对酒店文化进行了分析，认为饭店行业是一个大舞台，“后台”真实的文化内容被当作资源经过包装、填充、裁剪而搬上“前台”。因此，酒店文化就是长期“舞台”经营而形成和发展起来的独具个性的一种文化现象。李中林认为，酒店文化就是酒店在日常经营管理过程中形成的一种组织文化。滕秋丽在分析文化的内在价值因素后认为，酒店文化是饭店在为社会提供饭店产品与服务的过程中所呈现的物质与精神形态的统一。王春霞和马归民认为，酒店文化是指酒店自成体系的思想观念、文化观念、价值标准、管理模式、经营理念和物质文化环境的总和。冯红瑞和孔春艳认为，酒店文化通常指酒店以组织精神和经营理念为核心，以酒店的特色经营为基础，以酒店标志性的文化载体和超越性的服务产品为形式，在对员工及客人的人文关怀中所形成的共同的价值观、行为准则和思维模式的总和。

2. 员工规范角度的酒店文化本质

从员工规范的角度来看，酒店文化是酒店员工共同认可并遵守的经营理念、价值观念和行为准则，是影响员工服务行为和服务质量的重要因素。周凌洁和徐向波认为，酒店文化是酒店在长期的经营管理实践中不断培育成的占据主导地位的，且为全体员工所共同认可及遵守的企业精神、经营理念、企业价值观及相关的行为规范的总和。王诺斯和张嘉格认为，酒店文化逐渐形成与完善于一个酒店的长期经营过程中，是员工共有的经营哲学和价值观，是影响员工行为的重要因素。酒店文化形成了一种影响员工思维的力量，能够约束、引导、激励和凝聚员工的行为。赵萍以酒店文化对员工行为的影响为基础，将酒店文化分为物质文化、行为文化、制度文化和精神文化四个方面并进行了相关阐述。

3. 对客服务角度的酒店文化本质

从对客服务的角度来看，酒店文化是酒店在为顾客提供服务过程中产生的一种特殊文化形式，是酒店服务理念和服务要求的外在显现。吴萍认为，酒店文化建立在酒店内部价值观的基础上，是酒店对顾客服务的过程中体现的一种特殊文化形式，是酒店物质形态和酒店精神形态的综合。演克武和李顺认为，酒店文化是以酒店接待服务为依托，为旅游者提供食、宿、购、娱等服务过程中形成的一种特殊文化形态，是在酒店服务过程中企业、顾客和员工三者之间服务价值理念的提炼。田野认为，酒店文化与酒店服务有着一定的内在联系，酒店文化是一种综合的概念，是酒店服务中体现的酒店价值观念、酒店员工行为准则和思维方式的结合。

总体看来，上述各位学者的观点，无论是从经营管理的角度，还是从员工规范的角度都在一定程度上揭示了酒店文化的本质，也有助于人们对酒店文化内涵的认识和理解。本书认为，就酒店文化的本质而言，酒店业的宗旨和目的就是为来店入住的顾客提供安全、舒适、满意和周到的服务，所以酒店既不是为了管理而管理，也不是为了规范而规范。因此，在认识和理解酒店文化的本质时必须凸出和彰显“对客服务”的内容。在这个意义上分析，酒店文化是酒店在为顾客提供服务过程中产生的一种特殊文化形式，其核心内涵是酒店在提供服务时所形成的价值观念和行为准则。

二、酒店文化的内涵

酒店文化作为酒店在为顾客提供服务过程中所产生的一种特殊文化形式，具有丰富的内涵。因此，酒店文化的内涵可以从情感因素、服务宗旨、精神需求、人本内涵和文化渊源等不同的视角和层面来认识和理解。酒店文化内涵的研究层面如表 1.4 所示。

表 1.4　酒店文化内涵的研究层面

研究层面	主要内容
情感因素	酒店文化是一种情感文化
服务宗旨	酒店文化是一种服务文化
精神需求	酒店文化是一种精神文化
人本内涵	酒店文化是一种人本文化
文化渊源	酒店文化是一种融合文化

1. 酒店文化是一种情感文化

酒店文化本质上是一种情感文化，是顾客情感、员工情感及顾客与员工情感在酒店服务中的凝练和升华。一方面，酒店文化的培育既是顾客和员工对酒店文化的认知过程，也是顾客和员工心理交融与情感构建的过程。在这一认知和情感过程中，顾客与员工在享受和提供服务之间形成了一定程度上的一致性与适合性，进而使酒店文化具备情感色彩。另一方面，随着双方在心理和情感认知方面的进一步发展，顾客和员工会在有意与无意间将自己的身份与酒店身份联系在一起。顾客开始将酒店视为家，来此酒店就是为了寻找一种家的舒适和温馨，而员工也将酒店视为家，开始以主人的身份为顾客提供热情和周到的服务。如此一来，无论是顾客还是员工，都在心理上和精神上产生了一种较为强烈的对酒店的认同感和归属感，从而使酒店文化体现出较为强烈的情感。

2. 酒店文化是一种服务文化

酒店文化本质上是一种服务文化，其宗旨是通过良好的酒店文化建设为顾客提供热情、满意、周到的酒店服务，使其感受到家的舒适和温馨。同其他企业相比，酒店的整个生产经营活动都以为顾客提供优质的服务为中心。酒店服务既需要物质层面的服务产品，如菜肴、酒水、娱乐设施等的供给，更需要行为层面的服务行为，如员工的服务程序、服务规范和服务迅捷程度等的展现。因此，虽然酒店服务质量的高低有赖于建筑的设计装潢与设备设施的先进完好，但更有赖于员工的服务技能、服务技巧、服务流程与服务规范，特别是全体员工的服务意识。行动产生于意识，只有全体员工能够发自内心真诚地为顾客服务，才能在行动上做到微笑服务、优质服务，否则尽管又是鞠躬又是点头地满嘴喊“先生（小姐）您好”，但面无表情，总给人一种机械的、虚假的感觉，让顾客觉得很不舒服。正是在这个意义上，国内外的酒店为增强员工的服务意识，纷纷提出了“宾客至上”“顾客就是上帝”“顾客永远是对的”“顾客是衣食父母”等理念。虽然有的理念有失偏颇，但仍可从中看出中外酒店业在将为顾客提供优质服务视为企业的生命这一点上是相同的，自然会使酒店文化体现出服务的本质。

3. 酒店文化是一种精神文化

心理学家认为，商品消费除了具有物质性消费外，还有一种感性消费，这种消费主要是为了获得心理上和精神上的满足。感性消费的存在使得消费者特别看重和利用商品的象征意义和表现能力，试图通过商品的消费表现出消费者的社会地位、经济地位、生活情趣、个人修养等个性特征和品质。从某种意义上说，酒店消费就是这样一种旨在寻求心理和精神上满足的文化消费活动，从而使酒店文化在本质上呈现一种精神文化性质。虽然在酒店消费活动中，顾客首先必须解决食住娱等物质层面的需求，但随着社会的发展，特别是现代服务业的发展，人们入住酒店消费已不仅仅是简单的吃一顿饭、睡一宿觉，同时也追求精神层面的吃得有品位，睡得有质量。正是由于有了这种精神层面的需求，顾客才越来越重视在酒店消费过程中的文化蕴含、文化情调、文化氛围，甚至强调“吃不是目的，重要的是交流与惬意”。因此，酒店要为顾客提供满意而周到的服务，就必须为顾客的精神消费创造条件，除了要满足顾客实用、实惠性需要外，还必须满足顾客求新、求美、求知、求奇的精神需求。只有这样，才能吸引和招徕更多的顾客，并实现酒店的持续和健康发展。

4. 酒店文化是一种人本文化

酒店服务的对象是顾客，服务的提供者是员工，顾客和员工“人”的本质决定了酒店文化必然是一种人本文化。一般来说，酒店提供的服务多是“面对面”服务，因双方都是有思想、有感情的人，故顾客需要被友善地对待，员工也需要感情的慰藉。就善待顾客而言，酒店要吸引和招徕更多的顾客来店入住，就必须对顾客予以充分的尊重，提供满意周到的服务。因此，要本着一个善良、诚信的经营者心理，不管在任何情况下，只要顾客的要求是合理的，酒店就要想尽办法尽量满足，只有这样才能真正实现酒店服务的“人本化”。就对员工的慰藉而言，酒店必须始终坚信只有一流的员工，才能有一流的服务，既要重视并尊重酒店员工的需求，为员工营造良好的工作氛围，也要关心员工的生活，减少酒店员工的后顾之忧，还要尽可能给员工足够的授权，发挥员工潜力，给他们提升的机会。万豪酒店管理者认为“员工是第一位的，要关注员工的发展、忠诚、兴趣与团队精神。发掘和培养各方面的经营管理储备人才是酒店长远发展的重要保障”。因此，无论是从要求员工提供优质的服务的角度，还是从保障酒店长远发展的角度来看，酒店文化都是一种人本文化。

5. 酒店文化是一种融合文化

顾客和酒店员工来源的复杂性，特别是他们在文化背景、文化禀赋、价值取向、审美观念、行为方式、善恶标准上的差异性，自然而然地决定了酒店文化注定是不同层次、不同类型的文化交会而成的一种融合文化。就对顾客服务而言，酒店要为来自不同国别、不同地区的旅游者提供周到、细致、耐心、舒适的酒店服务，必须强化在酒店服务过程中的包容意识、开放意识和国际意识。同时，酒店要对来自不同文化背景和文化层次的顾客提供满意的服务，就必须首先考虑他们的需求特点，提供有针对性的服务，使其在享受服务过程中找到文化的认同感，进而产生亲切感、安全感和舒适感。就员工管理而言，要使这些来自不同国别、不同地区和不同民族的员工能够按照一个统一的标准提供优质的对客服务，就必须在充分尊重文化差异性和特色化的基础上，寻求一种文化包容和文化认同，以充分发挥不同文化在酒店文化建设和发展中的独特作用。

第三节　酒店文化的结构与特征

一、酒店文化的结构

在酒店文化的内在结构上，我国学者普遍认为最表层的酒店文化是酒店物质文化，而最深层的酒店文化是酒店精神文化，但在对酒店文化中间层次的理解上，却存在着一定的分歧。罗玉环认为，酒店文化包括实体文化层面、制度文化层面和精神文化层面。苗洪涛将酒店文化分为物质文化、技术文化和精神文化。尹洪勋认为，酒店文化包括表层物质文化、浅层行为文化、中层制度文化和深层精神文化。归潇峰将酒店文化视为一种特殊的企业文化，认为其结构可以按照企业文化划分为酒店物质文化、酒店管理文化和酒店精神文化。张露认为，酒店文化分为物质、行为、制度及精神四个文化层次。王朝晖、刘岚岚将酒店文化分为酒店物质文化、制度文化以及精神文化三个层面。

众所周知，酒店文化广义上属于企业文化的范畴，故对其结构的认识不能脱离企业文化的结构，但考虑到酒店文化的特殊性，酒店文化结构也应该具有自身的个性。因此，本书在综合分析和借鉴上述研究成果的基础上，将酒店文化的结构划分为物质文化、行为文化、制度文化与精神文化四个层面。只不过酒店文化的行为文化层面更突出地表现为服务文化性质，这是酒店文化有别于企业文化最为显著的特点。酒店文化的结构划分层面如表 1.5 所示。

表 1.5　酒店文化的结构划分层面

划分层面	主要内容
物质文化	处于酒店文化的最外层，是通过一切可视的实物所表达和体现出来的文化层面，主要包括酒店的建筑、设施设备、酒店用品及产品等
行为文化	处于酒店文化的中间层面，本质上是酒店员工与顾客的接触中所形成的一种服务文化，分为硬件和软件两个方面
制度文化	处于酒店文化的中间层面，是酒店正常运转和实现长远发展目标的重要保障，由组织机构、规章制度和领导体制三方面内容组成
精神文化	处于酒店文化的核心层，在整个酒店文化系统中起着主导和支撑作用，主要包括酒店的价值观、道德观、宗旨以及酒店精神

1. 酒店物质文化

酒店物质文化就是通过酒店的建筑、设施与产品等一切可视的实物形态所表达和体现出来的文化层面。

具体来说，酒店物质文化主要指体现在酒店的建筑装潢、空间结构、功能布局、内外装修、指示和服务标识以及前厅、客房、餐厅、吧室、厨房、会议、康体等不同区域的设施设备上的文化形态。特别需要强调的是，虽然酒店物质文化是由物质化了的客观实物来体现的，但在本质上却体现着酒店的特定文化内涵，如现代酒店业中越来越多的“主题酒店”，其外在的物质文化与表现形式都是为体现酒店的特定主题而设计的。

酒店物质文化在酒店文化中处于最表层，是酒店文化中最为直观、最为生动的要素，在吸引和招徕顾客的过程中具有重要的地位和影响。从某种意义上说，顾客常常根据自己对酒店物质文化的感知和认识来决定是否入住酒店，并享受相关的酒店服务。

2. 酒店行为文化

酒店不同于一般企业，除了提供具有物质形态的酒店产品外，还为顾客提供行为层面的酒店服务。在提供服务的过程中，酒店员工要通过某种“面对面”的形式同顾客接触，并实施具体的服务行为，进而形成一种服务文化，即行为文化。因此，酒店行为文化就是酒店员工在提供服务过程中形成的一种服务文化，既包括无形的服务理念，也包括有形的服务行为。

服务理念是酒店行为文化的内隐层次，包括酒店员工的服务意识、服务态度、服务精神以及价值观念、审美观念等，直接决定和影响着具体的服务行为。服务行为是酒店行为文化的外显层次，包括员工的仪容仪表、服务语言、服务技能、服务方式、工作效率等，是酒店员工在服务理念的影响下产生的一种具体的外在文化行为。

酒店行为文化，特别是酒店员工的服务行为，是顾客在接受酒店服务的过程中首先和直接感受到的文化层次。顾客常常根据亲眼所见的酒店员工的具体服务行为来分析和评判酒店服务的优劣。因此，酒店行为文化在酒店的经营管理中具有重要的地位，不仅是酒店服务质量和水平的某种标志，更在一定程度上影响着顾客对酒店的认知与评价，进而影响酒店的满意度和美誉度。

3. 酒店制度文化

酒店制度文化是酒店为保证酒店的正常运转和实现发展目标而制定和实施的组织规范体系，酒店制度文化包括组织机构、规章制度和领导体制三方面内容。

组织机构是酒店为了有效实现自身目标而建立的内部职能划分及相互关系。一般来说，酒店多采用职能性的组织机构，这种组织机构将从事相同或相似工作的人分配在同一职能部门，使他们能集中起来按照一定的班次和细分工从事特定的工作，以便于管理和提高工作效率。规章制度是酒店制度文化的核心内容，包括聘任制度、培训制度、奖惩制度、薪酬制度、员工行为准则等，这些规章制度对酒店员工的服务行为具有引导、规范和约束作用，从而在一定程度上影响着酒店服务的质量和水平。领导体制是酒店的领导方式、领导结构和领导制度的统一，作为酒店制度文化的核心内容，领导体制不仅直接决定着酒店组织结构的设置、规章制度的制定，更直接规范和影响着酒店的日常经营管理与服务供给，进而影响着酒店的生存和发展。

酒店制度文化在酒店经营和管理中具有重要的地位和作用。协调、规范和引导酒店员工之间、员工与酒店之间、员工与顾客之间以及酒店与顾客之间的关系，不但有助于增强酒店的凝聚力和竞争力，更能提高酒店的服务质量和服务水平。

4. 酒店精神文化

酒店精神文化是蕴含在酒店物质文化、行为文化和制度文化之中的，用以指导酒店经营管理并提供优质服务的意识形态和文化观念的集合。精神文化是酒店文化的核心层次，包括酒店的价值观、道德观、酒店宗旨和酒店精神。

价值观是酒店全体成员共享的价值标准及价值取向。价值观在酒店内起着引导和约束的作用，既引导全体员工为实现企业的共同目标而努力，也对员工的日常行为有一定意义上的约束作用，是增强酒店凝聚力、提供优质服务的动力源泉。道德观是酒店与社会交往互动、协调酒店员工之间及酒店与员工之间关系时所遵循的基本准则，包括职业道德和经营道德两个方面。职业道德要求酒店员工形成与酒店文化和企业目标相一致的价值观；经营道德要求酒店树立顾客至上的意识，提供优质的酒店服务，以赢得顾客的青睐和认同。酒店宗旨是酒店价值观的直接反映，规定了酒店员工在实现酒店目标的过程中应该怎样执行、遵循什么原则、采用何种方法等，具有引导市场和酒店员工行为的作用。酒店精神是经过精心培养而形成的酒店成员群体的精神风貌，酒店全体或多数员工共同一致，彼此共鸣的内心态度、意志状况和思想境界。酒店精神一旦形成，便会成为一种群体心理定式，既可以通过明确的意识支配服务行为，也可以通过潜意识产生服务行为，增强酒店员工服务的自觉性和主动性，保证服务质量。

酒店精神文化在酒店文化中处于核心地位，不但在整个酒店文化系统中起着主导和支撑作用，还影响和决定着酒店物质文化、行为文化与制度文化的发展和变化。

二、酒店文化的特征

酒店文化是酒店在长期市场运营中形成的具有自身特色的、扎根并依附于酒店的一种企业文化，除具有企业文化的共性特征之外，也具有自己独特的个性特征。这是在研究和探讨酒店文化特征时必须首先明确和遵循的基本原则。

目前，学者们对酒店文化特征的探讨方面，已经积累了较为丰硕的成果，如罗玉环认为，酒店文化的特征包括集体性、可继承性和扩布性、稳定性与变异性、独特性、规范性与服务性、地域性与民族性。苗洪涛认为，个性和共性的统一、无形和有形的统一、稳定和发展的统一是酒店文化的特征。归潇峰认为，酒店文化是企业文化和旅游文化融合的产物，其实质是以人为本，是价值观念、行为准则和思维模式的总和。刘佳杰认为，酒店文化的特征包括教育激励性、凝聚性、导向性、约束性和辐射性。张露认为，酒店文化具有可塑性、导向性、人本性、规范性和国际性特征。魏玲丽认为，经济型酒店文化具有价值性、可持续发展性、不易模仿性和不可替代性等特征。郑卓认为，可以从三个方面来认识和理解酒店文化的特征，即建设酒店文化的根本目标是增强企业的竞争力与凝聚力、酒店文化的实质是以人为本、酒店文化是一项完整的体系。

上述学者有关酒店文化特征的探讨，虽然因各自的研究视角和认识程度的不同导致他们在最终的观点见解和具体文字表述方面存在一定的差异，但都在一定程度上揭示了酒店文化特征的本来面貌，有助于增强对酒店文化特征的认识和理解。为此，在吸收和借鉴前人研究成果的基础上，本教材主要从引导性与规范性、地域性与民族性、无形性与有形性、综合性与系统性、个性与共性相统一的角度来分析和阐述酒店文化的特征。酒店文化的特征如表1.6所示。

表 1.6　酒店文化的特征

特征	主要内容
引导性与规范性	引导酒店员工自觉地在心理和行为上同酒店的发展目标和价值追求保持一致；对员工的服务行为和服务方式具有一定程度的约束作用
地域性与民族性	酒店文化的形成和发展需要吸收和借鉴不同地域文化的精髓；同时也需要同民族文化之间形成某种程度的融合
无形性与有形性	酒店文化中的物质文化层面和部分行为文化层面都以直观的、可感知的物质形态的形式呈现在顾客面前；而酒店文化中的精神文化、制度文化层面以及部分行为文化则具有无形性
综合性与系统性	酒店文化由物质、行为、制度和精神等不同层面的文化因素构成，体现出一种综合性；酒店文化不仅要求物质文化、行为文化、制度文化和精神文化之间的相互补充、相互协调，更体现在各文化层面内容构成要素之间的协调一致，具有系统性特征
个性与共性	酒店文化同其他制造企业文化、商业企业文化一样，具有企业文化的共性特征；酒店文化同时具有情感性、服务性、部门性和氛围性等个性特征

1. 引导性与规范性

从一定意义上说，酒店文化是引导性文化和规范性文化相统一的文化。就酒店文化的引导性特征而言，酒店文化，特别是其中的精神文化内涵是酒店的发展目标、价值观念、道德观念、酒店宗旨和酒店精神的高度集聚与凝练，在酒店的经营发展和向顾客提供酒店服务的过程中具有引导作用。这种引导作用主要表现在酒店文化会协调酒店的全体员工自觉地在心理和行为上同酒店的发展目标和价值追求保持一致，同心协力，勇于奉献，共创酒店美好的未来。同时，酒店文化作为酒店在长期经营过程中精心培育，并得到全体员工广泛认同的价值观念和酒店精神，对员工的服务行为和服务方式具有一定的约束作用，因而以潜移默化的方式时刻提醒和告诫员工在对客服务的过程中应遵循的服务程序、服务范围、服务要求与职业道德，从而对酒店员工具有一定的规范性。

2. 地域性与民族性

酒店文化是酒店在长期经营和发展中不断吸收借鉴不同地区、不同民族优秀传统文化而形成和发展起来的一种特殊的文化现象，具有鲜明的地域性与民族性特征。就酒店文化的地域性特征而言，酒店文化的形成是酒店的经营目标、价值追求与不同地域文化相互作用、相互融合的结果；而酒店文化建设也必须及时吸收和借鉴不同地域文化的精髓，从而使酒店文化能在遵循基本的文化发展规律的基础上，体现出地域色彩，实现酒店文化的创新与发展。就酒店文化的民族性特征而言，酒店所提供的服务是一种人与人之间的“面对面”服务，其中的人的因素，特别是人的情感因素常常是影响酒店服务质量的最为关键的因素之一。因此，酒店文化作为酒店在为顾客提供服务过程中产生和发展起来的文化形式，必须同民族文化形成某种程度的融合。只有这样，酒店文化才能走向人、走向大众、走向市场，并通过广泛的民族认同，最终实现酒店的持续和健康发展。

3. 无形性与有形性

酒店文化的重要特征之一是无形性与有形性的统一。就酒店文化的有形性特征而言，酒店文化中的全部物质文化层面和部分行为文化层面都以直观的、可感知的物质形态的形式呈现在顾客面前，如酒店的建筑状况、设施设备、客房配置、餐饮以及服务人员的仪容仪表、服务行为、服务规范等。酒店文化中的这些有形部分，是顾客不用推理判断便可直接通过感觉器官感受到的文化要素，因而在很大程度上影响着酒店的服务质量和服务水平。就酒店文化的无形性特征而言，酒店文化中的全部精神文化、制度文化以及部分行为文化，酒店的发展目标、价值观念、道德观念、服务宗旨、酒店精神、规章制度以及酒店员工的服务理念、服务态度等均具有无形性。酒店文化的上述无形内涵，虽然顾客难以直接凭感觉器官感受和认知，但在酒店的经营管理和服务供给中具有极为重要的作用，不但决定和影响着酒店文化中有形部分的展示和呈现，更在根本上决定了酒店服务的质量。

4. 综合性与系统性

综合性与系统性也是酒店文化的重要特征。就酒店文化的综合性特征而言，酒店文化本身就是由物质、行为、制度和精神等不同层面的文化因素构成，既包括有形文化部分，也包括无形文化部分，体现出一种综合性。同时，酒店本身就是一个小社会，对外接触面大、交流广，对内层次多，沟通体系较为复杂，最终造成酒店文化的丰富性和综合性。就系统性而言，酒店的经营管理本身就是一个系统工程，不仅要求酒店的经营、管理、服务、营销之间要紧密衔接、交流顺畅，更要求酒店各部门之间、各部门员工之间的紧密协作、相互配合，以保证对顾客提供周到、顺畅的服务。受此影响，酒店文化也体现出较强的系统性特征，不仅体现在酒店的物质文化、行为文化、制度文化和精神文化之间要相互补充、相互协调上，更体现在各文化层面的内容构成要素之间的协调一致上。否则，无论酒店建筑风格多么高雅、酒店硬件设施设备多么先进、酒店产品与服务多么精致，如果酒店制度跟不上，且缺少充满活力的酒店精神，不但难以为顾客提供满意的服务，也难以在激烈的市场竞争中立足和生存。

5. 个性与共性

个性与共性也是酒店文化的重要特征。就酒店文化的共性特征而言，酒店文化在本质上是企业文化的一种特殊形式，是企业文化在酒店领域的呈现和展示。因此，酒店文化同其他制造企业文化、商业企业文化一样，具有企业文化的共性特征，如人文性、集体性、社区性、时代性、继承性、相融性和创新性等。上述企业文化的共性特征是由企业的发展目标、经营管理特色、传统文化、员工素质以及内外环境等因素共同决定的。就酒店文化的个性特征而言，酒店文化毕竟是在酒店特殊的环境氛围、经营方式与理念、服务意识与服务行为以及酒店宗旨和酒店精神等多种因素的共同作用下，由酒店经过长期有意识地培养形成的一种文化形式，必然会呈现出自己独有的个性特征。总体看来，酒店文化的个性特征主要表现在情感性、服务性、部门性和氛围性等方面。从一定意义上来说，酒店文化是一种情感文化、一种服务文化、一种部门文化和一种氛围文化，这是酒店文化同其他企业文化最为显著的区别。

第四节　酒店文化的作用与研究意义

一、酒店文化的作用

由于酒店文化是一种特殊的企业文化形式，多数学者在研究和探讨酒店文化的作用时，常常将企业文化的导向功能、凝聚功能、激励功能、约束功能和辐射功能视为酒店文化的作用，认为酒店文化具有明确的价值观，清晰表明哪些是酒店所倡导和遵循的，可以指导和牵引员工的行为；酒店文化通过理念、制度和行为层的文化传播，特别是优秀员工的示范作用可调动员工工作的积极性，增强员工的归属感，具有凝聚作用；酒店文化可成为员工的内在激励因素，在一定程度上增强员工的归属感和目标感；酒店文化作为酒店的核心价值观，可指导、规范和约束员工的行为；酒店文化通过不同媒介传播能起到品牌营销作用，具有辐射功能。上述关于对酒店文化作用的认识，实际上是对企业文化作用的直接借鉴，虽然在理论上和逻辑上没有大的问题，但对于酒店文化这一特殊的企业文化形式来说，还是显得有些过于宏观和宽泛。因此，从较为具体的酒店文化的视角来看，酒店文化的作用，主要体现在提升酒店员工素质、提高酒店服务质量、强化酒店品牌形象和增强酒店核心竞争力等方面。这一认识，不但有助于人们准确认识和理解酒店文化的本质、特征与功能，也有助于有针对性地做好酒店文化建设，以充分发挥酒店文化在酒店经营管理和服务供给中的积极作用。酒店文化的作用如表 1.7 所示。

表 1.7　酒店文化的作用

酒店文化的作用	主要内容
提升酒店员工素质	酒店文化有助于从服务态度、服务流程、服务规范、服务技能与服务效率等方面提高员工素质，从而为顾客提供更优质的酒店服务
提高酒店服务质量	酒店文化的物质层面、行为层面、制度层面建设，不但体现了酒店的价值观、服务宗旨和酒店精神，更在提升酒店服务质量方面具有重要的作用和价值
强化酒店品牌形象	酒店文化中人性化的理念与实践，不但有助于实现员工与顾客双赢的目标，更能实现酒店品牌形象的强化
增强酒店核心竞争力	酒店文化建设，特别是酒店精神文化建设，不但难以被竞争对手模仿和超越，而且在增强酒店核心竞争力方面发挥了独特的作用

1. 酒店文化有助于提升酒店员工素质

就服务的特殊性而言，酒店服务是一种需要员工与顾客之间“面对面”接触的特殊的服务方式。顾客在享受酒店员工提供服务的过程中，固然在意最终的服务结果，同时也会对员工的素质进行评判，并最终判断酒店的服务质量。因此，酒店员工的素质对酒店服务质量具有较大的影响。一般说来，员工素质与酒店文化建设具有极为密切的关系，素质的养成不是员工放任自流的自我发展的过程，而是酒店长期培养训练和酒店文化规范引导的结果。酒店文化作为酒店员工共同认可的价值观念、理想追求、服务宗旨和酒店精神，能够强化员工对企业的归属感和忠诚度。酒店员工一旦自觉地将自己的未来同酒店的发展紧密地联系在一起，便会积极主动地投入酒店服务的过程中，并努力从服务态度、服务流程、服务规范、服务技能与服务效率等方面提高自身素质，从而为顾客提供更好、更优质的酒店服务。因此，酒店文化在提升酒店员工素质方面具有重要的作用。

2. 酒店文化有助于提高酒店服务质量

根据《旅游饭店星级的划分与评定》（GB/T 14308—2010）国家标准的要求，酒店服务质量实际上是一个综合性的评价指标，既包括必备硬件条件、设施设备、运营质量，也包括服务质量总体要求、管理要求和安全要求等。如果按照一一对应的关系，必备硬件条件和设施设备大致可以划分为酒店物质文化层面，运营质量和服务质量大致可以划分为酒店行为文化层面，管理和安全要求可划分为酒店制度文化层面，而上述物质文化、行为文化和制度文化都受酒店精神文化的影响和制约。酒店文化建设是一项系统工程，强调物质层面的酒店建筑物空间布局的规范合理、设施设备的完好，强调行为层面的酒店服务的热情、耐心、周到、迅捷，强调制度层面的酒店运营服务与安全管理的规范化、标准化和程序化，以体现酒店的价值观、服务宗旨和酒店精神。因此，酒店文化自然在提升酒店服务质量方面体现出重要的作用和价值。

3. 酒店文化有助于强化酒店品牌形象

酒店服务中主客双方的互动性，决定了酒店文化必然是一种人本文化，既强调友善对待顾客，也强调慰藉员工的情感。酒店文化中这一人性化的理念与实践，不但有助于实现“只有一流的员工才有一流的服务”的员工与顾客双赢的目标，而且能实现酒店品牌形象的强化。就顾客层面而言，一旦顾客对酒店的服务较为满意，便会自觉地向亲戚朋友宣传和推荐酒店的产品与服务。顾客的这种“现身说法”的口碑宣传方式对酒店潜在顾客的影响是非常大的，往往能比酒店通过第三方宣传营销和酒店“自说自话”的营销方式起到更好的效果。实践也证明，不少顾客在预订酒店之前通常会先找住过这个酒店的人或通过在线的酒店评价了解酒店情况，以决定是否最终入住酒店。就员工层面而言，一旦员工感觉自己得到酒店的情感慰藉与尊重，便会产生归属感和自豪感，进而积极主动地进行酒店营销宣传。酒店员工的营销宣传，不但有助于增强顾客对酒店的信任感和亲切感，更有助于酒店形象的强化和传播。此外，酒店品牌形象本身就是酒店文化的重要组成部分，酒店的物质、行为、制度和精神文化都在一定层面、一定视角展示和彰显酒店品牌形象。因此，酒店文化建设有助于强化酒店品牌形象。

4. 酒店文化有助于增强酒店核心竞争力

酒店核心竞争力是酒店在经营过程中形成的、竞争对手无法模仿、无法超越且能为酒店带来超额利润的竞争能力，是酒店在激烈的市场竞争中生存、发展和保持不败之地的根本因素。众所周知，随着经济和社会的发展，酒店之间的竞争早已摆脱了有形的价格竞争、产品竞争、市场竞争，转向无形的形象竞争、人才竞争和文化竞争，特别是文化竞争已经成为酒店竞争中的一种关键且具有常态性的竞争形式。就酒店文化的构成要素而言，物质文化层、行为文化层和制度文化层，虽然在酒店生存和竞争中均具有重要的作用，但毕竟不是酒店文化的核心部分，不但受精神文化层的制约，且也易于被竞争对手模仿和超越。因此，要增强酒店的核心竞争力，在强调酒店文化建设的同时，必须重点突出酒店的精神文化建设，要从酒店的经营目标和自身条件出发，根据酒店的价值观、道德观，结合地域与民族特色，精心培育并凝练酒店的服务宗旨与酒店精神，并将其拓展和彰显在酒店文化的物质层面、行为层面和制度层面，以充分发挥酒店文化在增强酒店核心竞争力方面的独特作用。

二、酒店文化研究的意义

研究和探讨酒店文化对促进酒店管理理论的完善、酒店管理专业的发展、酒店文化的建设以及社会文化的进步均具有重要的意义。酒店文化研究的意义如表 1.8 所示。

表 1.8　酒店文化研究的意义

酒店文化研究的意义	主要内容
有助于酒店管理理论的完善	研究和探讨酒店文化在一定程度上也是研究和探讨酒店管理理论，有助于酒店管理理论的发展和完善
有助于酒店管理专业的发展	研究和探讨酒店文化，有助于将酒店文化的理念和精神贯穿到整个酒店管理专业建设的内容和环节之中，进而实现酒店管理专业的健康发展
有助于酒店文化的建设	酒店文化研究能为酒店文化建设提供一种借鉴、参考和“文化优势”，并通过对酒店文化理论与实践的分析，促进酒店文化建设
有助于社会文化的进步	酒店文化研究不但通过丰富和完善文化理论有助于社会文化的发展和进步，还通过促进酒店员工文化底蕴的增强和住店客人文化素质的提升，促进社会文化的进步

1. 有助于酒店管理理论的完善

众所周知，酒店文化是酒店在为顾客提供服务过程中产生的一种特殊的文化形式，包括物质、制度、行为和精神四个文化层次，其核心内涵是酒店在提供服务时所形成的价值观念和行为准则。酒店文化在酒店的经营管理和服务供给过程中具有重要的地位和作用，不仅表现在能引导和影响服务员的操作行为、主管人员的督导行为，还在一定程度上规范和影响着部门经理的经营管理行为和总经理的决策行为，而上述服务的操作层、主管督导层、部门经理管理层和总经理决策层，通常是一般意义上酒店管理的基本层次结构。因此，研究和探讨酒店文化在一定程度上实际上也是在研究和探讨酒店管理理论，有助于酒店管理理论的发展和完善。

2. 有助于酒店管理专业的发展

酒店管理专业作为培养酒店人才的重要途径，其专业建设和发展的优劣不但直接影响着所培养人才的质量，也在一定程度上影响着酒店行业的发展。从整个酒店管理专业建设和发展的角度来看，研究和探讨酒店文化，不但有助于酒店文化课程本身的建设和发展，更在一定意义上有助于将酒店文化的理念和精神贯穿到整个酒店管理专业建设的内容和环节中，进而在专业建设和人才培养过程中彰显文化的内涵，提高人才培养的质量和水平，实现酒店管理专业的健康发展。

3. 有助于酒店文化的建设

酒店文化是酒店在自身发展过程中逐步培养和形成的一种特殊的文化形态，在酒店的生存和发展中具有重要的地位和作用。酒店文化研究对于酒店文化建设的重要意义在于：首先，酒店文化研究能为酒店文化建设提供一种借鉴与参考，使酒店文化建设有章可循、有路可依；其次，酒店文化研究能为酒店提供“文化优势”，并通过将其与自身实际状况的融合形成具有自身特色的酒店文化，促进酒店文化建设；最后，酒店文化研究既包含对酒店文化理论的分析，也包含对酒店文化实践的探讨，有助于酒店文化建设。

4. 有助于社会文化的进步

社会文化的进步离不开文化理论的完善与发展，酒店文化是酒店管理的重要组成部分，同时也是社会文化的重要内容之一。因此，研究和探讨酒店文化对于促进社会文化的进步方面具有重要的作用和意义。首先，酒店文化研究有助于丰富和完善文化理论，进而有助于社会文化的发展和进步；其次，酒店文化研究不仅有助于促进酒店员工文化底蕴的增强，也有助于住店顾客在酒店“文化氛围”的熏陶下实现自身文化素质的提升，进而促进整个社会文化的进步。

本章小结

（1）企业文化的产生是现代企业发展到一定阶段的必然结果。自 20 世纪 70 年代末开始，企业文化开始成为企业管理研究中的一个重要课题。西方企业文化理论的形成和发展分为三个阶段，即企业文化研究的萌芽与初始阶段、企业文化理论的形成与繁荣阶段、企业文化理论的内容拓展与创新阶段。相对于国外来说，国内企业文化的研究起步较晚，兴起于 20 世纪 80 年代后期，可分为企业文化的起步与发展两个阶段。

（2）20 世纪 70 年代末到 80 年代，酒店文化作为企业文化的一个重要分支逐渐引起专家学者的广泛关注。20 世纪 90 年代后，国外酒店文化研究的内容不断拓展，影响日益扩大。总体看来，国外酒店文化研究首先肯定了文化在酒店中的意义和作用，指出酒店文化建设应根据社会、组织、领导、员工等文化背景培育合适的酒店文化，并强调应充分借鉴当地的文化以形成有效的管理风格。国内酒店文化研究在 20 世纪 90 年代初期开始兴起和发展起来，研究内容主要集中在酒店文化的概念与构成、酒店文化与竞争力、文化特色与创新、酒店文化管理与建设等方面。

（3）国内学者对酒店文化本质的认识和理解主要从经营管理的角度、员工规范的角度、对客服务的角度展开。从经营管理的角度看，酒店文化是在酒店经营管理过程中形成的一种文化现象，是酒店物质文化和精神文化的统一；从员工规范的角度看，酒店文化是酒店员工共同认可并遵守的经营理念、价值观念和行为准则，是影响员工服务行为和服务质量的重要因素；从对客服务的角度看，酒店文化是酒店在为客人提供服务过程中产生的一种特殊文化形式，是酒店服务理念和服务要求的外在显现。

（4）酒店文化作为酒店在为顾客提供服务过程中产生的一种特殊文化形式，具有丰富的内涵，主要体现在以下几方面：酒店文化是一种情感文化，酒店文化是一种服务文化，酒店文化是一种精神文化，酒店文化是一种人本文化，酒店文化是一种融合文化。

（5）酒店文化的结构可划分为物质文化、行为文化、制度文化与精神文化四个层面。其中，物质文化是通过酒店的建筑、设施与产品等一切可视的实物形态所表达和体现出来的文化层面；行为文化是酒店员工在提供服务过程中形成的一种服务文化，既包括无形的服务理念，也包括有形的服务行为；制度文化是酒店为保证酒店的正常运转和实现发展目标而制定和实施的组织规范体系，包括组织机构、规章制度和领导体制三方面内容；精神文化是指导酒店经营管理并提供优质服务的意识形态和文化观念的集合。

（6）酒店文化是酒店在长期市场运营中形成的具有自身特色的、扎根并依附于酒店的一种企业文化，在具有企业文化的共性特征之外，也具有自己独特的个性。就个性特征而言，酒店文化主要具有引导性与规范性、地域性与民族性、无形性与有形性、综合性与系统性、个性与共性相统一的特征。

（7）虽然由于酒店文化是一种特殊的企业文化形式，多数学者在研究和探讨酒店文化的作用时常常将企业文化的导向功能、凝聚功能、激励功能、约束功能和辐射功能视为酒店文化的作用，但从较为具体的酒店文化的视角来看，酒店文化的作用主要体现在提升酒店员工素质、提高酒店服务质量、强化酒店品牌形象和增强酒店核心竞争力等方面。

（8）进行酒店文化研究具有重要的理论与实践意义，不但有助于酒店理论的完善，社会文化的进步，还有助于酒店管理专业的发展与酒店文化建设的深入，进而促进酒店业的持续和健康发展。

延伸阅读

酒店文化解析

随着我国旅游业的迅速崛起，酒店的地位日趋显著。酒店业的迅猛发展，导致同行之间的竞争也愈演愈烈。各酒店在提供相同产品和服务的同时，如何创造更高的经济效益，成为酒店管理者思考的问题。不难发现，酒店管理者在注重物质建设的同时，往往忽视了文化建设的重要性，一味地追求酒店外在的、物质性的产品与服务，而忽视了酒店内在的、精神性的产品与服务。笔者认为，酒店文化建设是酒店发展的关键。

一、酒店文化的概念与特征

关于酒店文化的解释，许多专家学者都有各自不同的看法。洪涛认为，饭店文化是饭店员工共同拥有的价值观、饭店精神、经营哲学等，是一种渗透在企业一切活动之中的东西，是企业的灵魂所在。演克武认为，酒店文化是指以酒店的经营理念为核心，以特色经营为基础，以标记性的文化载体和超越性的服务产品为形式，在对员工、客人及社区公众的人文关怀中所形成的共同价值观念、行为准则和思维模式的总和，主要表现在酒店哲学、酒店价值观、酒店意识、酒店精神、酒店道德、酒店审美观和酒店思维方式等方面。洪涛直接定义饭店（酒店）文化，认为酒店文化是企业的灵魂；演克武则从经营管理的角度出发，认为酒店文化是价值观念、行为准则和思维模式的总和。根据学者们的解释，酒店文化具有三个主要特征。

1. 酒店文化是企业文化和旅游文化融合的产物

酒店文化的形成受企业文化和旅游文化的双重影响。首先，企业文化作为企业的管理理论，把企业的管理从技术层面上升到文化层面，并渗透到组织的各个环节。由此酒店也形成了独特的文化形态——“酒店企业文化”，这种文化与企业文化具有相同的特征、功能，并伴随企业文化的发展而不断变化。其次，旅游文化是以旅游诸要素为依托，作用于旅游过程中的精神文明和物质文明的总和。酒店是旅游活动的重要载体，同时也是旅游存在与发展的物质基础。如20世纪90年代以后，旅游者开始产生“回归自然”的想法，许多酒店便紧跟潮流，开辟了以休闲、度假为主的酒店业态，这些酒店大多坐落于风景优美之地，如三亚的悦榕庄、杭州的法云安缦等。由此可见，酒店文化的形成定会受到企业文化与旅游文化的影响，这种文化不仅是客观的文化现象，而且满足企业文化与旅游文化的双重条件。

2. 酒店文化的实质是以人为本

酒店是劳动密集型行业，人是酒店管理中最重要、最根本、最活跃的要素，万豪、洲际等许多知名酒店管理集团都以人为核心。“以人为本”是马里奥特75年成功的基础。马里奥特长期以来一直坚信员工是最大的资产，马里奥特文化就是马里奥特的员工以实际行动为顾客所创造的服务体验，其宗旨在于人服务于人。“以人为本”是万豪的宗旨，也是对员工和顾客的承诺。这些成功的酒店却是围绕人而展开的，是酒店文化最表层的体现。酒店文化应从内在出发，通过文化的共通性与感染性，实现内在渗透，英迪格将这一特性充分诠释。英迪格十分重视酒店文化与地方文化的结合，把地方文化和独特历史融入酒店的建筑与装饰之中。天津的英迪格酒店在大堂中挂着“大龙邮票”，而在大门右侧停放着“飞鸽牌”自行车，这些装饰不仅是文化的遗留，更是历史的见证，给酒店平添了一份怀旧的气息。通过地方文化的渲染，酒店文化从表层渗透到心灵深处，这也是“以人为本”的重要体现。

3. 酒店文化是价值观念、行为准则和思维模式的总和

文化是人类发展到一定时期而产生的一种特殊的社会现象。因此，文化是人类所独有的，随着人类社会的形成和发展而不断变化。酒店文化作为亚文化的代表，其内涵亦是如此。首先，酒店文化是在为顾客提供产品和服务等实践过程中培养而形成的。酒店文化是经营实践、行为规范在理论上的反映，展示的是酒店的价值观念、哲学理念和思维模式。其次，酒店文化是无形价值的体现，必须将其转化到生产经营活动中去，通过回归实践，更有利于酒店文化在各环节的渗透，为全体员工所遵守；同时酒店的价值观念、行为准则、经营理念在实践中不断充实，使酒店的凝聚力不断加强，最终成为酒店的共同价值观。

二、酒店文化的功能

由于酒店竞争大多倾向于“无形物”，因此酒店文化则成为同行竞争的重点。顾客在享受有形的物质和产品的同时，更注重酒店无形的产品和服务，这是顾客可获得的附加值，亦是酒店竞争的关键。酒店文化对酒店竞争力的强弱起着至关重要的作用，酒店文化有其独特的功能。

1. 导向功能

酒店文化为酒店经营活动确定正确的指导思想和决策方向。酒店经营目标、经营决策的正确决定和贯彻实施等都取决于整个酒店的精神状态和文化氛围。良好的酒店氛围，有利于酒店健康稳定的发展。通过酒店文化的感染，给员工提供正确的价值引导，并统一在酒店的管理体系中，使其更适应酒店的价值观念与管理哲学。

2. 凝聚功能

酒店是劳动密集型行业，酒店文化的凝聚力是指员工与员工之间、员工与酒店之间的关系问题。当酒店文化被员工认同后，会成为一种黏合剂，从各方面把企业员工紧密联系起来，在共同认识和共同目标的基础上，使酒店产生一种巨大的向心力和凝聚力。酒店文化把员工和酒店两者的追求紧紧地联系起来，使每个员工产生归属感和荣誉感。

3. 强化功能

确立酒店文化，有利于使员工明确酒店的发展目标和方向、激励全体员工朝着共同目标而努力，同时也有利于员工的自我实现。通过酒店文化的建设，不仅可以推动并强化酒店的“无形物”，而且也使酒店文化体系得以建立，使酒店在竞争中处于领先地位。因此，酒店文化的强化功能既有利于员工个人价值的实现，又能促进酒店目标的达成。

4. 约束功能

酒店文化作为酒店管理的中心部分，通过建立共同的价值体系，形成统一的思想和行为，对企业中每一位员工的思想和行为都具有规范性、约束性，使其自我控制。通过这种“软约束”，有利于酒店管理者对组织内部资源进行有效开发与整合，通过提高酒店员工的劳动效率，降低交易成本，最大限度地提高酒店的营业利润。

5. 辐射功能

酒店文化内涵的表现形式称为酒店形象，优秀的酒店形象是酒店成功的标志。酒店作为综合性企业，其企业形象包括两个方面：一是内部形象，可以激发企业员工对本企业的自豪感、责任感和崇尚心理；二是外部形象，能更深刻地反映出该企业的特点以及内涵。2010年年初，万豪集团建立基金支持淡水资源环保计划——“尚自然，饮水思源”，该计划被广泛关注，争相效仿。由此可见，好的酒店文化内涵会被广泛地借鉴和复制，对社会文化也有潜移默化的影响，而这种酒店文化所产生的效应就已经超出了原有的范围，具有极强的辐射功能。

三、酒店文化的层次

酒店文化是酒店不断前进与发展的精神动力，涵盖了酒店的物质、制度、精神等层面。作为一种特殊的企业文化，酒店文化的内容结构可以按照企业文化来划分，分为酒店物质文化、酒店管理文化、酒店精神文化，这三个层次相互影响，相互融合，使酒店文化呈现出一套完整的体系。

1. 酒店物质文化

酒店物质文化是酒店文化构建的基础。如果没有物质基础那就谈不上文化发展，而酒店文化的构建正是基于酒店的物质文化。酒店物质文化主要包括酒店景观文化（建筑、环境文化）、酒店产品文化（服务、产品文化）。关于酒店物质文化的讨论，笔者以广州白天鹅宾馆（以下简称白天鹅宾馆）为例，从内外两个角度来予以说明。

外部角度是指酒店的选址问题。针对地理位置的选择，白天鹅宾馆有其独特的思考。白天鹅宾馆位于广州的沙面岛，沙面岛不仅风景优美，而且曾是外国的租界和驻华领事馆的集中地，是中西文化的交汇地，这样优越的外部条件成为酒店选址的重要参考。

内部角度主要包括酒店内部的装饰设计和产品服务。第一，装饰设计。白天鹅宾馆的设计继承了中国传统园林的风格，结合了岭南园林设计的精华，中庭以“壁山瀑布”为主景，形成了独特的岭南风情，整个酒店的布局也体现了中国传统美学的意蕴。我国建筑设计大师莫伯治先生对白天鹅宾馆雅致的风景赞叹道：“东来紫气起琼楼，环拱芳村与绿洲。潮涨鹅潭三水注，春风竞秀拔头筹。”第二，产品服务。白天鹅宾馆作为国家首批五星级酒店之一，不仅有独特的建筑环境，其优质贴心的服务也为人称赞。多年来，白天鹅宾馆一直致力于业务流程的规范化、作业标准化和管理制度化，所出版的《白天鹅宾馆管理实务》堪称经典。同时，酒店的服务也体现出领先、独特两大特点，如早在1983年就率先在酒店行业中使用信用卡结账，餐厅建立熟客档案，还提供婴儿床、设置婴幼儿游乐园等，诸如此类的贴心细致的服务在宾馆随处可见。白天鹅宾馆不仅见证了中国改革开放四十年的历程，同时也是中国酒店业物质文化建设的典范。

2. 酒店管理文化

酒店管理文化是酒店文化发展的主要表现。如果酒店没有经营理念、管理标准，那就无法展示酒店形象，更不能体现酒店文化。经营理念与管理原则不仅决定了酒店的服务质量，更是酒店管理文化的重点。酒店管理文化是指酒店在经营和管理的过程中，各自形成独特的经营理念、管理原则和服务标准。如喜来登十戒、希尔顿七信条、香格里拉的八项原则、里兹·卡尔顿的黄金标准等。理念、原则所构成的酒店管理文化能够推动酒店组织结构的不断完善。

香格里拉的酒店管理文化包括五大核心价值观和八项基本原则。第一，五大核心价值观是指尊重备至、温良谦恭、真诚质朴、乐于助人、彬彬有礼。这五大核心价值观所形成的酒店管理文化极富传统气息，而且体现了香格里拉对员工寄予的希望，同时也是员工的工作准则。第二，香格里拉的管理文化最主要表现在八项基本原则，该原则以“员工满意”和“客人满意”为出发点，不同程度地反映了酒店文化的实质。如针对八项原则中的“我们希望每一位高层管理人员都尽可能地与顾客接触”，再如“我们确保决策点就在与顾客接触的现场”，因此香格里拉提出“总经理走进会客点”的做法，每周的某一天下午4点到5点，饭店总经理坐在大堂副理的位置上，及时解答客人提出的有关问题，为客人提供周到细致的服务。香格里拉把由五大核心价值观和八项基本原则形成的酒店管理文化真正渗透到酒店的各项管理工作中，既规范员工的工作和行为，又有利于酒店管理层对组织结构的完善。

3. 酒店精神文化

酒店精神文化包括酒店的目标、宗旨、价值观和企业精神等，酒店精神文化是酒店文化的最高表现。

首先，企业目标是酒店奋斗的方向，是全体员工意志的象征，也是实现酒店价值观的动力。如希尔顿“我们不断努力提高产品和服务质量”，香格里拉“我们的前景目标：成为客人、员工和经营伙伴的首选”。通过提出婉转含蓄的口号，间接表达了酒店的最终目标。其次，企业宗旨是企业价值观的反映，也是企业最高目标的表现，如万豪的“人服务于人”，希尔顿的“众多选择，如一服务”。不难发现，酒店的宗旨所指的对象都是人，不论是外在的服务还是内在的关心，始终体现“以人为本”的实质。再次，企业精神是企业员工在生产经营的过程中，在价值观念的支配下，逐步形成和优化出来的群体意识，是企业生存和发展的基石和动力，是推动企业走向成功的“意识革命”。万豪的企业精神可分为三方面，一是始终尊重、关心员工，为员工提供成长和个人发展的环境，深信员工是最重要的资产；二是贴心服务每位客人，注重服务过程的细节，不断改革和创新服务意识；三是积极响应社会公益慈善活动，以“万豪的方式”服务社会。这些目标、宗旨、精神和价值观共同构成了酒店精神文化的主干，展示出酒店的形象和文化特质。

值得注意的是，酒店的绿色文化也是酒店精神文化的重要组成部分。随着经济的快速发展，人与自然的矛盾日益加剧。为了适应环境的可持续发展，酒店将绿色文化引入日常的管理之中，形成新的酒店业态——“绿色饭店”。绿色饭店（酒店）以环保、健康、安全、节约为基本理念，坚持绿色管理，倡导绿色消费，保护生态和合理使用资源。1997 年，香港港岛香格里拉酒店开始实施 ISO 4001 标准，推行环境管理体系，两年内，通过在房内放置提醒牌，减少洗衣量，节约费用 8.3 万港元，水流控制和节能灯装置节约 130 万港元。由此可见，对于酒店绿色文化的构建，一方面有利于降低投入成本，节约自然资源；另一方面也是时代发展的需要，是未来酒店发展的新趋势。

“文化是生命线和黏合剂，连接着我们的过去、现在和未来”。酒店文化作为一种特殊的文化形态，不仅是酒店前进与发展的精神动力，也是酒店业竞争的关键。因此，必须通过酒店物质文化、酒店管理文化、酒店精神文化三者相互影响、相互融合，共同构建完整的文化体系，以推动酒店行业的进步与发展。

阅读思考

1. “酒店文化建设是酒店发展的关键”，你是否同意，为什么？

2. 将酒店文化的特征归结为：酒店文化是企业文化和旅游文化融合的产物；酒店文化的实质是以人为本；酒店文化是价值观念、行为准则和思维模式的总和。你是否同意，为什么？

3. 酒店文化具有导向功能、凝聚功能、强化功能、约束功能、辐射功能。你是否同意，为什么？

4. “作为一种特殊的企业文化，酒店文化的内容结构可以按照企业文化来划分，分为酒店物质文化、酒店管理文化、酒店精神文化。这三个层次相互影响、相互融合，使酒店文化呈现出一套完整的体系”，你认为如何？

复习思考

1. 简述国内外企业文化研究的历程。
2. 简述国内外酒店文化研究的历程。
3. 如何理解酒店文化的本质？
4. 如何理解酒店文化的内涵？
4. 酒店文化的层次结构如何划分？
5. 酒店文化有哪些特征？
7. 酒店文化有哪些作用？
8. 酒店文化研究有什么意义？

参考文献

[1] 解尚明 . 东方雅高主题酒店及其文化构建 [D]. 成都：西南交通大学，2012（5）.
[2] 罗玉环 . 论如何完善酒店文化建设——以泰安市御座宾馆为例 [D]. 青岛：青岛大学，2011（5）.

[3] 彭小枚. 论酒店文化的构建 [D]. 长沙：湖南师范大学，2008 (3).
[4] 李莉. 中西旅游酒店业管理文化的差异 [J]. 海南大学学报（社会科学版），1999 (6).
[5] 黄光辉. 民族酒店文化建设研究 [D]. 湘潭：湘潭大学，2009 (5).
[6] 谢朝武，陈岩英. 我国酒店文化研究的理论结构——对我国酒店文化十年研究历程的透视与述评 [J]. 乐山师范学院学报，2007 (9).
[7] 吴萍，舒勤. 酒店文化的构成特征及其管理功效 [J]. 中山大学学报论丛，2005 (4).
[8] 彭红霞，达庆利. 企业文化、组织学习、创新管理对组织创新能力影响的实证研究 [J]. 管理学报，2008 (1).
[9] 李艳丽. 酒店文化基因识别及其实证研究 [D]. 西安：西安外国语大学，2011 (5).
[10] 刘宁. 延边地区酒店行业企业文化建设研究 [D]. 延边：延边大学，2010 (5).
[11] 苗洪涛. 河北 TH 酒店文化建设研究 [D]. 天津：天津大学，2012 (5).
[12] 田野. 中国酒店行业企业文化建设 [D]. 哈尔滨：哈尔滨工程大学，2007 (1).

第二章

酒店品牌文化

本章导读

酒店品牌在一个酒店集团成立之初便随之产生，而品牌文化却需要酒店集团长期的经营积累与沉淀。要深入探究酒店品牌文化，首先需要了解其概念的界定与内涵，从而了解其本质；其次，通过探讨酒店品牌文化的要素构成和分类，可以对结构有更加清晰的认知，为后文探讨酒店品牌文化的建设与传播奠定基础。上述研究和探讨不但有助于从本质上深入了解酒店品牌文化，更能在实践中指导品牌文化的发展。

学习目标

1. 理解和掌握酒店品牌文化的定义与内涵。
2. 分析和理解酒店品牌文化的要素构成。
3. 分析和掌握酒店品牌文化的建设举措。
4. 掌握酒店品牌文化的拓展与传播方式。

内容结构

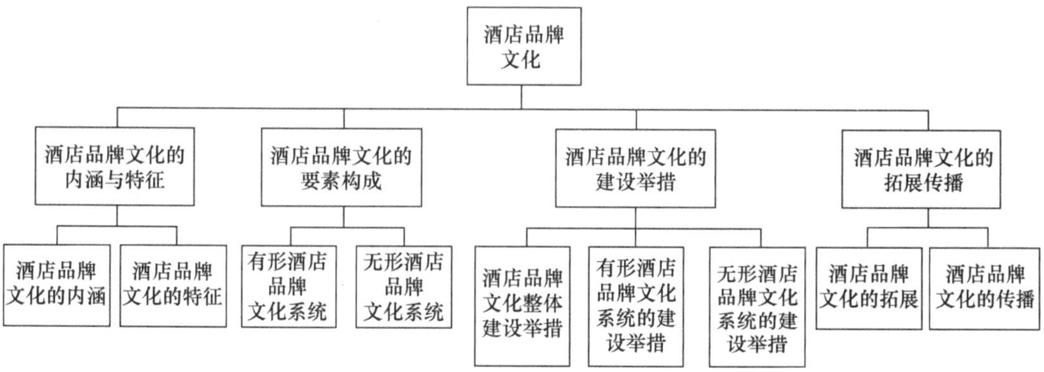

核心概念

酒店品牌文化；本质；要素构成；建设举措；拓展与传播方式。

第一节　酒店品牌文化的内涵与特征

品牌这一词最早源于英文单词“Brand”，后来逐渐被营销行业熟知并成为深入研究的热点之一。早期的品牌强调的仅仅是识别功能，因此以往的酒店品牌研究大多以外在的形式为侧重点，将酒店品牌粗略地等同于酒店标志或酒店名称，而忽略了酒店品牌的文化内涵。文化是一种软实力，更是一种无形的品牌元素。酒店品牌文化是酒店各方面文化的综合体现，是酒店文化的综合现象。消费者通过酒店的品牌文化会联想起酒店服务文化、管理文化、餐饮文化、营销文化等各方面的文化产品，所以酒店品牌文化是酒店文化体系的核心和灵魂，更是酒店持久生命力的源泉。因此，对酒店品牌文化内涵和特征的深入研究便成为酒店文化研究的重要因素之一。

一、酒店品牌文化的内涵

品牌是代表某一产品或服务广为人知的名称，是酒店最重要的无形资产，也是酒店建立竞争优势和盈利的基础。一个强势品牌是酒店竞争力的源泉，可以为酒店创造长期优良的经营业绩；品牌具有提升酒店价值的作用，品牌特色越鲜明，就越容易获得顾客的认知，越能够增强顾客的购买信心和忠诚度。一个好的酒店品牌，就是酒店在某种程度上向顾客做出的承诺，即保证让顾客对酒店产品和服务产生情感，并达到功能上的预期利益要求；而品牌承诺又是酒店所有要素的驱动力，是酒店员工行为的指路灯。酒店品牌文化凝聚了酒店的经营思想和营销理念，是酒店文化重要的组成部分，是酒店文化对外辐射的窗口。

可以说，酒店品牌文化是酒店价值观的结晶。一个成功品牌的培育绝不是单靠广告所能形成的。要形成一个成功的品牌，首先必须培育一个卓越的品牌文化，要求和促使所有员工都遵从基于酒店特定品牌的信念和行为，以带有高度价值和附加值的服务质量，为顾客兑现酒店的品牌承诺，赢得顾客满意。

（一）酒店品牌文化的定义

与西方相比，中国的酒店行业起步较晚，所以无论从经营理念还是营销模式等方面来说都是借鉴居多。因为酒店品牌文化不会像酒店服务或酒店产品那样产生立竿见影的经济效益，所以对于酒店的经营者来讲，他们往往会忽略酒店品牌文化的重要性，以致长期以来酒店对品牌文化这一方面的研究也有所欠缺。“酒店品牌文化”这一概念的引入虽然已有一段时间，但对这一概念的理解并不深入，以致将其等同于酒店的企业文化，致使后续的研究工作从企业的创建背景和管理模式等方面入手，而忽略了文化一词背后的深刻含义。目前，在我国学者对酒店品牌文化内涵的研究有两种最具代表性的定义。

1. 文化角度定义

马勇、陈雪钧在其编著的《饭店集团品牌建设与创新管理》一书中，对酒店品牌文化

(Brand Culture of Hotel) 这一概念给出了明确定义。酒店品牌文化（Brand Culture of Hotel）是指文化特质如价值观、审美观等观念在饭店品牌中的沉淀和品牌经营活动中的一切文化现象，以及它们所代表的利益认知、情感属性、文化传统的总和。这一定义过多强调了酒店品牌文化中意识形态的部分。

2. 层次角度定义

目前许多著作中存在的“酒店企业文化”一词的定义，对于酒店品牌文化内涵的研究很有借鉴意义，两个概念之间有相辅相成的作用。酒店品牌文化是酒店企业文化的延伸和鉴别，更是酒店企业文化的重要组成部分。作为酒店品牌文化的基础，酒店企业文化在酒店品牌文化的建立过程中发挥着重要的作用。酒店企业文化内在的建设有助于提高酒店品牌文化建设主体的参与程度，其外在的建设则有助于酒店品牌文化载体的推广和普及。酒店企业文化核心理念的发展和延伸有助于提升酒店品牌文化建设对象的忠诚度。《中外酒店比较研究》一书指出，酒店集团企业文化是指酒店集团在长期的经营管理实践中，逐渐培育形成的、占据主导地位的，并为全体员工所认同和遵守的企业价值观、企业精神、经营理念以及行为规范等意识形态和物质形态的总和，其内容包括物质文化、行为文化、制度文化，以及处于核心地位的精神文化。还有许多学者所提出的概念也与之相类似，但大多局限于物质、制度、精神等几个层面，缺少一定的创新性。

应当说，上述与酒店品牌文化这一概念相关的阐述，对于科学定义酒店品牌文化的概念极具参考价值和启发意义。如何对酒店品牌文化下定义，取决于学者的研究需求和研究角度。尽管彼此的观点可能有所差别，但都或多或少地在一定层面上反映出酒店品牌文化的特征与价值，这对科学定义酒店品牌文化具有重要的借鉴意义。

（二）酒店品牌文化的内涵

通过解读上述与酒店品牌文化相关的定义，可以确定定义这一概念不仅要着重理解文化一词，还要把文化融入酒店品牌建立的过程中去，体现文化在酒店品牌建立过程中的积累与渗透，最终成为品牌的灵魂。鉴于此，对酒店品牌文化进行如下定义：通过赋予酒店品牌深刻而丰富的文化内涵，明确品牌定位，在运用酒店内部和外部各种强有力的传播途径的基础上，使消费者从心理上高度认同酒店品牌，创造酒店的品牌信仰，最终形成品牌独有的综合文化体系。这一定义的具体内涵有五点。

（1）酒店品牌文化内涵的建立是一个既有酒店特色又有文化特征的综合系统。这其中包含酒店各个时期（酒店品牌从建立之初到慢慢成长至成熟）经历的一系列品牌故事、一次次攻坚克难的经历，以及面对重大危机时做出的正确决策。这些随着酒店品牌的成长所积累起来的经验组成了酒店品牌文化的一部分。更确切地说，这些经验是品牌积极面对挑战、理性分析问题的一种态度，这种态度作为一种正向的品牌文化，会传递给大众正能量，是酒店品牌文化的重要内涵之一。

（2）酒店品牌文化的建立是一个动态过程。通过初始商榷对酒店品牌文化进行宏观把握之后，便是对品牌进行定位。品牌定位至关重要，因为每个品牌都有自己特定的受众目标而非面向所有的消费群体；找准目标消费群体，便找对了潜在的消费者；根据确定的品牌特色，找到与其特征匹配的目标群体，通过反复核定进行准确定位。

(3) 建立酒店品牌文化并准确定位之后的一个重要环节就是销售传播。制定高效的宣传策略，广泛利用各种有效的宣传手段和传播途径，使得消费者短期内认可该酒店的品牌文化。当消费者决定第二次购买同类酒店消费产品时，会在潜意识里第一个出现该酒店品牌，长此以往便形成一种稳定有效的消费习惯。

(4) 信仰是一种无论何时、何地、何种情况都一成不变的态度。酒店品牌信仰可以理解为酒店一方的行事作风、处事方法、待人接物的态度等各种一贯保持的做法或心理历程。良好的酒店信仰无论对酒店集团本身或是个人来说都具有极大的参考价值，会向公众传递积极乐观、不畏苦难的精神和态度。

(5) 酒店品牌顾客忠诚度的形成需要长期的积累，需要花费大量的人力、物力去建立，花费更多精力去维系。因此顾客忠诚度的建立存在一定的滞后性，但这种滞后性一旦形成便会长期稳定地持续下去。

二、酒店品牌文化的特征

酒店品牌文化的核心灵魂是由特定的酒店品牌凝练出的品牌价值观，一种对待生活和时尚的品位，一种特定品牌的审美情趣以及在酒店成长过程中所展现的生活态度等各种精神层面的追求。因此对酒店品牌文化的研究应该从多个角度进行细分。通过以上对酒店品牌文化较为详细的分析，可以归纳总结出酒店品牌文化包含的特征有科学性、民族性、时代性、系统性、差异性、稳定性、过程性、实践性。

1. 科学性

酒店品牌文化在彰显品牌个性的同时，还体现了自身的经营运作规律。酒店品牌文化在酒店品牌创立过程中自觉形成，是一种具有高度理性的文化。酒店品牌文化的培育要遵循一定的程序，讲究一定的方法，要寻求健康的文化、消除病态的文化。酒店品牌文化需要全员参与全程管理，不可一蹴而就，要经过长期有效的不懈努力。

2. 民族性

每个民族都有本民族独特的文化个性，特定的心理性格、风俗习惯、道德风尚、宗教信仰、价值观念等。这些观念反映在品牌上，便形成了具有民族特色的酒店品牌文化。酒店的民族文化是酒店品牌文化的根基，任何的酒店品牌文化都是酒店民族文化的微观形式或亚文化形式，都有本民族的痕迹。正如世界闻名的香格里拉酒店品牌，其以典型的亚洲式特色服务闻名世界，独创的 SPA 理念，将喜马拉雅地区的民族风情与中国传统的五行理论相结合，使整个品牌处处体现了亚洲以及中国的特色。

3. 时代性

任何酒店品牌的创建和运作都是在一定的时空条件下进行的，总会在一定程度上受到当时的政治、经济和社会环境的制约，具有时代特征，反映时代精神。比如，20 世纪 60 年代是先行者创立行业标准的酒店品牌文化时代；20 世纪 70 年代是新机遇和新挑战并存的酒店品牌文化时代；20 世纪 80 年代是追求奢华、扩张和全球化的酒店品牌文化时代；20 世纪 90 年代是由创新、交易和发展主导的酒店品牌文化时代；到了 21 世纪则是全球化和互联网将世界变为一个平台的酒店品牌文化时代。从这个意义上说，酒店品牌文化也是时代的缩影。

4. 系统性

酒店品牌文化是一个有机整体，其内部由多个层次和部分构成，构成这个整体的各要素之间既有相对独立性又有轻重和主次之分，既相互影响又彼此联系。这些要素按照特定的结构形式排列而成，作为一个严密有序的结合体出现。酒店品牌文化的建设不是以最优化为原则，而是在建设过程中寻求和探索一种整体性的优势，把酒店的经营目标、经营理念、道德规范和行为准则等各项因素融合成一个有机整体，打造成一个品牌的文化力量，从而对酒店品牌的运作产生综合效用。

5. 差异性

酒店存在同质化的产品，但没有同质化的品牌，更没有同质化的品牌文化，所以每个酒店品牌文化都是有差异的，反映在酒店品牌中，就是品牌文化的差异性和多样性。正如在自然界找不到两片完全相同的叶子一样，不同的民族、不同的历史背景有不同的酒店品牌文化，不同的营销策略、不同的广告也会有不同的酒店品牌文化，不同的价值观和道德观都会造就不同的酒店品牌文化。

6. 稳定性

酒店品牌文化一旦形成，便具有较强的持续力，以其稳定的形态长期存在，潜移默化地对酒店的各项经营发展起着作用。酒店品牌文化不会因为个别因素的改变而彻底发生改变，积极的酒店品牌文化会给酒店的发展带来正向的引导。但是文化没有一成不变的，当酒店品牌文化无法促进自身品牌的发展时，便到了进行加工改造的必要时刻了。

7. 过程性

酒店品牌文化是在品牌长期的经营和运作中逐渐形成的，这一过程的建立需要全体员工的参与。酒店品牌文化的建立需要花很长时间去培育，而不是单纯依靠几次策划设计实施和简单的培训学习就能实现的。因此，酒店品牌文化的建立是一个融合与提炼的科学过程，是一个与酒店品牌相生相伴的过程，在这一过程中酒店品牌的竞争力会得到提升。酒店品牌文化在形成与发展过程中要做到与时俱进，随时适应社会和外界环境的改变，不断以新的观念、新的知识、新的技术手段以及新的思维方式来充实和完善自身。

8. 实践性

酒店品牌文化与一般性质上的文化不同，其与酒店品牌的管理和实践是分不开的。酒店品牌文化是一种认识，认识来源于实践，又反作用于实践。因此，在酒店品牌的管理（即实践）中产生的酒店品牌文化会反作用到管理中，对品牌的管理活动起到制约和指导作用。酒店品牌文化是一种实践性文化，具有很强的实践意义。

第二节　酒店品牌文化的要素构成

酒店品牌是一个由多因素构成的复杂系统，因此，由其衍生出的酒店品牌文化也是由多方面要素构成的综合文化载体。依据品牌文化存在形式的差异，可以将酒店品牌文化分为有形酒店品牌文化系统和无形酒店品牌文化系统（见图 2.1），二者相互补充、互为前提，充分全面地展现了多层次的酒店品牌文化。

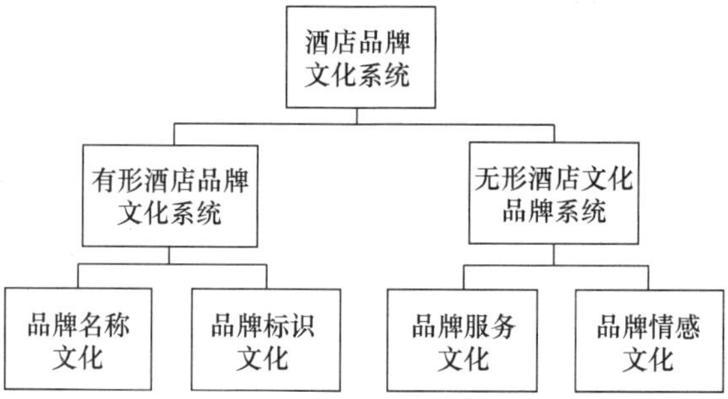

图 2.1　酒店品牌文化的要素构成

一、有形酒店品牌文化系统

有形酒店品牌文化系统是指具有深刻文化内涵且直观可视的酒店品牌文化部分，具体包括品牌名称文化和标识文化两方面。

1. 品牌名称文化

酒店品牌的名称是消费者最先了解某一酒店集团的重要途径，而品牌背后的文化内涵，更是吸引消费者深入了解酒店的重要因素，所以，创建具有特色文化的酒店品牌是增强酒店市场核心竞争力的重要环节。例如，“香格里拉”酒店品牌名称的文化内涵便可以追溯到一本名为《消失的地平线》的小说中，书中的香格里拉是一个位于中国西藏、群山环抱、令人心驰神往的世外桃源，这本全球畅销的小说使越来越多的人对香格里拉产生了无限的向往，心中保留着美好的期冀。因此，香格里拉酒店这一名称的选择，无疑是看重了其神秘的色彩及其背后的美好寓意，希望为消费者营造一个舒适、完美、憩静、和谐的世外桃源般的酒店环境。在多年以后，香格里拉酒店集团也以其优雅、安逸的环境与久负盛名、发自内心的殷勤待客之道，为这个名字做出了完美的诠释。

再如，近几年迅速占领国内中高端酒店市场的君亭酒店，其文化内涵源自白居易的《忆江南词三首》中的“山寺月中寻桂子，郡亭枕上看潮头”，这一描写江南美景的著名诗句使君亭酒店创立不久便迅速被广大消费群体接纳、认同。

不仅如此，酒店的品牌文化一旦得到了消费者的认同，其在下次选择目标酒店的时候，出于降低风险等各方面因素的综合考虑，最终还会选择相同的酒店品牌，进而成为某个酒店品牌的忠实顾客。同时，酒店品牌也承担着传播酒店产品与酒店形象的重要职能。酒店品牌名称传播信息的效率越高，市场对酒店品牌的知晓度也就越高，从而顾客购买该酒店产品的可能性也就越大。因此，酒店品牌名称设计得是否科学对于酒店品牌的成败也是至关重要的。

2. 品牌标识文化

在市场经济活动中，酒店品牌标识可以看作酒店品牌内涵的替代。酒店品牌标识是酒店品牌传播过程中的载体，消费者会首先接触到酒店的品牌符号，然后再深入了解酒店的其他产品和各方面服务，所以了解酒店品牌符号是全面掌握酒店品牌的重要前提。也就是说，只有在设计了鲜明的酒店品牌符号的前提下，才能提高酒店品牌的传播效率，进而扩大酒店品牌在广大消费者心中的认可度。

酒店品牌标识是酒店品牌中可识别而又无法用言语来表达的部分，诸如符号、图案、专门设计的颜色和字体等，也就是人们通常理解中的“Logo”。虽说“Logo”的重要性因人的理解而有所差别，但好的酒店形象标识，不仅能够充分展示品牌的核心形象，更能勾勒出品牌未来成长的基本框架和行动轨迹，体现品牌的概念和诉求。世界知名的酒店集团，如雅高、四季、万豪等，纷纷花重金不定期更新各自酒店的形象识别系统，无疑证明了这一时代背景下酒店“Logo”的重要性。成功的酒店标识文化，不仅能够传递酒店所要表达的品牌故事，还有助于酒店内外形象的统一，帮助消费者将本酒店与竞争对手区别开来。同时，酒店品牌标识也是酒店宣传的重要工具和手段，因为酒店在各种营销活动中都会运用各自的品牌标识来促进销售。以四家知名的酒店集团为例，来认识酒店（集团）品牌标识内涵，如表 2.1 所示。

表 2.1　酒店（集团）品牌标识内涵

酒店（集团）名称	品牌标识内涵	酒店（集团）LOGO
君亭酒店	致力于开拓国内中高端酒店市场的君亭酒店集团前身为西湖四季酒店，其酒店标识以“ssaw”四个字母为主体，四个字母所代表的文化内涵则是春、夏、秋、冬（spring、summer 、autumn 、winter）四季与迷人曼妙的杭州西湖四景。标识中间白色的字母，不仅浓缩了西湖的一年四季，同时形似两只高雅的天鹅游弋在山峰倒影的西子湖畔之上。无论倒影中的桥还是耸立的双峰，都具有品牌起源地的地域特色。“ssaw”的颜色是典雅的金色，四周方块整体为镂空的中国印设计，契合了其传递给旅行者东方文化要素的品牌文化内涵，图形的抽象语言给人以含蓄之美，耐人回味	ssaw 君亭酒店 Narada Boutique Hotel
香格里拉酒店集团	香格里拉酒店集团从建立之初便从未忽略过其品牌的文化内涵建设，不仅体现在其极具亚洲式好客之道的品牌形象，更是从标识设计上也秉承着香格里拉这一地域优美的环境特点。标识中高耸入云的山峰倒映在澄澈的湖泊上，配以融合现代化及亚洲式建筑特色的［S］标志，完美地体现了香格里拉亲切、和谐和自然美的精神文化服务宗旨	大連香格里拉大酒店 Shangri-La hotel DALIAN
WEI RETREAT 酒店集团	代表中国民族品牌率先在全球奢华酒店行业中占有一席之地的 WEI RETREAT 酒店，在传承、分享、传播东方文化的同时，带给每一位顾客独一无二的难忘体验。品牌的标识是由创始人魏黎先生的姓氏，即“WEI”变形而成的，又是易经卦象之一，取其三三得九、九九归一、道生一、一生二、二生三、三生万物之意	WEI RETREAT
文华东方酒店集团	金色的扇面标识一直是文华东方这一国际投资管理酒店集团引以为傲的标识。每一家酒店的镇店之扇都是由著名史学家、设计师和艺术家一起结合酒店当地的气韵共同创作的。扇面，能在炎热的夏季带给人凉爽之意，金色兼具雍容与华贵的感觉	MANDARIN ORIENTAL THE HOTEL GROUP

二、无形酒店品牌文化系统

品牌是一个极具联想力和竞争力的消费符号，是企业的核心价值观、产品和服务的独特价值以及顾客的利益、感受和体验的契合或独特组合。一家酒店集团想要形成自己的品牌，就意味着需要比其他企业能更有效地把资本、技术、人力资源和组织等要素有机地融合起来，从而能够保持长期稳定的竞争优势，获得持续盈利的竞争力。当一个品牌成为某种文化的象征，其传播力、影响力和销售力便会表现惊人，消费者因信赖和忠诚而对自己心仪的品牌产品反复购买。在品牌成为某种文化象征的过程中，无形的品牌文化同样具有举足轻重的作用。无形酒店品牌文化系统是体现酒店品牌深层文化内涵的各要素的总和，主要包括品牌服务文化和品牌情感文化，二者共同赋予了酒店品牌持久的生命力。

1. 品牌服务文化

特定的酒店服务文化，是基于特定历史、特定市场、特定企业文化形成的，具有鲜明的个性和特色，难以复制，从而成为酒店识别的重要环节。创造无法复制的卓越服务，成为企业的核心竞争力，是酒店服务文化建设所要努力达成的目标。当前，我国酒店集团的发展存在一个普遍现象：酒店集团的豪华舒适程度丝毫不比国际知名酒店集团差，但是无论从经济效益还是市场占有率等方面看，其市场的综合占有率却远低于国际知名酒店。研究表明，造成这一局面最重要的原因是我国本土的大部分酒店集团过于重视酒店的硬件设施，而忽视了服务等软件设施的完善。所以，创建特色品牌服务文化是我国酒店未来稳定发展的必要前提。

假日酒店集团的“热情式”酒店服务文化、喜来登的“关怀体验式”酒店服务文化、香格里拉的“亚洲式”特色亲情酒店服务文化都向消费者传递了酒店品牌的服务理念。这些可谓是行业标杆的品牌服务文化理念，为后续的许多酒店品牌服务文化的产生树立了榜样。再如，宜必思酒店是欧洲唯一一家7天24小时全天候提供主要酒店服务（用餐、接待、会议等）的经济型连锁酒店；地中海俱乐部聘请非专业教练教授初学者打网球；美国的一些度假式酒店为老年消费者提供免费学习计算机的机会；泰国的酒店可以为消费者提供免费学习泰式烹饪技巧的机会。相比之下，我国本土酒店集团在这方面做得略显不足，尤其是在利用酒店品牌文化塑造独特酒店服务文化这一方面，仅能满足消费者的基本服务需求，无法满足消费者的个性化服务诉求，因此，打造特色服务文化是我国酒店迎合消费者的关键环节。

2. 品牌情感文化

品牌情感文化是通过为员工打造的归属感和良好的内部晋升通道，以及职业生涯规划等一系列的人文关怀，使员工从情感上对品牌文化产生认同感，这一过程便是品牌情感文化的形成过程。

作为品牌情感文化的一部分，员工的归属感源于其对酒店的信任和依恋，而信任与依恋的产生则要依靠酒店内部科学化的管理。当下，我国酒店员工的福利待遇普遍较低，也存在高强度的工作与低收入之间的失衡，这一现象使得员工的物质需求普遍得不到满足，进而影响工作热情，最终导致无法在酒店获得归属感，这也正是当下我国酒店行业普遍忽视的问题，也是归属感文化缺失的主要原因。

而国外许多酒店集团在员工归属感文化氛围营造上相对较好，尤其在确立员工与顾客关系方面，没有将其视为一种不对等关系，而是在充分考虑员工感受的基础上，构建一种和谐的氛围。例如，希尔顿酒店集团的员工可以穿着自己喜欢的衣服为顾客服务；丽思卡尔顿酒店集团时刻提醒自己的员工以“绅士淑女的态度为绅士淑女提供服务”，这一科学的管理理念使其员工满意度全球领先。当员工满足于当下的工作环境时，便容易获得归属感，归属感文化氛围也因此形成。

酒店品牌情感文化的缺失或不完善，不仅直接导致员工的物质文化需求得不到满足，更无法满足员工的精神需求。时代的进步、消费需求的个性化以及竞争的加剧，都从客观上对员工提出了与时俱进的要求。与此同时，员工作为劳动者和消费者的要求也在不断增加，他们不再是简单的“经济人”，而是复杂的“社会人”，但这类人群因自身职业素养欠佳而服务意识相对较差，无法达到行业服务人员的需求，因此工作中不可避免地产生摩擦，久而久之产生逆反心理。虽自身素养未达标，却对工作有更高的要求，既要获得满意的薪酬，也要获得愉悦感，对自身的未来发展要可预见。因此，能够为员工量身打造一份详尽的职业规划报告是满足其精神需求的基础，也是降低酒店一线员工离职率的有效手段。

四季酒店对员工的待遇和职业发展均会制定详细的规划：从得体的制服到员工辅助计划、职业发展计划、职业培训、教育辅助计划以及内部提升。四季酒店的高级行政人员和总经理平均的工作年限都超过 12 年，其中大部分人都是从基层做起，并在酒店制定的职业生涯规划、发展系统和管理培训项目中受益，从而获得提高和发展。四季酒店已连续 5 年被《财富》杂志提名为美国最适宜工作的 100 家公司之一。

第三节　酒店品牌文化的建设举措

酒店的品牌文化形成后，便可逐渐形成自己的竞争优势。酒店品牌是一种名称、术语、标识、设计或是这些要素的组合应用，酒店品牌是本酒店同竞争对手的产品和服务区别开来的重要标识。品牌文化不仅体现着酒店服务产品的差异与文化特色，更代表着一个品牌的价值，如果能够获得与之身份、情感、喜好相符合的顾客群体认同，那么顾客对这一品牌的忠诚将不可取代。因此，品牌文化的建设将有助于酒店形成差异化的竞争优势，从而更有效地占领不同细分市场。

一、酒店品牌文化整体建设举措

酒店品牌文化的建设虽涉及酒店各个部门、多个经营生产环节，但同时又是一个系统的综合性的整体。因此，既要从有形与无形两方面分别对品牌文化展开探讨，也要兼顾品牌文化建设的整体性。

1. 准确定位酒店品牌文化

酒店根据选定目标市场的个性需求和制定的经营战略目标等多方面因素，建立与目标市场有关的酒店品牌形象。换句话说，就是为自身酒店品牌文化确定一个适当的市场定位，使酒店品牌在消费者心中能占有特殊位置，一旦消费者产生消费动机或购买同类产品的欲望时，首先想到的就是某个固定品牌，这便成功了一大半。准确定位了酒店品牌文化之后，该品牌的产品和服务都要围绕这一中心展开。酒店品牌文化始终处于动态平衡的状态，最根源的品牌文化即主线，也就是酒店品牌的核心和灵魂，都是始终不变的。随着外界环境和自身条件的变化，各种调整都要围绕主线进行，选择与原有文化主题相关的文化素材来充实品牌文化内涵。例如，定位为音乐主题的酒店，可以由最初的一种音乐风格发展到多种风格的品牌文化，从而适时地满足当代年轻人的需求。

2. 将品牌文化融入硬件设施

酒店品牌文化要想在整个酒店环境中处处体现，势必要将文化融入酒店的硬件设施建设中去。酒店设施作为一个品牌文化的表现载体，可以生动形象地营造独特的文化氛围。在酒店的建筑风格、室内装潢、背景音乐、设施设备和相关用品的造型与图案色彩、餐饮食品、娱乐设施和项目以及各项服务操作等方面都应始终贯穿品牌文化元素。在设计方面，酒店还可以借助独特的造型、视觉或听觉来激发顾客的文化引起双向共鸣。例如，深圳威尼斯酒店为了营造“舟行碧波上，人在画中游”的意境，设计了酒店内湖、小船、船夫等元素，让顾客仿佛置身于真正的水上世界——威尼斯，同时也让顾客产生无限遐想（见图 2. 2）。在餐饮方面，除了采用不同地域的独特原料和烹饪方法外，还可以在餐厅环境上呼应主题。例如，深圳威尼斯酒店的意大利餐厅“Blue”，就是一间以宝石蓝颜色为背景基调的餐厅，整个餐厅笼罩着忧郁又浪漫的感觉，让人想起了意大利式的浪漫情调。

图 2. 2　深圳威尼斯酒店

3. 将品牌文化融入软件设施

除了酒店的硬件设施，酒店的软件设施也应该处处体现酒店品牌文化，如酒店员工的言行举止、酒店品牌的经营理念等。把酒店员工的服饰、语言、服务流程、服务理念融入品牌文化中，突出服务的文化品位，以特色化的服务给顾客最大的体验价值。例如，丽思卡尔顿酒店的理念就是其“黄金标准”，而员工的满意度则是“黄金标准”中的闪光点；希尔顿的员工可以穿自己喜欢的衣服为顾客服务，这些都是人性化的软件设施，无一不体现酒店的品牌文化。

酒店品牌由多个子系统构成，对于酒店品牌的建设同样应该从多方面、多角度进行分析。面对不同的子系统应该采取不同的建设方法和策略，因此可以把酒店品牌的建设举措大体分为两大类别：有形酒店品牌建设举措和无形酒店品牌建设举措，在此类别基础上再进行细分讨论。

二、有形酒店品牌文化系统的建设举措

有形酒店品牌文化系统主要包括酒店品牌的名称文化和标识文化两大类别，其系统建设也要从酒店品牌名称文化和标识文化两个方面着手。

1. 有形酒店品牌文化系统的建设内容

先从酒店品牌名称文化入手，酒店集团在设计品牌名称时要遵循三项基本原则。第一，简洁、方便记忆。酒店品牌名称既需要读音简洁，朗朗上口，还要简短，便于记忆，这样更便于后期的宣传和传播。第二，个性化。酒店品牌名称既要体现集团产品和服务的特征，还要区别于其他品牌。在追求标新立异的同时，既要规避雷同，还要体现自己的个性特点，将自己的优势充分展现。第三，深度、有内涵。酒店品牌名称要简洁，但不等同于浅显或粗浅。品牌名称要有深度，有内涵，让消费者在接触名称时会展开丰富的联想，实现品牌的象征和联想功能，这些特点也方便了品牌后期的拓展与传播。世界著名酒店集团品牌名称如表 2. 2 所示。

表 2. 2　世界著名酒店集团品牌名称

酒店集团名称	旗下系列品牌名称
洲际集团	舒适客栈（Comfort Inn） 品质（Quality） 号角（Clarion） 睡眠客栈（Sleep Inn） 路德维客栈（Rodeway Inn） 舒适套房（Comfort Suites） 经济住宿（Econo Lodge） 支柱套房（MainStay Suites）
温德姆酒店集团	温德姆酒店和度假村（Wyndham Hotels and Resorts） 华美达（Ramada） 天天客栈（Days Inn） 速 8（Super 8） 赢门（Wingate） 贝忙特客栈与套房（Baymont Inn & Suites） 微泰尔客栈与套房（Microtel Inn and Suites） 山楂套房（Hawthorn Suites） 豪生（Howard Johnson） 旅宿酒店（Travelodge） 骑士客战（Knights Inn）

续表

酒店集团名称	旗下系列品牌名称
万豪国际集团	万豪酒店及度假村（Marriott Hotels & Resorts） JW 万豪酒店及度假村（JW Marriott Hotel &Resort） 万丽酒店及度假村（Renaissance Hotels & Resorts） 万豪万怡酒店（Courtyard by Marriott） 万豪公平地客栈（Fairfield Inn by Marriott） 万豪居住客栈（Residence Inn by Marriott） 万豪城镇套房（TownePlace Suites by Marriott） 万豪春山套房（Spring Hill Suites by Marriott） 丽思卡尔顿酒店公司（The Ritz—Carlton Hotel Company） 万豪行政酒店（Marriott ExecuStay）
希尔顿酒店集团	华尔道夫酒店及度假村（Waldorf Astoria Hotels & Resorts） 康拉德酒店及度假村（Conrad Hotels & Resorts） 希尔顿（Hilton） 逸林（Doubletree） 使馆套房大酒店（Embassy Suites Hotels） 希尔顿花园客栈（Hilton Garden Inn） 汉普顿客栈及套房酒店（Hampton Inn & Suites） 霍姆伍德套房酒店（Homewood Suites by Hilton） Home 2 套房酒店（Home 2 Suites by Hilton） 希尔顿豪华度假公司（Hilton Grand Vacations）
喜达屋酒店与度假村国际集团	圣·瑞吉斯（St. Regis） 至尊精选（The Luxury Collection） 喜来登（Sheraton） 威斯汀（Westin） W 酒店（W Hotels） 福朋（Four Points） 艾美（Le Méridien） 源宿（Element） 雅乐轩（Aloft）

除了酒店品牌名称设计外，有形酒店品牌系统的建设还包括品牌标志文化的设计，即 VI 文化系统设计。所谓 VI（Visual Identity）文化系统，全称为视觉设计文化系统，是将传统的 CI（企业形象识别）中的非可视内容转化为静态的视觉识别符号。设计到位、实施科学的视觉识别文化系统是传播酒店经营理念、建立酒店知名度、塑造酒店形象的快速便捷的有效途径。酒店通过视觉形象文化系统设计，对内可以赢得员工的认同感、归属感，加强酒店凝聚力；对外可以树立酒店的整体形象、整合资源，有控制地将酒店信息传达给受众群体，通过视觉符号，不断强化消费者的意识，从而获得消费者的认同感。

2. 有形酒店品牌文化系统的构建方向

（1）具有独特鲜明的识别性。酒店集团标识设计的首要特点就是具有强烈的识别功能，秉承独特鲜明的设计原则是酒店标识设计的一贯风格。酒店的品牌标识在设计上除了要富有特色、个性显著，最重要的是与其他品牌区别开来。品牌标识应该醒目直观、新颖独特、简洁鲜明、富有感染力，这样既方便消费者识别又便于记忆。例如，凯悦酒店集团的标志，以名字作为标志很具有识别性，深色的背景色使得字母更清晰明亮；结合新月形的线条，令人想起初阳和日落，极具美感，向世界展示了凯悦的顾客将获得宾至如归的服务。

（2）具有精神层面上的象征性。酒店的品牌标识应该体现酒店产品和服务的品质以及内在的价值，体现酒店集团的经营理念，成为未来酒店发展的象征和参照方向。酒店品牌设计还要考虑所投放的目标市场所在地的文化背景、风俗习惯和审美价值观。例如，希尔顿酒店集团的标识，是一个漩涡状的字母 H，铂金和黄金打造出的字母 H 造型使人们很容易联想到希尔顿的高品质、高姿态和深厚的历史底韵。希尔顿酒店集团标识中的上下两个半弧形，分别代表着希尔顿成功的过去和充满活力的未来，而将两个弧形设计成一个开放的旋涡状，更代表着希尔顿酒店集团欢迎和包容的姿态，以及无限宽广的前景和无限可能的未来。

（3）符合审美上的造型性。酒店集团标识的设计在色彩搭配上讲究强烈和醒目，如现在很流行的“撞色”设计就充分迎合了强烈、醒目这一特色，很有视觉冲击效果。酒店集团标识的设计在布局上要讲究均衡和协调，使标识整体上具有美感。例如，北京西山酒店的标识，完整地诠释了审美造型的原则，该标识汲取了中西建筑中的传统标志性元素，通过概念化的视觉语言，将其融合在一起，毫无违和感，达到了中西合璧的理想状态。此标识中的罗马柱图案巧妙地将字母 R 融入其中，罗马柱在西方象征着浪漫，而字母 R 是 rail（铁路）的首字母，传达了酒店的铁路系统的归属性；标识主体部分的金色与红色宫灯和昂首的金狮结合在一起，充分烘托出高端大气的氛围，突出了定位的高品质。整个标识别出心裁、造型新颖、内涵丰富、寓意深刻，具有很强的识别性，也极具美感和观赏价值。

（4）具有实施上的延展性。具有实施上的延展性是酒店品牌设计的必备特点，这是把酒店品牌形象与标识连接起来的重要桥梁。在酒店形象建设的过程中，酒店品牌标识作为整个酒店形象建设的核心和基础部分展现给公众。酒店形象建设的定位决定酒店集团标识的形式与风格，但酒店标识的建设在一定程度上会影响整个酒店集团的形式表现。一般说来，普通的标识建设通常以单独、零散的形式出现，而酒店品牌形象建设则是一个整体、一个综合性的系统，更是一个持续性的建设形式，所以两者之间最重要的连接方式就是酒店品牌标识在建设实施过程中的延展性。

3. 有形酒店品牌文化系统的建设原则与策略

每个酒店集团都有自己独特鲜明的品牌形象，如希尔顿集团是“豪华、物有所值”的高端酒店形象，假日酒店集团是“温馨、卫生、健康、清洁、经济”的酒店形象，香格里拉酒店集团是“享受世外桃源般的神仙生活”的酒店形象。

酒店品牌形象建设要遵循以下四项基本原则。第一，国际化与民族性相结合原则。在当前世界酒店集团发展全球化、国际化的大趋势下，酒店品牌形象的设计在兼顾国际形势的前提下也要体现本民族的民族特色，塑造被世界接受的民族文化。第二，鲜明特色原则。鲜明的个性、独有的气场可以最快速地吸引消费者的眼球，引起他们的关注。第三，平衡协调性原则。一方面，酒店品牌形象要与酒店集团的企业形象相互协调。品牌形象是企业形象的重要组成部分，因此酒店品牌形象必须与企业形象的战略目标保持一致，达到一个平衡点。另一方面，酒店集团要保证旗下众多产品之间的平衡与协调，若集团旗下品牌众多，便容易使酒店形象区分不够明显，导致界限模糊，因此要加强对子品牌的协调管理。第四，建立统一的标准化符号系统。酒店集团品牌形象的符号系统必须有统一的标准，便于消费者识别和记忆。

酒店品牌形象建设的出发点要与消费者利益的诉求点相契合，可以以顾客期许的酒店形象入手，具体的建设实施策略可以从六方面着手。

（1）突出主题。酒店品牌形象的建设一定要突出酒店的主题，围绕一个或几个主题展开。酒店的主题可以呈现多样化的态势，如自然风光型、历史文化型、城市特色型、名人文化型等。例如，深圳威尼斯酒店是中国首座威尼斯文化主题商务度假型酒店，以特色城市为蓝本，用局部模拟、微缩仿造的方式生动再现了城市的风采。

（2）统筹兼顾。酒店品牌形象建设是一个系统性的综合过程，其中涉及多个方面，切忌一蹴而就、急于求成，要循序渐进。在酒店的总体理念和共同目标等各项大政方针都已确定的情况下，在这些大方向的统一指导下，分步有序地开展。

（3）渗透情感。消费者在享受酒店产品和服务的同时，也产生了情感交流的需要。著名的市场营销专家菲利普·科特勒提出：人的消费行为变化分为量的消费、质的消费和感性消费三个阶段。感性消费阶段是顾客要寻求一种情感上的满足，因此应充分利用消费者这样的心理需求，在品牌形象建立的过程中渗入情感关怀，以此为纽带换来顾客的认可。

（4）导入文化。酒店品牌形象真正的影响力来自其内在的文化支撑，而酒店品牌文化是内在支撑的源动力。品牌形象是酒店品牌的灵魂，代表的不仅是酒店产品的功能和质量，还是一种原则，更是一种精神与态度。好的品牌形象可以给酒店品牌带来很多的附加值，从而提升酒店品牌的价值。

（5）传播形象。酒店品牌形象只有在传递给目标消费者，并得到这些群体的接受和认可之后才算真正建立起来。因此酒店品牌形象的拓展传播便成为形象塑造中的重要环节。通过运用纸质媒体、电视媒体和网络媒体等各种传播手段，采用高密度、全方位、多层次的“轰炸式宣传”，快速深入消费者内心。

（6）持续改进。酒店的外部环境瞬息万变，消费者的爱好、个性、需求都在时刻改变，而内部环境里，酒店经营范围的扩展、战略目标的转向、人员结构的调整和人才的流动都在时刻改变酒店的内部经营环境。因此，酒店品牌形象的塑造是一个动态发展的过程，随着环境的变化而持续改进。

三、无形酒店品牌文化系统的建设举措

无形酒店品牌文化系统包括酒店品牌服务文化和情感文化两方面，因此，无形酒店品牌文化系统的建设应主要从如何提供特色的酒店服务与如何增强员工对酒店的情感两方面研究，以此构建酒店无形的品牌文化系统。

（一）酒店品牌服务文化建设举措

四季酒店是世界最佳酒店集团之一，1960 年在多伦多创办，创立者伊萨多·夏普在《四季酒店：云端筑梦》一书里指出，四季酒店成功的重要因素之一，就是酒店“始终如一的优质服务”；服务、质量、文化和品牌，是支撑四季酒店成就辉煌的四大支柱和战略关键。可见，服务文化的建设是支撑品牌长久发展的重要环节。传统的规范化、程式化的服务已无法称为服务文化，仅能称为流程，要具有品牌特色的服务理念，才能称为品牌服务文化。例如，香格里拉酒店一直秉承着“do more ”的服务理念，让员工主动与顾客交流，设身处地为顾客着想，为顾客提供更多更周到的服务。因此，构建特色的品牌服务文化是酒店品牌文化理念的重要一环，具体可以从四方面着手。

1. 明确服务文化的概念

酒店服务文化在对客服务实践和服务关系中形成、发展、表达和传播，具有外缘性、践行性、形象性、难以复制性等特征。坚持顾客本位或顾客导向，是卓越服务文化共同的价值观特征。消费者对服务的消费，既是对使用价值的消费，也是对企业文化和形象的消费。如伊萨多·夏普所说，服务文化“基于企业文化本身，而文化不能像政策规范一样被复制。文化一定是发自内在的需求，并建立在公司职员的长期一致的行为之上”。因此，酒店必须创造无法复制的卓越服务——唯其不可复制，方能成为企业核心竞争力。

2. 构建以顾客为导向的服务文化体系

构建以顾客诉求为导向、独具个性的服务文化体系，最根本的是要求坚持顾客本位，从顾客为中心，以满足顾客的价值诉求和体验诉求作为企业进行服务设计、提供和管理的出发点和归宿。应以顾客对服务所给予的价值体验评价——“满意不满意”，作为对服务品质判断的首要依据和终端标准；应善于从顾客的角度体验酒店、理解顾客。要了解顾客认为最重要的东西是什么、最认同的价值是什么，所有顾客只对自己认为有价值的东西毫不犹豫地掏腰包。因此，坚持顾客本位或顾客导向，要求酒店要不断改善服务品质，使服务更具针对性，有更丰富的情意内涵、更多的新颖性和创造性。

3. 抓好质量和品牌

质量是酒店的生命，而品牌又是一种文化的象征。当一个品牌成为某种文化的象征后，其传播力、影响力和销售力都十分惊人。消费者会因信赖和忠诚而对自己心仪的品牌产品反复购买。市场竞争千姿百态，但最后总是会演变成品牌的竞争、消费符号的竞争。因此，要将服务文化建设与服务品牌培育有机结合起来，一方面，这会使服务文化体系的建设内涵更丰富、目标更高远、实施更具体；另一方面，可使品牌定位、品牌塑造、品牌包装、品牌传播和品牌管理这一品牌文化建设过程和品牌经营，始终得到坚强的支撑。

4. 重视员工的力量

酒店最大的财富和赖以成功的决定因素是员工。无论是实施文化战略，达成文化目标，还是提升酒店的服务品质和核心竞争力，保持持续竞争优势，最终都要落实到员工的素质培养上来。酒店的文化规范、使命和愿景，只有当全体员工彻底地贯彻到行动中才有意义和作用。

因此，酒店要以期望员工对待顾客的方式来对待员工，以人为本，了解人、尊重人、信任人、关心人，重视每个人的贡献和重要性，关心他们的物质利益、精神利益和价值利益。

要用酒店的经营理念和目标凝聚并激励全体员工，不断提高企业内部服务质量，不断提高企业全体成员工作、学习和生活的快乐指数、幸福指数，增强他们对群体的认同感、对企业的归属感，有效地激发每个人的主动性、积极性和创造能力。

（二）酒店品牌情感文化的建设举措

酒店品牌情感文化的建设实质上是对员工情感氛围的营造与培养。通过一系列的方式，使员工从情感上对酒店产生依赖，营造属于自己的、独特的酒店品牌情感文化。这种依赖的产生一方面得益于归属感的培养，另一方面是对自身未来职业发展的信任。也就是说，酒店在建设品牌情感文化时，除了为员工提供一定的岗位培训、深层深造的机会，同时还要注意对员工的情感关怀，如万豪酒店集团“人服务于人”的理念——只有对员工好，员工才会对顾客好。

酒店对员工的培养要具有一定的针对性。针对本酒店员工的特质，制定较为详细的培训方案，逐步建立富有自身文化特色的培训体系。一是提高员工思想素质方面的内容，主要包括培养员工爱祖国、爱企业的思想境界和正义感，追求事业成功的、强烈的事业心和成就感，严格的组织纪律观念和服从服务意识，对工作负责的态度、忠诚敬业和团队合作的精神，以及健康的身心、积极的心态、远大的抱负、开阔的胸怀、优秀的品格等。二是关于员工文化素质方面的内容，在学历教育的基础上，增加员工的社会知识，包括政治的、经济的、科技的、哲学的、历史的、地理的、宗教的、社会风俗的等多学科知识，开阔员工视野，提高员工融会贯通、创新的能力。三是培养员工专业技能方面的内容，主要指员工所在岗位的职责要求、技术专业知识、相关的企业规章制度，以及企业文化方面的内容。

对员工进行定期培训不仅可以带来高水平的服务，还可以吸引和留住好的员工。例如，希尔顿集团会选拔员工到密歇根州立大学和康奈尔饭店管理学院进修或进行在职培训，因此，希尔顿很多通过内部晋升的员工，其工作年限基本超过十年。也就是说，一些真正打算长久酒店行业工作的员工，会因良好的未来发展规划而选择一家酒店，这些员工在比较工作机会时，会从长计议，挑选那些具有独到的文化特色、能资助终身学习、给予各种培训机会从而促进他们事业发展的酒店。由此可见，培训的目的不仅仅是为完成具体工作任务而获得必要的技能，而是一种情感文化的营造，是酒店树立良好品牌文化的必要过程，有利于酒店品牌文化的稳定和传播。

第四节　酒店品牌文化的拓展传播

当酒店集团的原始资本积累到一定程度的时候，酒店内部会出现资源闲置的现象，出于对过剩资源进行合理配置的目的，在酒店外部条件允许的情况下寻求合理的方式对资源进行分配以实现利益的最大化，这就为酒店品牌的拓展提供了可能。当酒店品牌的文化、形象和发展方向均已确定后，则需要必要的传播手段使酒店在消费者心中有准确的形象定位。

一、酒店品牌文化的拓展

酒店品牌在多方向拓展的同时还要考虑拓展过程中面临的问题，扬长避短，规避各种不利因素，把优点放到最大、风险降到最低。

（一）酒店品牌文化拓展的趋势

酒店品牌文化拓展有多个方向和趋势，包括横向扩展、纵向延伸、多元化扩张三个主要方向。

1. 酒店品牌文化的横向扩展

酒店产品较强的同质性加大了酒店集团之间的竞争。在酒店市场趋于饱和、行业之间恶性竞争日益严重的情况下，酒店集团通常会采用资本集中的方式使酒店集团单个资本增大，主要包括酒店的兼并、控股、联合三种方式。通过横向扩展可以实现酒店的扩大再生产过程，最终实现利益最大化。根据经济学理论，当市场上同行业里企业数量过多时便会导致整个行业的利润下降。酒店行业正是一个低门槛、高竞争的行业，面对这种竞争的市场环境，实力雄厚的酒店集团只有通过并购集团或酒店单体的手段，来减少行业中的企业数量。这样不但有利于优化市场结构，维持外部大环境的稳定，还能提高市场占有率和行业利润。

2. 酒店品牌文化的纵向延伸

所谓纵向延伸，就是通过酒店上下游的产业链来扩大自身的利润。酒店行业上下游产业链中的企业众多，上游企业有酒店产品供应商，下游企业有产品销售商，酒店行业正是处于这个链条的中间部分。如果酒店集团在经营过程中可以控制上下游企业，也就控制了整个链条的大部分，这样无疑会降低成本进而增加利润。具体来讲，酒店集团可以先将链条中上、下游的旅行社、航空公司、旅游景区、娱乐行业等企业进行整合，通过合理的资源配置，调节各部分之间的利益关系。除此之外，酒店品牌的纵向延伸还有利于防止酒店集团的内部出现坏账或应收账款损失等情况，维持了酒店内部环境的稳定。

3. 酒店品牌文化的多元化扩张

酒店品牌采用多元化的方向来拓展业务领域，不但可以巩固酒店集团自身的市场地位、规避风险，还可以保持酒店集团良好的发展态势。

营销专家说："不要把所有的鸡蛋放到一个篮子里。"否则一旦市场发生变化，企业很可能因为产品的崩溃而元气大伤，也就是说不要把所有的资本都投入一件事上，应该做多手准备。因此，当酒店集团有可自由支配的多余资金时，应当通过多元化的扩张来巩固市场地位，减少未来的经营风险和投资风险。

美国哈佛大学教授雷蒙德·弗农（Raymond Vernon）于1966年在其《产品周期中的国际投资与国际贸易》一文中首次提出了产品生命周期（Product Life Cycle）理论，简称PLC理论。该理论指出：产品的市场寿命即一种新产品从开始进入市场到被市场淘汰的整个过程，要经历开发、引进、成长、成熟、衰退的阶段（见图2.3）。酒店产品也不例外，当酒店集团的一种产品进入成熟期或衰退期时，市场需求也达到了顶峰并开始有下滑的趋势，此时酒店集团就要立即采取措施推出新产品或进入新的市场领域，借助酒店集团原有顾客对以往产品的忠诚度，通过最经济的营销手段和宣传方式把新产品推向市场或是转投其他行业领域，这样酒店集团才能长期保持一个良好的发展态势。

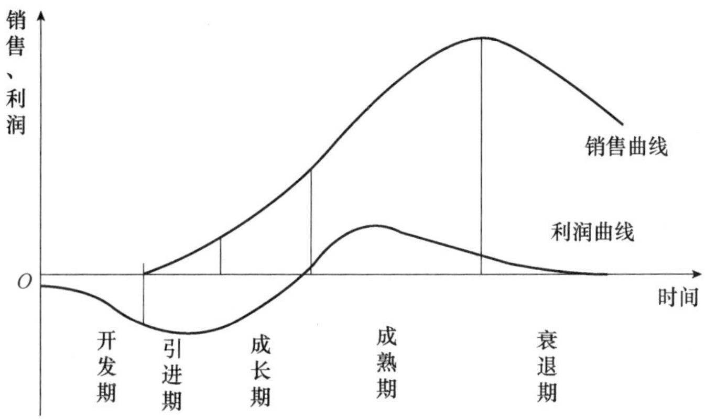

图 2.3　产品生命周期图

（二）酒店品牌文化拓展的优势

1. 有利于酒店品牌市场网络的拓宽

酒店通过特许经营、租赁、提供管理技术等方式拓展酒店品牌，代替了传统的先资本积聚再投资兴建酒店的烦琐过程。这样不仅加快了资金回笼的速度，同时提高了投资回报率和资金周转速度。这种新式的酒店品牌拓展方式有利于市场网络的拓宽，最终提高酒店品牌的市场占有率。

2. 有利于酒店品牌新产品的推出

酒店每推出一个新产品都要经历产品的开发、引进、成长、成熟、衰退的过程，其中，引进阶段就是将一个新产品推向市场的过程。酒店品牌的拓展要借助原有成熟品牌的影响力和顾客忠诚度来加快新产品的成长和成熟，进而节约大量成本。

3. 有利于酒店品牌实现利益的最大化

酒店品牌拓展了经营范围和业务领域之后，之前的闲置资源已被高效配置，有利于实现酒店品牌的规模化经济。酒店有了规模经济便巩固了市场地位，提高了酒店品牌在业界的综合竞争力，增强了在采购和销售环节中与上下游价值链企业群体的讨价还价能力，进而扩大了经济效益，实现利益最大化。

4. 有利于酒店品牌产品组合的丰富

酒店消费者的需求存在多变性和多样性的特点。不同时期目标群体的喜好和需求会改变，即使在某一段时间内，同样的消费者也会因为消费的目的不同而改变需求。所以面对需求的多变性，酒店要丰富产品种类，不断尝试开发、引入新的产品和服务。这样既能满足需求的变化，又能避免酒店产品因为长时间一成不变而造成的消费者心理厌烦。

5. 有利于酒店品牌市场风险的分散

酒店品牌结构单一和产品结构单一都会为酒店的经营和发展埋下隐患。如果外部大环境发生变化，如政治、经济环境的波动，国家政策的改变，会给经营结构单一的酒店品牌造成很大影响。此时对于那些多品牌经营的酒店，即使其中某个品牌的经营遭遇了“滑铁卢”，也可以及时调动其他领域的资金来挽救当前局面，将失误或潜在风险降到最低。

（三）酒店品牌文化盲目拓展存在的风险

任何事物的发展都具有两面性，酒店品牌的拓展也不例外。酒店品牌拓展顺利，不但会使内部资源配置达到最佳，还会带来更多的利润，反之，则会有诸多不利因素。例如，因为拓展速度太快使得好的资源过于分散，这样就会导致品牌的质量下降，进而降低了消费者的忠诚度；另一方面，因为品牌的快速扩张可能会造成酒店品牌整体个性不够鲜明，综合形象模糊。

1. 酒店品牌资源过于分散

酒店品牌在拓展的过程中势必要消耗大量的人力和物力资源，而任何一个酒店集团的各项资源都是有限的。酒店品牌拓展的初衷本来是为了优化资源配置，但很多酒店集团盲目跟风，在对酒店品牌各项经营指标进行详细准确的评估之前就盲目拓展，造成人力资源过于分散，直接影响了原有品牌的产品质量，造成了由于资源短缺而不能及时供给的风险。

2. 酒店品牌忠诚度下降

消费者在购买酒店产品时，对某个固定酒店品牌的偏向性购买行为被称为品牌的忠诚度，忠诚度不但可以为酒店品牌提供稳定的市场客源，还能稳定品牌的市场份额。酒店品牌忠诚度的建立是一个长期的过程，要依靠品牌的质量、品牌的形象和内在价值等多方面因素。但有些酒店品牌盲目利用原有酒店品牌的忠诚度来推出新产品，同时对新产品的质量要求又不够高，致使顾客在消费的过程中没有达到预期的心理效果，最终导致酒店品牌忠诚度下降，也降低了酒店品牌的影响力。

3. 酒店品牌整体形象模糊

酒店品牌的拓展要注意特色和个性。酒店原有的品牌既然能得到消费者的认可，说明无论从产品质量还是服务特色方面都符合消费者的个性要求。新拓展的品牌也要有自己的个性，从而保持新鲜感和差异性。但如果同一个酒店品牌下拓展出很多不同的酒店产品，往往可能出现形象模糊、个性不突出、整体效果混乱的问题。因此，酒店品牌的拓展要尽可能选择与母品牌匹配度高的产品，以免稀释、淡化了以往的酒店品牌形象和特色。

二、酒店品牌文化的传播

酒店品牌文化的传播是酒店集团通过各种传播手段，如广告媒体、促销活动、公共关系、人际传播等，将酒店品牌名称文化、标识文化、服务文化、情感文化等相关信息传递给目标消费群体的完整过程，以提高酒店品牌的知名度，增加品牌价值。酒店品牌文化的传播与一般的企业文化传播虽存在一定的共性，但也有其自身的特殊性——无论在传播内容、传播方式、媒介、目的等方面，都存在较大的区别。因此，不能完全照搬企业文化传播的方式，而要研究发现酒店品牌文化传播特有的规律。

1. 酒店品牌文化传播的意义与作用

酒店品牌文化传播的意义：首先，可以为酒店品牌的未来发展创造良好的环境氛围；其次，有助于提升酒店品牌其他产品的附加值；再次，酒店品牌文化的传播，可以增强消费者对品牌的忠诚度和依赖感；最后，通过文化影响社会。酒店品牌文化的传播，就是使文化融进思想里、沉淀进流程中、落实到岗位处、体现在行动上的一个过程，这一过程不仅有助于品牌形象的塑造，也可以提高顾客的满意度，更对酒店品牌的其他产品销售有较大的帮助。

（1）塑造酒店品牌形象。

酒店品牌传播是塑造酒店品牌形象的关键过程，连接着品牌构建和品牌实现这两个重要环节，起着呈上起下的作用。在传播过程中，除了传播品牌标识名称符号这些外在的因素，还会同时向目标消费者输出酒店品牌的核心价值、经营理念、品牌个性等酒店内在文化，产生“一荣俱荣”效应，从而大大提升品牌的知名度和美誉度，最终有助于酒店良好形象的建立。因此，酒店传播过程是塑造良好酒店品牌形象的重要途径。

（2）提高酒店顾客满意度。

随着人们生活水平的提高，需求层次也在发生变化。根据马斯洛的需求层次理论，人们在满足了生理需求之后就会对精神需求产生向往，会有地位、声誉、自我发展等方面的心理需求，而酒店正是满足人们精神需求的地方。酒店品牌传播以酒店品牌核心价值为中心，以酒店的产品和服务为载体，向目标消费者全方位展示酒店品牌文化、产品特性、品牌形象等信息，全方位满足消费者的价值诉求，进而提升顾客满意度。

（3）促进酒店产品营销。

酒店品牌传播就是要以强有力的方式向消费者长期灌输酒店品牌信息，无形中驱使消费者自觉购买酒店产品，以达到持续销售的目的。酒店品牌传播是以顾客为中心，通过寻找、吸引、挽留目标消费者的过程建立与他们之间牢固的排他性合作关系，这种关系一旦建立，便会形成长期稳定的状态。通过品牌传播来促进酒店产品销售，效果虽然有些滞后，但会带来稳定高效的收益，所以这是必不可少的销售渠道。

2. 酒店品牌文化传播的功能

酒店品牌文化传播不仅具有文化的导向功能，还可以提升品牌自身的附加值，增强内部员工的凝聚力，对未来的品牌发展更是具有激励与稳定功能。

（1）导向功能。

酒店品牌文化传播可以为酒店集团未来的发展指明方向。酒店品牌文化是整个酒店集团发展的核心目标和价值，是得到酒店员工普遍认同的文化内容。良好的酒店品牌文化不仅是集团未来的宗旨，更对员工具有一定的约束力，当员工从根本上认同品牌文化时，将比详细的规章制度更有约束力。

（2）提升功能。

先进的品牌文化理念可提高酒店集团形象的美感度，增加品牌的附加值。“绅士淑女为绅士淑女在提供服务”肯定比“顾客就是上帝”所传递的品牌文化更能让员工接受，前者立意于一种平等和谐的对等关系，而后者则是一种地位上的失衡，隐约透露着卑微，故而丽思卡尔顿酒店拥有全球领先的员工满意度，同时为业界所赞许。

（3）凝聚功能。

被员工认同的品牌文化，如同一面大旗，使员工自觉簇拥其周围，为酒店品牌文化的建设和发展贡献自己的力量。同时，品牌文化对集团的合作伙伴和消费者也会产生强有力的吸引。

（4）激励功能。

崇高的品牌文化会产生一种巨大的推力，让员工觉得未来充满希望、前途充满光明，对前进的道路产生无限的憧憬，让集团外部的合作者产生合作的动力，同时激发消费者的信心。

（5）稳定功能。

正确的品牌文化存在着一种同化力量，对一些消极的“亚理念”起着削弱、改造的功能，从而使正确理念占据主导地位，使酒店集团的发展处于有序状态，使各个环节平稳有力地运行。

3. 酒店品牌文化传播的方式

酒店品牌文化在具体的传播过程中主要以广告、促销、公共关系和人际四种方式为主，广告、促销、人际方式均较为传统，而公共关系传播更多体现了社会责任，也就是说，酒店在发展自身品牌的同时也肩负着更多的公共责任，而良好社会形象的建立才是最持久有效的传播方式。

（1）广告传播。

著名广告专家约翰·菲利普·琼斯说过“所有长期有效的广告宣传活动都会具有立竿见影的效果”。一个想法新颖、富有创意的广告对于潜在消费者来说极具诱惑，可以激发其购买欲望。广告的传播媒介有很多，包括电视、广播、杂志、报纸、户外广告、印刷媒体、互联网等。研究表明，美国排名前 20 名的酒店集团，平均每个品牌每年在广告上的投入费用将近 3 亿美元，而一些世界顶级的酒店品牌在广告上的花费则高达 4 亿美元。因此，用广告的方式传播酒店品牌是极具现实意义的。

（2）促销传播。

促销（销售促进），作为战术性的营销工具，是一种强刺激的营销手段，会在短期内直接激发群众的购买欲望和动机。促销的方式有很多种，如优惠券、竞赛抽奖、折价优惠、免费赠送、退费优待、有奖销售、联合促销和服务促销，还有一种时下流行的促销方式——团购。团购颠覆了传统的消费方式，顾客因增强的还价能力而得到了实惠，企业也实现了薄利多销。相较于广告传播，采取促销方式更能有效地传递酒店品牌信息。让顾客免费试用的促销手段，更能激发消费者对酒店产品的兴趣和了解，在不断的情感交流中培养与顾客的感情，最终增加酒店品牌的顾客忠诚度。

（3）公共关系传播。

公共关系包括员工关系、政府关系、媒介关系、顾客关系、社区关系等，酒店品牌通过这些关系传播酒店品牌形象，不但可以树立更真实可信、权威、良好的正面品牌形象，还能增强酒店品牌在市场中的竞争力。如果酒店品牌选择新闻报道这种相较于广告来说较中性的宣传方式，对于公众来说更具可信度、更易接受，而且传播范围更广。酒店应该主动联系新闻媒体，为其提供素材，采用新闻发布会或记者招待会的形式，主动为酒店品牌宣传报道。除了新闻报道外，参加公益活动也是一种迅速提高品牌形象的方式，如赞助体育赛事、参与灾区救助活动、为希望工程捐款、资助社会福利事业、赞助文化教育事业等。例如，洲际集团早在2007年就筹办“希望工程”公益项目慈善高尔夫大赛，由北京、天津、秦皇岛等12个地区的洲际、皇冠假日、快捷酒店组织并参与，通过此次活动筹集的近10万元善款均捐赠给偏远山区的失学儿童，这一善举极大地提升了这些酒店的知名度，更拉近了酒店与普通百姓的距离。

（4）人际传播。

人际传播是人与人之间通过“面对面”交流的传播方式。这一传播方式的主体是酒店的消费者，他们来自不同地方、不同行业，这些消费者通过聚会、会议、工作等各种活动形式都能实现信息的交流。这种交换想法的传播方式真实可信，消费者把自己的亲身经历和真实感受告诉朋友，而潜在消费者对存在的疑问又可以得到及时的反馈。通过朋友讲述，潜在消费者对产品的怀疑便会降低，从而增加产品的可信度，进而跳过观望、等待、试探等阶段，直接成为下一个正式消费者。

本章小结

（1）“酒店品牌文化”一词由来已久，但其具体的概念内涵却鲜有人深入探讨，大多数研究者仅将其近似看作酒店文化，实则不然。酒店文化侧重于酒店建立发展过程中所经历的事件的总和。因此，酒店文化更具有历史感，可以将其看作一个酒店品牌的发展史；而酒店品牌文化更侧重于品牌的核心价值，这一文化是酒店未来长久发展的宗旨或核心准则，是酒店全体员工的一种信仰。基于以上内容，本书对酒店品牌文化做出如下定义：通过赋予酒店品牌深刻而丰富的文化内涵，明确品牌定位，在运用酒店内部和外部各种强有力的传播途径的基础上使消费者从心理上高度认同酒店品牌，创造酒店的品牌信仰，最终形成品牌独有的综合文化体系。

（2）以往的酒店品牌文化系统分类大多侧重于从单一文化的角度对其进行剖析，进而形成了物质品牌文化、精神品牌文化、制度品牌文化几大类别，这样分类虽没有错误，却不准确。既然称之为酒店品牌文化系统，那么就应凸显酒店这一行业名词，而不是过多地侧重于文化，鉴于此，本书以品牌文化载体的形态为切入点，将其分为有形与无形两个文化系统，其中，有形酒店品牌文化系统包括品牌名称文化与品牌标识文化两类；无形酒店品牌文化系统包括品牌服务文化与品牌情感文化两类，后续有关酒店品牌文化的建设与传播也是围绕这四类文化展开的。

（3）酒店品牌文化是一个酒店集团长期稳定发展的灵魂，也是酒店未来立足于行业的必要前提，因此，如何建设具有特色、有竞争力的酒店品牌文化也是本章所要重点探讨的内容。对于有形的名称与标识文化，主要从定位与设计两方面着手；对于无形的服务与情感文化，则主要通过对员工给予平等对待、为其营造良好的氛围等方式来构建。

（4）良好的品牌文化一旦形成便需要通过各种手段和方式让更多的人知晓，需要获得更多的认同，这便涉及酒店品牌文化的拓展与传播。酒店品牌文化的拓展可以在扩大品牌经营范围的同时加强市场对该文化的认同；而传播则是以更快速、直接有效的方式使品牌文化直击消费者内心，让广大消费者在短时间内对品牌文化产生认同感。

延伸阅读

全域旅游下的云南民宿品牌文化建设

——云南民宿品牌文化中的民族特色道路探究

一、全域旅游背景下中国民宿的最好时代

2015 年“国家全域旅游示范区”的创建工作开始进行，当年，国家旅游局局长李金早在全国旅游工作研讨会上，首次正式从国家旅游局层面明确提出了全面推动全域旅游发展的战略部署。随后，国家旅游局下发了《关于开展“国家全域旅游示范区”创建工作的通知》(旅发〔2015〕182 号)。近几年，全国各地积极响应全域旅游发展战略，许多地方纷纷出台了助推全域旅游发展的相关政策措施，发展全域旅游不但成为迎接大众旅游时代旅游消费新要求的重要举措，而且对于改进地区经济发展模式、激发经济发展的创造力具有重要意义。2017 年上半年，我国民宿市场生机勃勃。不仅许多国外民宿巨头宣布进军中国市场，国内的民宿平台如雨后春笋般发展起来，谁都想在这个迅速膨胀的大蛋糕中分一杯羹。

1. 政策暖风推动民宿发展

2015 年 11 月，国务院办公厅颁布的《关于加快发展生活性服务业促进消费结构升级的指导意见》，首次明确提出“积极发展客栈民宿、短租公寓、长租公寓等细分业态”，这让民宿的经营发展跳出了政策与监管上的灰色地带，实现了有章可循、有法可依。在苏浙沪地区的许多地方政府，更是快人一步地在 2016 年积极推出了各项有关民宿管理的细则。越来越多的地方政府意识到民宿的发展将成为建设乡村、发展乡村旅游的重要突破口，从而纷纷为民宿业发展提供各种政策支持与资金扶持。2017 年的政府工作报告中更是明确提出，“完善旅游设施和服务，大力发展乡村、休闲、全域旅游”，并首次将“全域旅游”写入政府工作报告，这也意味着全域旅游发展战略不再仅仅是国家旅游局层面的，而且已经上升到了国家战略层面。李克强总理的一句“要求政府部门对待各类新行业、新模式要有‘包容审慎’态度”。对于民宿领域的发展也是一大利好。

2. 民宿的爆发式增长

民宿作为新生事物，近年来呈现出飞速发展的趋势。根据去年（2016）11 月 11 日在黄山召开的全国第一届民宿大会给出的数据，截至去年（2016）年底，我国境内民宿已达 42 000家，其中以乡村民宿为主。从地区分布的具体数量上来比较，云南位居第一，截至去年（2016）年底有超过 6 000 家民宿；其次是浙江，民宿数量超过5 600家；第三是北京，民宿数量大约有3 000 家，之后是四川和山东，都有不少于3 000 家的民宿。而到今天为止，民宿的数量仍在加倍增长。中国乡村民宿的快速发展与当今中国的社会大背景有密切关系。今日的中国，中产阶级悄然崛起，个人消费迅速增长，面对城市生活的快节奏，他们开始把目光转向乡村以寻求慰藉，也正是基于此点，中国的乡村旅游与特色旅游得以蓬勃发展。加上现在的消费者假期增多，消费升级，旅游热情也随之高涨，开始追求多种多样的旅游项目，民宿就成了消费者外出旅游所不可不体验的重要环节。

3. 互联网时代，休闲特质带动非标住宿快速发展

随着互联网的飞速发展，大量的民宿资源在各种预订平台上汇聚。线上民宿预订平台也在

民宿高速发展的过程中快速完善，仅木鸟短租就有总量多达30多万套覆盖了全国396个城市的房源在平台上发布，国际著名的短租平台Airbnb在中国的本土化运营也让中国本就火热的民宿市场更加活力满满。在物质与文化日益丰满的现代社会，民众的休闲意识愈来愈强，对旅游体验与旅游质量的要求也越来越高，于是一股发展“全域旅游”的热潮在全国兴起，能够打破空间地域范畴的非标住宿，不仅为越来越多的追求个性化出游方式的消费者提供了更加多元的选择，而且在未来更会成为我国全域旅游发展的一针强有力的助推剂。2017年端午小长假期间，全国接待游客共计8 260万人次，旅游收入高达337亿元。据途家数据显示，端午小长假期间途家平台的民宿公寓订单的交易额相比同期增长了166%，而其中家庭出游已成为最主流的出游方式，传统酒店已不能满足以家庭为单位的度假方式，因此别墅、复式、四合院、老洋房、度假村成为端午节度假的首选。驴妈妈旅游大数据显示，目前非标住宿的预订比例已经占到了整体预订比例的十分之二，预订人群以“80后”为主，占比达54%，其次是“90后”和“70后”，占比分别为20%和18%，其中男女用户占比相对均衡。

二、中国民宿发展充满挑战的时代

1. 资本青睐下民宿行业竞争日渐激烈

近年来，民宿经济领域受到越来越多资本的青睐。很多企业都已开展实质性的投资布局，携程、美团、首旅如家等企业都纷纷涌入民宿领域，希望凭借其在资金、流量以及管理上的优势来分一杯羹；国内知名的品牌民宿管理公司如花间堂、宛若故里、幸福时光等也纷纷开始了连锁扩张。这些资本的蜂拥而入，直接推动了民宿的快速发展。但对于单体民宿而言，要获得投资却十分困难，风投看不上，贷款又无法获得，能够借助的融资模式只有众筹。

2. 优质房源缺乏，民宿千篇一律，出现无秩序发展

虽然近年来民宿发展迅速，民宿数量呈几何式增长，也出现了规模集聚；但随着消费者数量也随之迅速增长，优质房源的稀缺仍是民宿预订的一大瓶颈。许多普通民宿的经营者只是简单地把当地的院子改造一下，缺少内在文化，民宿同质化严重，千篇一律，呈现出野蛮生长的势头，且许多民宿在设计建造与经营发展的过程中对所在地的自然生态、传统文化、乡村景观造成了破坏。

三、云南民宿发展的特点与问题

1. 云南民宿发展现状概述

这几年云南民宿旅游产业蓬勃发展，民宿能够带给游客不同于一般酒店住宿的全新体验，成为云南观光旅游的重要一环。民宿的模式虽然已经兴起且在云南发展最为迅速，但可以看到更多的民宿只是在复制，许多民宿同质化严重，并没有真正成为一个有灵魂的民宿，大多只是生搬硬套。在这一点上，我国台湾地区的民宿值得学习，台湾地区的民宿也是“舶来品”，可是能够真正将自己的地方特色和乡土文化融入民宿的品牌文化与住宿体验之中，做出了自己的风格，其中台湾宜兰和桃米的民宿又是其中的佼佼者。从长远发展来看，民宿将对当下乃至未来人们的生产和生活方式产生深刻、长远的影响。

2. 大量兴起的民宿对朴素美丽的乡村景观造成破坏

许多民宿设计建设中对当地的老宅、乡舍进行了开发与改建。这个问题不只在云南，而

且在全国民宿发展过程中都是存在的，许多开发商凭借手中的资本选择许多美丽的山林保护区以及风景秀丽的乡村，修建别墅与民宿。这些依照知名设计师的美学理念设计修建的民宿实际上都对周边景观造成了视觉上的冲击与景观破坏。因为当地的许多传统聚落、宅院、桥梁、房舍等建筑都是根植于当地的乡土历史、民族文化、生活方式，并在时间的长河中逐渐生长出来的，那些古老建筑、庭院的立面、外观已经与周边的大环境在岁月的磨合中自然而然地融为一体。这种原始的、自然的和谐是有其客观规律与内在底蕴的。正所谓牵一发而动全身，这种“本自天成”的整体和谐不是哪位建筑师随随便便用一个两个的设计创意就可以改造和驾驭的。而且，我国至今并没有相关的法律来对乡村与自然景观进行保护，这就使得开发商与建筑师的许多行为没有了约束和限制。这一点需要向一些欧美国家学习，例如英国，对老房舍的保护与再利用有着严谨的法律规范，任何对老房子、老庭院的改造都必须在法律允许的范围内进行，英国法律对实施改造对房屋外观和周边景观造成的影响与破坏有着严格的控制。同时这也是对建筑设计师设计功力与个人素养提出的严格要求，考验着每一位想要既不破坏老房子与周边景观的协调，又想要为老房子注入新活力的建筑设计师。我国乡村自然与人文景观资源丰富，好的建筑师、设计师应该真正做到从更深刻的内在去改善和充实它们。

3. 经营痛点：民宿缺乏文化精髓——特色文化与乡土文化

云南许多民宿的文化意义缺乏，在云南的大理、丽江等地，部分民宿经营者把当地的白族院子或者纳西族院子简单装修一下，而在这样一个“空壳子”里游客并不能完全体验到当地人纯正的生活方式。所以民宿可做的还很多，必须既能保持当地的乡土文化和体验原貌，又能符合现代人对生活理念的高追求与生活质量的高品位。这种以住宿为导向，与当地展现乡土文化、民族特色文化的人、事、物相碰撞的经营理念，不仅对于民宿自身的发展有利，也一定会为当地经济发展与消费水平带来提升。一个没有文化精髓的民宿很难做好品牌，一个没有品牌效应的民宿是无法发展壮大的。

四、云南民宿发展迎来品牌建设风口

随着机构投资越来越多，资金投入越来越大，中国民宿的发展趋势必然是走专业化、品牌化、连锁化的道路。将来若还想仅靠一己之力做一家小店，成为爆红款，进而实现融资和品牌化的神话，这样的事情几乎很难再有，因为随着民宿业的火爆，民宿的房租不断上升，经营成本一路飙高，而且营销、服务、产品卖点的门槛也会更高。但这并不意味着个体民宿已经完全无路可走；未来小而美、有个性、有温度、有服务、能体现特色文化与乡土文化的单体民宿，仍能在中国民宿领域获得生存机会与发展空间。在云南的少数民族自治地区，对于许多单体民宿而言，最需要把握的文化精髓就是民族特色文化，这种民族特色文化不仅仅是一栋老院子、一个少数民族手工艺品等表面的东西，更重要的是一种五感整合的全方位的民族特色文化与生活体验，可以说，这是一个体验经济的时代，也是感官品牌的时代。在日本，许多民宿都会结合当地的人文和乡景去开展一些展现当地文化、独具乡土特色的活动，而目前我国的大多数民宿还只局限在住宿的功能上。此外，民宿缺少专业设计以及运营人才的匮乏，更成为制约民宿未来升级与连锁化发展的一大短板。在笔者看来，云南民宿，特别

是单体民宿的发展已经站到了自我品牌的风口，谁能够抓住时机打造全方位的民族特色体验、融合乡土文化的精品民宿，谁就能立足于最后的生存空间，形成自己的品牌文化，为走向独具民族特色的品牌化发展开辟道路。

五、找准定位，把民族特色作为云南民宿品牌文化建设的核心

“在全球化的初期，只有少数几个信誉出色的品牌垄断着整个世界。这便是品牌效应的法则。”“在筹措资金方面，自由化在发展，个性化也在发展。于是，为了调和正统管理与个性经营之间的关系，这时，品牌便显示出它的效用。为了说服众多的个体，最简单易行的方法莫过于重复已经确立起来的、有社会影响力的设计方案——也就是品牌。”“一个品牌最重要的特性就是它的独特性。”“什么是品牌？是你在潜在顾客心智中占据的独特概念或认知”。如果一个品牌没有自己的特色，那么这个品牌是很难具有生命力和发展前景的。云南是一个少数民族资源十分丰富、民族特色文化突出的省份，地区与地区之间往往分布有多个不同的民族，呈现出较大的地区文化差异和文化特色。每个外来游客最希望体会到的云南特色之一就是不同地区的民族特色文化，因此云南不同地区的民宿在品牌文化建设中需要把握住民族特色文化这个核心要素。当一个民宿企业真正具有了独特的品牌核心竞争力，也会吸引更多的资本慕名而来，甚至会促进地方旅游品牌效应的形成。

六、在云南民宿设计理念中必须体现和把握现代生活的民族特色品牌文化

1. 精致、个性、有温度

精致而有特色是民宿发展的命门所在。我国台湾的《台湾民宿管理办法》中提到，“民宿是指以家庭为副业方式经营，提供旅客乡野生活之住宿处所”。真正意义上的民宿，通常情况下房间数量并不多，一般都在15间以下，甚至有的明确要求客房数在5间，总楼地板面积150平米以下。这就是说，发展民宿的出发点并不是追求设计的规模与奢华，而应该把小而美、有个性、有温度作为民宿经营的基本观念。

2. 目标消费群体的选择

民宿因其独特的设计风格与理念，面对的多为小众市场，而非大众群体，因此民宿规划设计必须明确服务对象，要明确自己民宿的目标消费群体是哪些人。民宿只有突出良好的特色与风格，选对合适的目标消费群体，才能真正成就自身的魅力与价值。

3. 民族特色文化的展示

一座民宿最引人注目的地方，一定是激发了游客对当地文化生活的好奇，能够为游客提供特色的乡土文化体验，民宿只有让游客体验到当地文化生活方式并产生了认可，才能不断吸引回头客。可以说，民宿应该是一个最适合表现地方特色风情的文化展示窗口，在这里应该让游客体验到与自己所生活的城市文化不同的地方特色。在云南地区，最丰富的文化资源就是不同地区的少数民族特色文化，大多数到云南来旅游的人都会对此抱有体验上的期待，所以云南各个地区的民宿要打造自己的品牌文化，最不可忽视的就是要把握住所在地区独有的民族特色文化，实现其与民宿建设的融创，为前来住宿的游客打造独特的民族特色品牌空间文化体验。

4. 可持续的民宿建设理念

民宿的规划与设计从来都不是孤立的，它与所在地区的自然、文化、社会环境息息相关，民宿自建设伊始就应该将尊重所在地域的自然生态、文化生态、社会生态作为一个基本的出发点，这也是民宿企业能够实现可持续发展的立足点。在民宿的规划设计中，一方面，既要力图避免对生态环境造成破坏，也要与地方民俗文化、建筑文化相协调，同时力争做到民宿自身发展与地方旅游业发展的互利共赢，使民宿品牌文化的打造与区域旅游品牌文化的建设相得益彰。另一方面，要秉持“天人合一”的自然观与文化观，实现民宿的营造与自然的和谐，民宿建设材料与天然材料的和谐。在民宿的建筑、设施配套以及业态管理等方面，都要做到从环保出发，就地取材、低碳节能，真正实现民宿与地方生态环境、乡土文化、社会经济的全面协调可持续发展。

5. 融入乡土生活节奏的“慢生活”规划态度

在城市生活节奏日益加快的今天，人们越来越向往一种自然健康的慢节奏生活，让人的灵魂能够跟得上身体的脚步。“慢生活”是一种健康的心态与生活态度，体现的是一种回归自然、轻松和谐的意境，这也是每位游客入住民宿所希望体验的生活状态。所以，民宿所要营造的就是一种“慢生活”，这也正是民宿的规划设计的不同之处，相比于设计规划的技术和方法，民宿更应注重的是一种设计理念与规划的态度。这种“慢生活”要让年轻人能够体验农村生活，感受农村风俗，除了保护和利用当地农村景观、提供农村生活体验外，还可有配套的观光果园、菜园以及茶园等，更可融入具有民族特色的文化艺术，从视、听、嗅、味、触等多重感官入手拓展民宿发展空间，让游客越来越多地体验乡间的“慢生活”。

6. 从民族特色文化中产生能够把握现代生活的新概念

随着科技的不断进步、社会的不断发展，任何产业都不可能故步自封，要想长期的发展就必须跟上时代的步伐，民宿虽然追求的是一种返璞归真、“天人合一”的发展理念，但在发展中也要根据市场需求，结合科技新手段和产业新理念进行改进与升级。

七、用五感整合的民族特色文化打造民宿品牌

1. 品牌文化建设中五感整合的多米诺效应

“如果你把商标以及其他能提示品牌名称的文字都去掉，你还能分辨出这个品牌吗？你很可能会发现没有商标和名称，你最喜欢的品牌便会失去所有意义。为了消除这种对商标先入为主的思想，品牌的所有要素（包括颜色、图像、声音、设计和标志）都需要被完全整合。”举一些感官对品牌影响的例子，“仅仅看到麦当劳红屋顶的图片，就能激发人们对快餐的渴望。”“20 世纪 90 年代末，戴姆勒·克莱斯勒在公司内部成立了一个全新部门，这个部门的职能不是设计，不是制造，也不是营销，而是研究和制作开关车门的声音。研究表明，汽车的内饰设计（包括开关车门的感觉）在很大程度上决定了消费者的选择。因为女性对感觉和内饰材质的关注远远大于对汽车性能的关注。所以关门的感觉成为消费者衡量汽车品质的重要因素。”“当你一时无法回忆童年时期住过的房子时，如果一股家庭自制面包的气味传来，你会一下子被带回到那个年代。《感官之旅》的作者戴安·艾克曼曾说过：‘触动嗅觉防线，记忆就会瞬间爆发。一种复杂的景象就会从灌木丛中跳出来。’”“当你打开瓶装或罐装可乐的那一刻，你会听到一个独特的、令人满足的‘噗’声……”“现在很多红酒瓶都用螺旋盖代替了软木塞。但是，你会觉得用螺旋盖的红酒比用软木塞的红酒好喝

吗？也许答案是否定的，至少对于现在的红酒来说……若我们来想象这样一个情景：新年前的晚宴上，法国一家顶级香槟公司的高层决定把一瓶软木塞的酒换成螺旋盖的。接下来会发生什么？三……二……一，新年快乐！然后员工们本来期待的‘噗’的喷洒变成了一声无力地、扫兴的‘呲’。仪式感顿时消失了，香槟也不会好喝，而我甚至对于下一年的前景也不抱什么希望了……这一切想法，都是因为没听到软木塞那‘嘭’的一声。”“一个品牌的‘质地’如何，在很大程度上影响了我们对其品质的评价。比如人们买车时会下意识地踢一下轮胎。”“有一个有趣的实验。两个完全一样的耐克鞋分别放在两个相同的房间。一个房间喷洒了花香，而另一个房间没有气味。所有被试者在去过两个房间之后回答问卷。结果压倒性的——84%的人更喜欢那双香味房间里的鞋子。对于猜价格环节，人们认为‘有香味的’鞋比普通的鞋要贵10.33美元。”“拉斯维加斯的哈拉斯赌场也做过一个实验。他们在赌场里的某个区域喷洒了香气。在接下来的几个星期中，‘香味区’的收入比‘无味区’的收入高了45%。”“用气味推广品牌成功与否，和这个品牌所属的行业密切相关。但是无论何种行业，嗅觉对于品牌的作用正在逐步升温。”“全球的消费者和公司正在逐渐意识到气味的强大力量。就像我之前提到过的电影院老板，他很了解嗅觉对他生意的影响。当他发现来看电影的人越来越少的时候，就会拿出‘撒手锏’——在电影院里喷洒人工的爆米花香味。很快，买票的队伍就拉长了。英国的伍尔斯超市也深谙其道。”“未来的品牌，不仅要加入新的感官诉求，还要发掘品牌现有的感官资产。”

2. 五感协同作用下民宿品牌文化空间体验的全面提升

同样，民宿的品牌设计当然也不该仅仅停留在视觉上，更应该拓展到听觉、嗅觉、触觉、味觉等，实现五感整合。当旅客在入住民宿时，关注的不仅仅是民宿的视觉形象和空间设计，而更重要的是一种五感整合的全方位的入住体验，而这种体验不仅仅是视觉上的，更重要的是一种视觉、听觉、触觉、味觉、嗅觉的综合体验。如果一间民宿在空间设计上十分具有民族情调，但门外却天天放着吵闹的重金属摇滚乐，那么这会给入住者带来什么样的感受呢？如果一间民宿在床套设计上有传统特色特别鲜明的民族图案，入住者看了十分喜欢，但用手一摸却感觉到床套的材质十分粗糙，那又会给入住者带来什么样的体验呢？当旅客入住一间在设计上别具异域风情的民宿时却闻到民宿的洗手间发出异味，这时又会有什么样的感受呢？所以说，如果云南的民宿要打造具有云南民族特色的品牌文化体验，不仅仅要在视觉改造和空间设计上努力，更应该注重五感的整合。“多个感官的结合能创造出一种多米诺效应。在大脑中，如果激活任何一种感官，那么就会跟着激活第二个、第三个……然后整体的记忆和情感就会立刻被打开。如果能结合两种感官，只获得了50%的成功；把所有的感官整合在一起，才是每一个品牌应该达成的目标。”“品牌传播已经走到了一个边缘。为了在未来的竞争中取得成功，品牌必须找回其他三种被忽视的感官。市场需要一些新鲜的元素，打破这种‘看一看、听一听’的僵局……消费者只会对五种感官的结合产生兴趣。”“在世界《财富》500强中，有40%的品牌将在这十年内把感官品牌策略纳入营销计划中。毫无疑问，它们未来的生死存亡都依赖于此。如果希望建立并维持顾客忠诚度，它们必须采取一种全面的感官策略。”

结论

随着民宿领域近几年的快速发展，国内外酒店巨头不断加入，各类资本也迅速涌入，民宿行业竞争日趋激烈，特别是许多单体民宿的生存发展日益困难，但民宿毕竟不同于奢华酒店，民宿不仅仅是一种产品模式，更是一种生活方式。面对自我品牌风口，云南地区的许多中小型的民宿企业，特别是单体民宿，只有充分把握住精致而有特色这个民宿发展的命门，充分发掘云南不同地区的民族特色文化，在品牌建设上另辟蹊径，走出一条有个性、有温度、有人文的特色品牌道路，才能在激烈市场的竞争中开辟一片新的发展空间。

阅读思考

1. 结合材料谈一谈你对全域旅游的看法与理解。
2. 结合材料并利用所学知识，探讨民宿发展的未来前景。

复习思考

1. 简述酒店品牌文化的定义及内涵。
2. 简述酒店品牌文化的分类。
3. 酒店品牌文化的建设举措有哪些？
4. 酒店品牌文化的拓展方式与传播途径具体有哪些内容？

参考文献

[1] 奚晏评. 世界著名酒店集团比较研究 [M]. 第2版. 北京：中国旅游出版社，2014.
[2] 钟瑶. 论如何提高我国酒店员工的职业归属感和幸福感 [J]. 才智，2017 (18)：269.
[3] 张颖超，梁玮洁. 酒店员工满意度调查研究——以天津市JL酒店为例 [J]. 中国商贸，2015 (16)：55－56.
[4] 邸丽霞，阎丽，贾皎. 重视文化建设内涵 提升酒店核心竞争力 [J]. 中国商贸，2010 (16)：252－253.
[5] 唐会学. 从善待员工——情感管理看企业文化 [J]. 企业家天地，2008 (9)：122.

第三章

酒店服务文化

本章导读

酒店服务文化是酒店文化的核心。本章从酒店服务文化的内涵、特征入手，重点介绍了酒店服务的心态文化、行为文化及语言文化的基本知识和运用，为建设酒店服务文化奠定基础。

学习目标

1. 熟悉酒店服务文化的内涵、特征。
2. 了解酒店服务中都有哪些技巧、方法和道德规范。
3. 熟悉酒店服务文化心态层、行为层的相关概念及酒店服务语言的含义、特征、分类。
4. 掌握酒店服务文化的本质、酒店服务文化建设的方法、酒店服务语言的运用。

内容结构

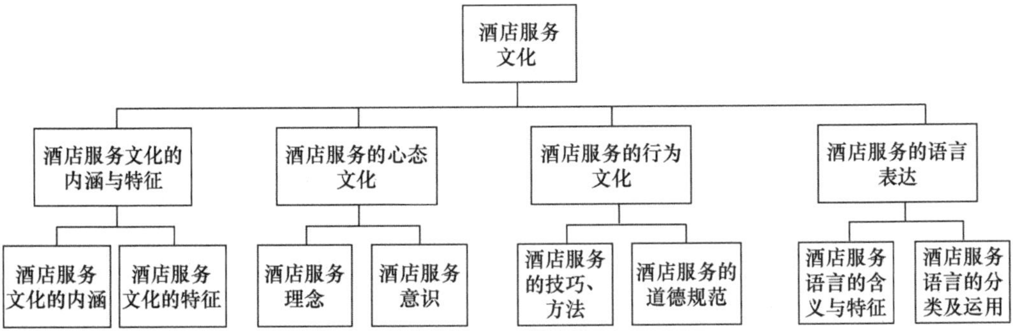

核心概念

酒店服务文化；酒店服务心态；酒店服务行为；酒店服务语言。

第一节　酒店服务文化的内涵与特征

自20世纪80年代以来，中国旅游业得到持续健康的发展，酒店业作为旅游业的重要支柱，发展迅猛之势不可小觑。如今，从国内酒店业来讲，短期内其规模的急速扩张，不可避免地出现供大于求的市场态势；而从国际上来看，越来越多国际著名酒店集团，如希尔顿、喜来登等，涌入中国酒店市场并迅速开始品牌扩张，导致酒店行业的竞争异常激烈。

为了应对酒店业的风云变化，许多酒店都引入了新技术、新材料、新设备等，它们或利于酒店的节能降耗，或能提高经营管理及员工的工作效率，或能给顾客带来方便、快捷、新鲜、时尚、惬意的入住体验。无疑，现代科技成果在酒店业的应用，使酒店产生了许多亮点和特色。但从本质上来说，服务的竞争是一种无形产品的竞争。消费者选择哪家酒店更偏向且认同的是酒店的服务文化，仅仅靠物质的奢华是不够的。服务文化不但关乎服务质量，更关乎酒店的入住率和酒店效益。因此，酒店的生命及其延续与服务文化有着密不可分的关系，必须大力建设和推行富有特色的酒店服务文化。

一、酒店服务文化的内涵

（一）酒店服务文化定义诸说

关于酒店服务文化的内涵，学术界主要有以下几种说法。

1. 酒店企业文化说

酒店企业文化说认为：酒店服务文化即酒店的企业文化。从企业文化的构成来说，企业文化包括了核心层精神价值文化、中间层管理文化和表层性物质与服务文化。将管理文化与创造和保证优质服务的实际运作结合起来研究，具有重要的实践指导意义。

2. 酒店服务感受说

酒店服务感受说认为：酒店服务文化即顾客在酒店消费过程中对直接接触到的酒店服务的感受。酒店的主要产品是服务，服务分为有形服务和无形服务。有形服务可以用对与错、好与坏的标准来判定，但无形的服务却只有在员工与顾客“面对面”的服务过程中才能体现出来。酒店服务文化的好与坏来自员工对工作的态度，来自对酒店服务工作的认识及对服务角色的理解，也来自对这个团队的认可度和归属感，来自员工对酒店的酒店文化建设，包括酒店的物质文化、精神文化等的认同。

3. 特殊文化形态说

特殊文化形态说认为：酒店服务文化就是以酒店接待服务为依托，为消费者提供食、宿、购、娱等服务的一种特殊文化形态，是酒店在为社会提供各种产品和服务过程中所表现出来的物质形态和精神形态的统一体。它强调在酒店服务过程中企业、顾客和员工三者之间服务价值理念的提炼。

（二）本定义的酒店服务文化内涵

酒店服务文化涉及“酒店”“服务”“文化”等复杂现象和重要概念，准确把握它的内涵并非易事，但把酒店服务文化等同于酒店企业文化或酒店服务感受，未免偏颇。著名企业家陈妙林认为，酒店服务文化有广义和狭义之分，从广义来说，酒店的一切都可以列入文化范畴，如卡拉 OK 设施、保龄球等。酒店服务文化中更重要的是狭义的文化，是那种有着艺术匠心般的东西，是那种有着现代意味的浓浓的书卷气，是那种对于文明的感受力和创造力，它们属于心灵，属于观念，并最终转化为行动。本书赞同这样的概括：酒店服务文化是指酒店在其经营管理活动中形成发展起来的独具个性特点的文化现象，它反映了酒店在其社会关系和经济关系中的观念形态，主要表现在酒店哲学、酒店价值观、酒店意识、酒店精神、酒店道德、酒店审美观和酒店思维方式等方面，即酒店的物质文化、制度文化和精神文化。

基于这样的理解，酒店服务文化包括三个同心圆，外层为物质文化，中层为制度文化，内层为精神文化。物质文化包括企业员工创造的产品和各种物质设施等所构成的器物文化，主要包括酒店产品结构、酒店劳动环境和员工休息娱乐环境，以及酒店的建筑特征等；制度文化包括酒店领导体制、酒店组织机构和酒店管理制度，规定了酒店成员在共同的生产经营活动中应遵守的行为准则；精神文化主要是酒店的领导和员工的基本信念、价值标准、职业道德及精神风貌。

每一层面在酒店服务文化这个“同心圆”中起着独特的作用。第一，精神层是服务文化的灵魂，重服务意识，是对服务性质、质量及其重要性的直觉反应和理性思考。应用到实践当中，越来越多的企业围绕“以人为本”的核心理念，培育“客户至上”“服务第一”“一视同仁”等服务意识；第二，物质层是酒店服务文化的基础，是服务品牌建设的重点，同时也是深入建设酒店服务文化的重点；第三，制度层是酒店服务文化建设的重要保障，酒店将服务文化用制度规定，将抽象的服务理念和要求具体为工作的服务指标，进而渗透到企业的经营管理当中，提高服务管理的水平和效率。

生活在不同的地理位置的人们有着不同的企业服务文化，酒店服务文化表现为不同的服务模式，如美国式服务——自然和亲切（在美国一家酒店里，服务员为方便服务顾客，采取跪式服务）；阿拉伯服务——高贵和周全（Burj Al Arab 酒店客房管家，给人以绅士般的感受，服务周到而不失风度）；中国式服务——规范和礼仪（中国古往今来以礼仪之邦著名，在酒店服务规范的基础上，礼仪的特征应该成为中国酒店努力的方向）；日本式服务——精细和高效（日航酒店用绳量桌椅以利于对齐；为方便顾客，在桌上摆上放置戒指的碟）；欧洲式服务——至尊和完美（白金汉宫皇家宴会给人以极致的感受；丽思卡尔顿的服务理念是我们是绅士和淑女，为绅士和淑女服务）。

中国在一定程度上代表了典型的东方文化。传统的哲学思想与观念，如儒家学说和道教，有着悠久的历史渊源，直至今天，这些传统思想依然具有一定的影响力。我们在引进国际酒店集团先进的管理技术、模式的同时，也对他们的经营理念、企业文化极力推崇。然而，我们的企业文化建设的核心既要继承中国传统文化的精髓，又要在此基础上有所提升，形成独具中国特色的企业文化。在消费者日益追求个性化体验的今天，这种特色也是我们与国际酒店集团的比较优势所在。只有熟悉和了解中国文化传统，利用本土化优势，中国酒店业才能在发展中展现出自己的竞争优势。

二、酒店服务文化的特征

（一）个性和共性的统一

1. 个性

酒店服务文化没有定量的指标，不能在不同的酒店之间通用。首先，酒店服务文化通过酒店的服务行为来体现，服务性是酒店业的行业特点，具有行业独特性。其次，酒店服务文化属于酒店企业文化。酒店的企业文化是酒店中人和人之间的行为活动不断进化集聚而成的，有酒店就有酒店企业文化，酒店企业文化扎根于酒店、依附于酒店，具有鲜明的目的性，紧紧围绕酒店自身并为其终极目标服务。由于酒店企业文化的形成与实践的主体是该酒店的员工，其中决策者的个人人格力量具有主导性的影响，不同的酒店，其成长环境、市场定位、经济效益的发展阶段不同，所以不同的酒店服务文化都具有自己的独特个性。

2. 共性

酒店服务文化同样具有共性的特征。虽然酒店文化的建设更加鼓励特色文化的形成，但是酒店服务文化统属于企业文化，是社会文化的一种亚文化，与社会文化紧密相联，不可避免地具有地域文化色彩，并且与地域文化相互影响。现代酒店企业在经营过程中还涉及各类国际宾客的接待服务，该特性要求酒店的管理和服务人员不仅要熟悉酒店所在地区和国家的政治环境和文化环境，同时还要更多地了解国际管理、各国地域风情以及国与国之间交流往来的政策等，具备可以为各国顾客提供合乎其文化、观念的接待服务。

3. 个性和共性的统一

酒店服务文化有自己独特的个性，但在社会文化大背景下，处于绝对的从属地位、脱离社会文化的酒店企业文化没有生存的可能，与社会文化背道而驰的酒店企业文化必然遭到取缔。

（二）无形和有形的统一

1. 无形

酒店服务文化所包含的各种价值因素、信念因素、道德因素、心理因素等作为一种文化标志、文化氛围存在于特定的人群中，看不见、摸不着、无法量化，既是软性的，也是无形的。然而，当有意实施一些与这些核心价值观念和标准相抵触的策略或经营项目时，就会感受到酒店服务文化那实实在在的坚强力量，如果说管理制度是让想犯罪的人没有机会犯罪，那么酒店服务文化就是让有机会犯罪的人不愿意犯罪。因此，酒店服务文化被称为“第二只无形的手”。

2. 有形

无形的文化通过各种有形的载体如人的言行、各种规章制度、经营政策及生产、经营、服务的过程等体现出来。酒店服务文化通过酒店的员工、设施设备、产品等载体，实实在在地为顾客所感知，如体贴入微的服务、风格各异的环境。

3. 无形和有形的统一

有形是对无形的识别，通过有形把握无形。无形的文化通过各种有形的载体体现出来，同时，人们通过有形的事物去研究、分析和培植酒店文化。

（三）稳定和发展的统一

1. 稳定性

酒店服务文化一旦形成，就对酒店和员工的行为产生影响和约束，必须具有一定的稳定性，否则，令人无所适从，也不利于酒店服务文化的深入、巩固。

2. 发展性

随着时代的发展，时代的要求在发生变化，酒店作为一个开放性的企业，不可避免地受到社会观念的影响，所以酒店服务文化也应该按照时代的要求赋予新的内容，反映时代要求，体现时代精神，不断向前发展。

3. 稳定性与发展性的统一

酒店服务文化是稳定性与发展性的统一。酒店服务文化的稳定性是其在当下发展的重要保障，只有确保酒店服务文化的稳定性，酒店服务文化才会稳定、成型，才会有其发展的可能。

（四）规范性和个性化的统一

1. 规范性

酒店服务首先是规范化服务，即每家酒店都会根据自身的功能、设施及产品定位等，制定一套标准的操作规范和服务流程，然后员工在对客服务中按照这些规范和流程进行操作，以保证酒店服务的规范性和一致性。

2. 个性化

规范性并不意味着酒店的服务一成不变，尤其是当顾客有一些个人偏好的时候。在日常的酒店服务中，尊重顾客偏好，并满足其偏好的服务往往能得到顾客更多的认可，更容易为酒店赢得回头客。

3. 规范性和个性化的统一

酒店服务文化是规范性和个性化的统一。服务员在对客服务中要善于捕捉细节，然后在自己力所能及的范围内尽量按照顾客的偏好提供有针对性的服务，而不能在工作中只强调酒店的规范而忽视顾客的个性化需求。

第二节　酒店服务的心态文化

酒店服务文化的心态层是酒店服务文化的灵魂与核心，包括酒店服务理念、酒店服务意识、酒店服务精神等内容。本节重点讨论酒店服务理念与酒店服务意识。

一、酒店服务理念

（一）酒店服务理念概览

1. 现代酒店服务理念的主要内容

酒店服务理念是在满足不同顾客需求的基础上，向酒店全体员工提出的通用服务价值观，是指导员工开展服务工作的基本原则。现代酒店服务理念强调“以人为本”，主要有三方面的内容。

（1）客人永远不会错，客人永远是对的。世界酒店业的发展经历了古代客栈时期、大酒店时期、商业酒店时期和现代新型酒店时期四个阶段。早在19世纪，大酒店时期的代表人物、世界豪华酒店之父凯撒·里兹（Cesar Ritz，1850—1898）就提出了“客人永远不会错（The guest is never wrong）”；到商业酒店时期，其代表人物、现代酒店之父埃尔斯沃思·斯塔特勒（Ellsworth Startler，1863—1928）提出了“客人永远是对的（The guest is always right）”这一理念，从此，酒店业始终秉承着“宾客至上”，甚至“顾客就是上帝”的服务理念。

顾客是酒店的“衣食父母”，是酒店效益的源泉，是酒店生存和发展的动力。酒店只有维护顾客的尊严，才能赢得顾客的尊重和青睐。在这一点上香格里拉酒店的做法很值得借鉴，“把理和对让给顾客，而事实上我们做对了”，各取所需，就能实现顾客和酒店的双赢。酒店员工要充分理解顾客的需求，理解顾客的想法和心态，要有角色意识，把主角让给顾客，甘当配角。把顾客当朋友、亲人，多一些宽容和理解，给顾客“家”的关爱，永远将顾客放在第一位。

（2）顾客是酒店最重要的财富。顾客是重要人物，顾客选择酒店，是给了酒店一次机会，给了酒店员工一次服务的机会。当酒店达不到顾客期望时，顾客会选择其他酒店。酒店失去顾客，就失去了经济来源，无法维持经营。酒店的服务要以顾客需求为出发点，这就要求酒店要了解顾客，并尽力满足顾客的需求，保持高度敏感，打动顾客的心，达到互惠互利的目的。

顾客是酒店最重要的财富，而员工是企业最重要的资产。只有高效、周到的员工，才能让顾客满意，并成为酒店的常客。酒店要重视员工，关注员工心理，注重员工培养，为每一位员工提供发展的机会，让员工融洽地生活在酒店中，快乐工作。培育满意员工是酒店赖以成功的决定因素。

酒店对外顾客至上，对内以人为本，培育酒店、员工、顾客之间良好的氛围和关系，让员工满意、顾客满意，酒店就能获得丰厚的收益。

（3）服务无小事（100－1＝0）。“有缺陷的产品就是废品。”服务是酒店的产品，当服务出现缺陷时，有缺陷的服务就成为废品，不能出售。有形产品出现问题可以补救，如瓷器在出厂前发现问题，可以采用销毁的手段禁止流入市场；汽车在出厂前，如果发现有问题，可以重新调试，即使已销售给顾客了，也可以召回。然而，与有形产品不同的是，有缺陷的服务在生产过程中就已经出售给顾客了，顾客对酒店服务的感受和评价来自客房、餐饮、前厅等部门员工的每一个服务细节。100－1＝0，一件小事没做好，所有的努力都将化为泡影，所以说酒店服务无小事。20世纪60年代，美国人克劳斯比提出了“零缺点管理”概念，主张在酒店里通过建立严格的检查制度，督促员工按照酒店标准提供服务，预防质量问题的出现，使酒店服务质量达到最佳。

2. 著名酒店服务理念一览

在市场竞争的大背景下，竞争无处不在，服务竞争已经成为继价格战后酒店能够采取的行之有效的竞争手段。谁能为顾客提供优质服务，谁就能赢得顾客，赢得市场。服务竞争应运而生，各大酒店也提出了对服务竞争、服务管理具有极其重要意义的服务理念。

（1）国外著名酒店的服务理念。部分国外著名酒店的服务理念如表3.1所示。

表3.1 部分国外著名酒店的服务理念

酒店名称	服务理念
洲际	每时每刻，体验非凡；以“做对的事、体现关爱、追求卓越、求同存异、协作共赢、制胜之道”为行动载体，致力于广博见闻式地分享本地知识，为客人提供令人难忘的、原汁原味的、与众不同的丰富主题酒店文化亲身体验，从而开阔客人的视野，呈现非凡品位之旅
凯悦	时刻关心您；以优质服务创造凯悦风格
凯宾斯基	充分满足客人；只有员工的肯干和能干才能提高对客人服务的质量；只有拥有了完美的服务，才能吸引客源
温德姆	顾客是第一位的，我们以尊重和真诚来对待每一位顾客，尊重个人价值、不同的文化和工作方法，我们通过团队来达到我们的目标
希尔顿	为我们的顾客提供最好的住宿和服务
马里奥特	“顾客永远是对的”，我们要不遗余力地为顾客服务，不断改革和创新服务意识
香格里拉	殷勤好客；香格里拉情
假日	把顾客当朋友
“W”	“无论您需要什么，无论您什么时候需要”是对酒店行业服务无止境的最好诠释
丽思卡尔顿	使宾客得到真实的关怀和舒适是最高的使命
喜达屋	喜达屋关爱

（2）国内著名酒店的服务理念。部分国内著名酒店的服务理念如表3.2所示。

表3.2 部分国内著名酒店的服务理念

酒店名称	服务理念
首旅建国	为顾客提供高质量的服务，创造宾至如归的体验
粤海	德于心，诚于形，礼于人。德和诚是指对顾客要以诚相待、以客为尊；礼是指用适当的礼节为顾客提供服务，也体现了我国是一个礼仪之邦的文化传统，极具中国特色。粤海将中国礼节、礼仪的精华体现在服务的每一个细节中，以诚取信于顾客
开元旅业	“尽享开元关怀”的服务承诺包括时刻关心、高效便捷、无微不至、喜出望外四项内容，始终保持殷勤好客的服务是开元旅业的基本服务准则，“关注顾客，用心服务”的经营理念保证了服务的品质

续表

酒店名称	服务理念
如家	把我们快乐的微笑、亲切的问候、热情的服务、真心的关爱奉献给每一位宾客和同事。“如家黄”和“如家情”是如家酒店留给顾客的深刻印象，如家的黄色给人“家”的温暖，如家的每一位员工都是微笑大使，让每位顾客感受到“家”的关爱和体贴
港中旅维景	维系为客人服务、为业主服务、为员工服务、为酒店服务的“四为”理念
上海莫泰	一如既往地本着最大限度地给予员工以人文关怀的精神，把对顾客真诚而有效的专业服务作为实现我们理想与才华的载体
7 天连锁酒店	7 天连锁酒店秉承让客人“天天睡好觉”的愿景，从关注客户的核心需求出发，在产品及服务流程设计上不断进行整合创新，致力于向超过500 万“7 天”会员提供环保、健康、便捷、更具人性化的优质酒店服务和会员服务

（二）酒店服务理念创新

“创新”最初是由经济学家熊彼特在《经济发展理论》一书中提出的。在酒店业发展的不同阶段，顾客对服务的要求也在不断改变。例如，在古代客栈中，只要有一张能够睡觉的床，顾客就会感到满意；现代酒店能够提供一张干净的床和相应的服务，顾客觉得符合要求，如果酒店的服务人员热情好客，顾客觉得满意，如果酒店员工能够记住顾客的名字，并了解顾客的特殊需求，顾客就会喜出望外。顾客需求的变化，要求酒店的服务理念也要不断创新，创新是赢得顾客满意的关键。

1. 细节决定成败

细节是酒店制胜的法宝，酒店要在竞争中立于不败之地，就必须深度挖掘细节，每一个环节、每一个过程都会影响到顾客对服务的感受。酒店提供的主要是关系到顾客食、住等生活环节的服务，更要从细节入手，真诚地关心顾客，才能赢得客户。酒店服务已经跨入一个“精细化服务管理”的时代，服务范围在不断扩大，服务项目在不断增加，服务要落在小处，注重每一个细节。细节服务使服务更完善，更加饱含亲情，细节现真情、细节赢口碑、细节产效益。

2. 授权赢得回报

授权就是管理者将一部分权力授予其下级员工。酒店一线服务员是最接近顾客的员工，服务责任重大，但权力却是最小的。当顾客提出一些特殊要求或服务员工作出现问题需要补救时，通常服务员没有办法解决，而要找负责人出面处理这些特殊事件，这也经常延误时间，造成顾客不满，进而引发投诉。如果酒店能够授予员工处理日常问题的权力，服务员就可以按照自己认为最好的方式行使权力，主动、灵活地为顾客做好服务工作。丽思卡尔顿酒店规定“一线员工可以自由运用2 000 美元来满足顾客”，这就赋予了员工极大的权力，也给酒店带来了丰厚的回报。

3. 创新获得发展

顾客的消费观念在不断变化，如果酒店服务一味迎合陈旧、过时的生活方式，就很难满足顾客的需求。因此，酒店应尊重顾客的需求，不断创新服务，迎合顾客的消费心理。首先，酒店要增强员工的创新意识，使创新成为一种习惯，每时每刻带给顾客惊喜。毕竟，酒店创新的执行者是员工。其次，酒店要善于从服务中寻找创新的切入点。酒店的创新体现在多个方面，创新可以是创造全新的服务，也可以是对现有服务的改良，只要酒店能够真心地从顾客需求角度出发，从细枝末节着手，就能够发现甚至创造创新点，墨守成规的酒店势必被时代摒弃。

二、酒店服务意识

服务意识是酒店业工作的灵魂，酒店服务的竞争，说到底是酒店服务意识的竞争。酒店员工服务意识的强弱是酒店服务档次高低的重要标志。酒店的有形产品可以复制，服务的项目内容也可以模仿，而良好的服务意识却是长期积累形成的，难以简单地照抄照搬。服务意识的强弱，也是衡量一个酒店员工素质高低的重要指标。

1. 酒店服务意识的内涵

酒店服务意识是酒店员工具有的、时刻以酒店顾客为关注对象、力求为顾客提供其所需服务的行为心态和观念。酒店服务意识是员工的一种行为心态和行为观念，在这种心态和观念的指引下，员工始终将自己的服务对象作为自己关注的中心和焦点，时刻领会服务对象的服务需求，想顾客之所想，想顾客之未想，力图使顾客在酒店有一个愉快完美的消费过程。

意识是人类固有的一种特性，是人的头脑对于客观世界的一种反映，是感觉、思维等各种心理过程的总和。物质决定意识，意识又反作用于物质。意识是通过感觉、经过思维形成的，思维是人类特有的反映现实的高级形式。服务意识是通过对服务的感觉、认识、思维而形成的，是酒店精神、职业道德、价值观念和文化修养等的综合表现。

酒店员工有什么样的服务意识，就有什么样的服务。有好的服务意识，当然提供的就是优质服务；不正确的服务意识，当然只会提供劣质的服务。因此，服务意识关系着服务水平、服务质量的好坏。酒店若要使自己立于不败之地，就必须树立良好的服务意识。

2. 酒店服务意识的主要内容

酒店服务意识多种多样。良好的酒店服务意识主要包括三个方面的内容。

（1）顾客至上意识。在欧洲，许多商店的店规里写道：“1. 顾客永远是对的。2. 如果顾客错了，请参阅第 1 条。”顾客的地位由此可见。顾客到酒店花钱是图舒适、买享受、买尊重，为此，酒店必须为其提供优质的产品与良好的服务。酒店既然是为顾客提供服务，就应该以顾客为中心，一切工作以顾客为主，一切工作都建立在为顾客服务的基础上。

现在，“宾客至上”是酒店服务行业的普遍共识。这一共识如何具体化到一个酒店中，成为全体员工共同恪守的操作行为准则呢？有的酒店经过专门研讨，最终归结为

“竭诚尽力为宾客提供最美好的消费感受”。这样，“宾客至上”的行业口号就转化为具体的运作标准，既体现了原则性，又体现了灵活性。酒店提供的产品具有独特性，即无论酒店的服务项目有多少，服务时间有多长，服务人员变化有多少次，对于顾客而言，这只是一个产品。因而每一个环节、每一个时刻都必须给顾客提供“最美好的消费感受”。这就要求酒店的每一位员工都必须时刻自觉地切换思考问题的角度，变“我想怎样”为“顾客会怎样认为”。一位来自纽约的商人在周五住进泰国曼谷的东方饭店，发现酒店将他的房间安排在二楼靠近楼梯的地方，因为酒店已经替他考虑到因为宗教的原因，他周五不便于坐电梯。连顾客的宗教习惯也一清二楚，使服务更有针对性，这种服务可谓是非常到位。

遇到一些故意挑剔的顾客，酒店员工也一定要有强烈的角色意识，遵循“顾客永远是对的”服务准则，摆正关系，清楚认识自己所扮演的角色，绝对维护顾客的利益和满足他们合理而正当的要求，哪怕需要克服许多困难。从某种意义上讲，维护了顾客的利益，实际上也就是维护了酒店的利益。酒店员工必须在这种特定场合下放下个人尊严，自觉站在顾客立场，设身处地、换位思考。如果酒店员工有了这种立场观点，那么即使是面对挑剔的顾客，也能从容大度，处理得当，也就能忍受暂时的委屈，把理“让”给顾客，忍辱负重、礼让三分，不失酒店的风度与品位。

（2）服务第一意识。服务质量是酒店的生命，而一个酒店的服务质量如何，主要取决于每一位员工的服务态度、员工有没有“服务第一”的观念。作为酒店的员工，不管是管理人员，还是服务员，都有义务使每一位顾客满意。现在大部分青年员工是独生子女，在家里一向都是父母服侍自己，现在却要细心服侍不同要求、不同消费心理的顾客，这种从被服侍到服侍人的观念转变，实际上就是自身服务意识的创造和确立。

酒店服务工作有“一瞬即过”的特点，很多事情的发生过程，如顾客与服务员的矛盾也是在几秒钟内发生的。为顾客服务，不可能像工厂那样，要经过质检部门检验，贴上合格证以后才可以出售。酒店服务工作程序多，很多环节要由手工操作，只能依靠分散在各个服务现场的服务人员，所以树立时时、事事、处处为顾客服务的意识尤为重要。服务意识的高低往往就是从细小的事情上反映出来。例如，当员工听到顾客的投诉和抱怨时，当员工提供的产品和服务未达到标准时，当员工看到酒店内的设备、设施不能正常运转的时候，员工的态度是视而不见，听而不闻，还是积极找原因，尽最大努力去纠正、去解决，这都是服务意识的反映。

（3）一视同仁意识。酒店为顾客服务是指为所有来酒店的顾客提供服务，不管顾客的背景、地位、经济状况、外观衣着是否有所不同，地位是平等的。对酒店方来说，热情微笑、殷勤周到的服务正是和顾客保持平等关系的必要条件，做不到这一点，酒店就是怠慢了顾客，平衡的天平就会发生倾斜。再者，在人格上，顾客之间、酒店员工和顾客之间也都是平等的。对每位顾客的尊重，为每位顾客提供优质服务正是这种平等观念的外化表现。厚此薄彼，冷淡顾客，出现一部分顾客“花了钱买气受”的怪事，显然是极不正常的。有时尽管酒店服务人员并非有意这么做，只是违反了服务规程，也会造成不良影响。某杂志曾刊登了一则“名人逸事”：20 世纪 70 年代，为中东和平而奔走的美国国务卿基辛格，来到宗教圣地耶路撒冷时，想去造访名声在外的西餐酒吧“芬克斯”。他亲自打电话给“芬克斯”的老板，自我介绍他是美国国务卿基辛格后说：“我有几个随从人员，他们将随我一同前往贵店，到时希望谢绝其他顾客。”基辛格满以为这个要求绝对能被对方接受，不料老板却非常客气地回答：“您能光顾本店，我感到莫大的荣幸。但是，因此而谢绝其他顾客，是我所不能做的，因为他们都是老主顾。”第二天傍晚，基辛格又一次打电话给“芬克斯”的老板，说只有三个随从，只订一桌，且不必谢绝其他顾客。不料却又碰了壁，“因为明天是星期六，本店的例休日。”“芬克斯”的可贵之处，是真正把顾客当“上帝”，讲求人人平等，一视同仁。宁可得罪一个要求过分的名人，也不得罪一群普通的人，这是“芬克斯”给我们的启示之一；有了规矩，好成方圆，规矩一旦制定，就严格执行，并不因为是名人，就可以随意破坏规矩，宁可让基辛格失望，也不愿得罪自己的员工，这是“芬克斯”给我们的启示之二。

3. 酒店服务意识的培养

服务意识的形成是一个自我认识、自我养成、自我提高的过程，是通过有意识的学习、仿效、积累而逐步形成的，需要有高度的自觉性。作为酒店的员工，应该将服务意识看作自身素质的不可或缺的一部分，看作事业发展的基础，看作服务技能的组成部分。培养良好的服务意识有四个途径。

（1）树立良好的服务态度。酒店的服务意识是一种内在的观念形态，应该渗透在酒店员工的职业价值趋向当中，才有可能在酒店员工的日常服务形态中得到运用和体现。因此，培养良好的酒店服务意识，酒店员工首先应该树立起良好的服务态度，正确认识自己所从事的职业，将其看作一个为人提供所需服务、制造快乐的行业。酒店员工要正确地认识和看待酒店顾客，既要将其作为自己的“上帝”，又要将其作为和自己平等的主体，不卑不亢，方能形成员工和顾客之间正确的宾主关系。

（2）加强酒店服务意识的培训。为了树立良好的酒店服务意识，酒店应该加强服务意识的培训。酒店服务意识作为一种观念形态和职业价值取向是可以灌输和强化的，酒店在进行迎新培训、岗位培训时，可以集中地进行服务意识的训练。同时，在日常的实践中，酒店各部门可以通过早会等各种形式来分析总结发生在酒店中的各种服务案例，通过发生在酒店的事实向员工传递正确的服务意识观念，帮助员工形成良好的服务意识。

（3）建立良好的酒店服务文化环境。良好服务意识的建立还需要一个良好的酒店服务文化环境。酒店服务文化环境是指酒店在长期的发展过程中所形成的服务价值取向。服务文化环境具有惯性和软约束力，在特定的服务文化环境中，如果处于该环境中的成员的服务行为与这种文化环境一致，那么这种行为就会得到酒店其他成员的认可和赞许；如果酒店的成员的服务行为与这种文化价值取向不一致，就会受到酒店其他成员的指责。因此，一个良好的酒店服务文化环境，可以在很大程度上约束、规范员工的服务行为，其价值取向实际上代表了酒店整体的服务意识、服务观念。

（4）建立酒店的服务激励机制。酒店的服务激励机制就是酒店制定的对各种服务行为的奖惩规定，它是一种明文制度，违反了这种制度的员工就必然要受到相应的处罚。建立酒店的服务激励制度，是为了从制度上肯定好的服务行为，约束员工不好的服务行为。酒店应该根据各种服务惯例和自身的长期积累，对各种服务行为进行分析，并提出各种服务行为的奖惩安排，鼓励员工自觉遵守酒店制定的服务规程，对于在实际服务工作中具有良好表现的员工给予适当的物质和精神奖励，以形成示范效应，让大家都学习好的服务行为、服务观念，形成一种强有力的外在约束。

第三节　酒店服务的行为文化

酒店服务的行为文化包括酒店服务的行为活动和行为规范。本节重点介绍其中的服务技巧、方法与道德规范。

一、酒店服务的技巧、方法

（一）通过沟通了解顾客的问题

沟通是解决任何问题的前提。人类通过交流才能生存，才能使生存赋有意义。酒店员工在工作中需要与顾客打交道，对于以向顾客提供服务为产品的酒店工作，沟通的质量决定酒店的服务质量，从而决定了顾客对酒店的满意度与忠诚度。作为从事酒店业工作的酒店员工，学好沟通技术，掌握对客服务的沟通技巧，提高沟通能力，有着深远的意义。

1. 打开沟通的大门

（1）以对方所期望处理问题的方式为焦点。打开沟通大门的最佳方式，莫过于以对方所期望处理问题的方式为焦点。人的性格有不同的类型，不同类型的人所希望的处理问题的方式不同。不同类型人群的特点如表 3.3 所示。

表 3.3　不同类型人群的特点

类型	优点	缺点	应对办法
分析型	对人彬彬有礼，藏而不露，说话办事井井有条，讲逻辑，重事实，具有很强的责任心。这类人群注重精确，讲求完美；勤奋、谨慎、有毅力、讲条理等是他们的长处	自我封闭，缺乏情趣，不事张扬，离群索居，有时显得有点郁郁寡欢。如果这类人群表现出犹豫不决的神情，那么就说明他们还需要分析所有的数据。如果分析型的人过于极端，那么完美主义便会成为一种缺陷	要讲求系统条理，完全彻底，深思熟虑，准确无误；要专心致志；要准备好回答很多个“怎么办”；要摆事实，重于分析；不要过于亲近；要认识到并承认讲逻辑求准确的必要性；不要操之过急；要有反复说明自己观点的准备；要留点思考评估的时间；要大量运用各种证据；要赞扬这类人群某些工作做得多么准确无误

续表

类型	优点	缺点	应对办法
能言型	态度热情，口齿伶俐，魅力十足，殷勤随和，乐于助人，口才雄辩，擅长交际；这类人群看重的不是工作任务，而是人与人之间的关系	缺乏耐心，以偏概全，言语犀利伤人，有时还会做出一些不理智的举动。这类人群也可能比较自私自利，工于心计，报复心较强，办事无章法，易与他人发生摩擦	要注重发展双方的关系；要让这类人群看到建议对他有哪些好处；要热情坦诚，有问必应；要善待他们希望与人分享信息、趣事和人生的经历的愿望；要做到友善健谈；要多问、多答带有“谁”字的问题；要随时注意保持热情友善、平易近人的形象；要采取措施尽量减少他们与细节和个人冲突发生直接接触
进取型	对人很感性，说话很率直，目标意识非常强，性格外向，意志坚强，果断务实，从不绕弯子。这类人群总是在告诉别人应该如何，而且说起话来头头是道。这类人群以工作任务为重，办事立竿见影，并不看重各种人际关系	固执己见，独断专行，缺乏耐心，感觉迟钝，而且脾气暴躁，常常无暇顾及一些形式和细节。这类人群一般想到什么，就要想方设法达到目标，甚至为了达到目标不怕得罪人。这类人群还可能对别人要求较高，不愿采纳他人意见，控制欲较强，从不妥协，甚至有些傲慢专横、冷酷无情。这类人群珍爱的是权利、控制和他人的尊敬。失去别人的尊重，没有取得结果，以及感到被利用则是这类人群最大的痛苦	满足这类人群的控制欲；专心研究工作任务；探讨预期结果；行为规范，言之有据；表达简洁、准确、有条有理；研究回答带有“什么”的问题；说话要有事实根据，不要仅凭感觉；不要浪费时间；不要纠缠细节；提供多种选择方案；要当一名好听众
亲近型	喜欢与人相处，专心致志、持之以恒、忠实可靠，具有合作精神，易于相处，值得信赖，反应敏捷，愿意倾听。会尽量避免与人发生对抗冲突	犹豫不决和缺乏冒险精神。这类人群常常过于重视他人的意见，循规蹈矩，往往处于被动的状态。这类人群通常不会为自己说话或者辩护，过于顺从、迎合他人，决策时常常会反复权衡，犹豫不决	要做到放松、随和；要保持事物的原有状态；要讲究逻辑和系统方法；要按照书面指导原则去制定具体计划；要做好回答“为什么”的准备；要有预见性；要时常明确地表示赞同；要用“我们”这个词；不要催促；不要急于求成；要赞扬这类人群具有的团队精神

（2）对客服务交往中出现障碍。在与顾客的交往中往往会出现一些障碍，主要包括：双方或一方听不懂；双方或一方理解错；双方感到不受尊重或被侮辱；相互之间缺乏情感，例行公事；伤及感情（负情感），情绪对立；各抒己见，观点对立。

形成上述沟通障碍的原因是多方面的，主要体现在内容信息、心境态度、价值观、沟通技巧等方面。

2. 肯定对方观点的价值

任何人都希望自己的观点及价值受到别人的肯定。成功的沟通并非一定要同意彼此的言论及观点，却必须相互尊重以及欣赏对方的言论及观点。

当一个人感到自己所说的话未受到对方的重视或认为不具有价值时，通常会导致以下两种情况：一是攻击对方，激化彼此的敌对状态；二是避免与对方碰面，停止沟通。

3. 沟通中的注意事项

（1）使人愉悦。作为酒店服务人员，在与顾客说话时要讲究语气。要多一点愉快，多一点赞美；多点微笑、客气；多点热情、体谅；多点主动诚恳，多点同情、关切。

（2）化解矛盾。酒店服务人员除了要有娴熟的业务本领、灵活的应变能力外，还要善于使用化解矛盾的语言。不计较顾客态度，对顾客耐心忍让，处处为顾客着想。对具体情况灵活处理，想顾客之所想，妥善处理问题。

（3）善意幽默。幽默的语言可以作为酒店服务人员处理难题的手段，使对方比较容易接受自己的意见，但不宜过多使用，过多则易使顾客产生服务态度不认真的厌恶情绪，从而使事态向更严重的方向发展。

（二）确定问题的关键，把握顾客的需求

1. 提出适当问题

（1）目的：探寻顾客的问题关键、具体需求。

（2）要求：服务人员在提问时，要一步一步地接近顾客的具体需求，在顾客的配合下寻找出具体的需求是什么。

（3）注意：提问的语气要委婉，同时所提的问题尽可能避开个人隐私或其他令顾客尴尬的方面。

2. 探寻更深层次的需求

有时顾客提出的问题并非是问题本身，可能是一个难题，顾客通过这个难题引出其实际需求。如果服务人员没有注意到这一点，可能陷入难题之中，枉费了许多精力，到头来也没能让顾客满意。

3. 概述顾客问题并做出结论

（1）检查服务人员所领会的与顾客所要表达的是否一致。

（2）表现出服务人员的职业素质、礼貌姿态。

（3）顾客感到自己备受重视、心情愉悦。

（三）着手解决顾客的问题

了解顾客的深层次需求并不意味着能将问题解决得让顾客十分满意。酒店服务人员解决

问题的习惯方法、技巧可能和顾客内心中所想的相矛盾，尽管结果是顾客要求的，但解决问题行动过程中，任何细节上的不周全都可能引起顾客的不快。作为一个合格的酒店服务人员，在处理这样的问题时都应该做到以下几点。

1. 行动迅速

酒店服务人员在了解顾客提出问题及深层次需求之后应迅速行动起来。不管这个任务有多么难完成、多么不好开始，都应立刻采取行动。一般来说，没有经验的服务人员容易犯的错误是“讨价还价”。顾客提出要求后，先提出有难度，不情愿付出行动，给顾客的感觉是，服务人员不真诚、不友善。

2. 负责到底

顾客提出的问题可能涉及几个部门或者多个班次，也就是说从上一个班次开始解决问题到下一个班次才能完成，这样就要求当班接受问题的服务人员为顾客服务到底。

3. 与顾客协商

解决问题的标准要以顾客的要求为基准，解决问题的目的在于满足顾客深层次的要求。切忌贪图省事儿，只是把顾客的问题从表面上解决，而没有让顾客由衷地感到满意。必要时，服务人员要通过自己的最大努力换取顾客自行降低所要求的标准。

4. 及时反馈

酒店服务人员应在行动前告知顾客等候的时间，行动中及时反馈行动的进程，行动后及时问询顾客满意度、反思问题产生的原因。

5. 总结问题的解决

在问题得到解决后，酒店服务人员应通过回顾从顾客提出要求到协商解决再到问题得到解决的整个过程，以及在该过程中顾客的反应与评价，总结解决问题过程中的经验，同时反思行为不当或令顾客不满意的地方，以期下次表现得更好。

（四）请求他人协助

1. 向顾客介绍所请到的人

当前的服务人员所请来为顾客解决问题的人，对顾客来说很有可能是陌生的，对于这个人经验如何，甚至姓甚名谁都可能不知道，那更谈不上信任，因此在顾客心中会有一些不安，可能会产生此人否能解决问题的疑问。

（1）向顾客介绍新人的称呼、职务以及与自己的关系。首先，对于所请来的人，让顾客熟悉他的称呼是一种尊重；其次，介绍职务实际上给顾客更多的信息，尤其是在解决专业问题上，被请来的人如果是相关的专业人士，则说明有这方面的经验，易使顾客因此产生信赖感；再次，说明来者与自己的关系，让顾客知道可以像信任自己一样去信任他，或者以另外一个方式信任他，向他打开沟通的大门；最后，让被介绍人感觉与自己在关系上似乎更进一层，更愿意帮自己的忙。

（2）把被介绍者的经验、能力或者曾经的成就向顾客介绍。顾客关心的是被介绍者的经验与能力，即此人能不能轻松解决问题，如经验能力不行，非但不能解决问题，反而要浪费时间甚至丧失机会。如果能先简单地介绍此人的经验与能力，顾客就会有一定的心理准备。

（3）在介绍请到的人时，适当地给他“戴一戴高帽子”。介绍此人突出的优点，既会让顾客感觉荣幸地遇到了如此优秀的人才，也会让请到的人心里美滋滋的，他会十分高兴地帮忙。

2. 概述顾客的问题

请来的人可能不知道有什么问题，或者说不知道怎么快速抓住顾客的需求，此时就需要有人告诉他问题的来龙去脉，顾客期望得到什么样的结果。需要注意的是，问题的概述不可由顾客自述，应由服务人员代顾客把问题描述出来。描述时要注意：以简练的语言概述顾客的问题，并请顾客对所概述的问题进行补充，描述的最后还要询问顾客有无特别的要求。

3. 要格外尊重所请来的人

服务人员应当注意，自己请来帮助解决问题的人也是需要激励的，这样会使其尽量把问题处理好。首先，对请来的人要表示非常尊重，使用礼貌的称呼，凡事以此人为先；其次，要对此人的到来表示感激，并为他的行动提供便利条件；再次，时时赞扬他的优点，如当面赞扬他，“你做得太完美了”“今天我学到了好多”，也可通过顾客赞扬，如“他真行”。

4. 注意事项

酒店服务人员对客服务中要注意，顾客的问题只要没有解决，自己都有责任为顾客想办法，直到问题解决为止。

二、酒店服务的道德规范

酒店服务行为文化除服务技巧、方法等行为活动外，还包括酒店服务的道德规范等行为规范。

酒店服务道德规范是酒店服务道德的基本要求在酒店服务活动中的具体体现，也是酒店职业道德基本原则的具体化。酒店服务的道德规范既是每个酒店从业人员在职业活动中必须遵守的行为准则，又是人们评价和判断每个员工职业道德行为的标准。社会主义酒店服务道德规范与酒店职业道德规范是一致的，主要内容包括八个方面。

1. 热情友好，宾客至上

“热情友好，宾客至上”是酒店职业道德最基本和最具特色的一项道德规范和行为准则。真诚、热情、友好地接待每一位顾客，是从业人员高尚道德情感在职业活动中的体现。宾客至上是指在为顾客提供服务时，把顾客放在首位，从顾客角度考虑问题。“顾客永远不会错”“顾客永远是对的”“不与顾客针对”以及“以顾客为中心”，这些格言已经成为酒店从业人员提供服务的指导思想。“热情友好，宾客至上”的具体要求如下。

（1）树立“热情友好，宾客至上”的服务意识。从业人员只要上岗，都必须以亲切的微笑、良好的服务精神和热情周到的服务，去接待好每一位顾客，做到客到微笑到、敬语到、服务到。

（2）在日常服务工作中，时时处处坚持履行这一道德规范。

（3）在接待贵客和重要顾客时，须特别认真履行这一道德规范。

（4）遇到困难和不顺利时，尤其要注意坚持这一道德规范。

2. 真诚公道，信誉第一

“真诚公道，信誉第一”是酒店职业道德的重要规范，也是热情友好、宾客至上的继续和保证。真诚，就是指真实诚恳，信守诺言、协议和合同，不弄虚作假，不欺骗和刁难顾客；公道，就是买卖公平合理，只赚取合法合理的利润，既不能“宰”客，也不能损害酒店利益。信誉第一，信誉是酒店的生命。只有真诚公道地对待每一位顾客，向他们提供优质的服务，才能树立酒店良好的声誉和形象，才会有越来越多的顾客光临。“真诚公道，信誉第一”的具体要求如下。

（1）广告宣传，实事求是。

（2）按质论价，收费合理。

（3）诚实可靠，拾金不昧。

（4）诚挚待客，知错就改。

3. 文明礼貌，优质服务

“文明礼貌，优质服务”是酒店职业道德的一个极其具有行业特点的道德规范，也是酒店从业人员必须具备的素质要求之一。文明礼貌是社会公德的基本内容和重要道德规范，是正确处理人与人之间相互关系必不可少的行为准则。也就是说，人们要友好愉快地相处，最根本的就是要讲究文明礼貌，能够相互尊重。文明礼貌不仅是对酒店从业人员的基本业务要求，也是重要的道德规范，优质服务是每一个酒店从业人员最重要的道德义务。“文明礼貌，优质服务”的具体要求如下。

（1）真诚待人，尊重他人。

（2）仪表整洁，举止大方。

（3）语言优美，谈吐文雅。

（4）微笑服务，礼貌待客。

（5）环境优美，食品卫生。

4. 不卑不亢，一视同仁

“不卑不亢，一视同仁”是酒店从业人员的民族自尊心、自信心以及国格、人格的体现，也表现出员工的爱国主义精神。不卑不亢的“不卑”，就是不自卑；“不亢”，就是不高傲。员工在接待顾客的过程中，既要尊重顾客、热情友好往来，尽到自己的职责和义务，又要做到自尊、自爱、自信，体现出主人翁精神和民族自尊心。一视同仁的“一视”，就是一样看待；“同仁”，就是同样仁爱。一视同仁要求各类不同顾客都能够一样对待，尊重顾客，维护其合法权益，真诚为其服务。“不卑不亢，一视同仁”的具体要求如下。

（1）谦虚谨慎，但不妄自菲薄。

（2）学习先进，但不盲目崇拜。

（3）热爱祖国，但不妄自尊大。

（4）既要做到“六个一样”，还要做到“六个照顾”。“六个一样”即对高消费顾客和低消费顾客一样看待；对国内顾客和境外顾客一样看待；对华人顾客和外国顾客一样看待；对东方顾客和西方顾客一样看待；对不同种族的顾客一样看待；对新来的顾客和老顾客一样看待。“六个照顾”即照顾先来的顾客；照顾外宾和华侨、华裔；照顾贵宾和高消费顾客；照顾身体不便的顾客；照顾长住顾客和老顾客；照顾妇女、儿童和老弱病残顾客。

5. 团结协作，顾全大局

“团结协作，顾全大局”是酒店从业人员正确处理同事之间、部门之间、酒店之间以及局部利益与整体利益之间、眼前利益与长远利益之间等相互关系的行为准则。团结协作、顾全大局要求酒店从业人员摆正个人与集体之间的关系，这是酒店职业活动中经常遇到且必须妥善解决的问题，也是一种较高的道德要求。“团结协作，顾全大局”的具体要求如下。

（1）互相尊重。尊重他人是有道德修养的表现，也是一种传统美德。

（2）互相合作。酒店是综合性企业，一个突出的特点是要在同一时间、不同空间满足不同顾客的多种消费需要。因此，部门之间、同事之间的密切配合和相互支持特别重要。

（3）互相学习，取长补短。

6. 遵纪守法，廉洁奉公

“遵纪守法，廉洁奉公”是酒店从业人员的一项基本品质和应遵循的重要道德规范。纪律是社会各组织团体、企业事业单位对其所属人员规定的必须遵守的行为规范。遵纪就是应遵守酒店规定的各种行为规范；守法就是遵守国家的法律，也包括执行国家的政策。“遵纪守法，廉洁奉公”的具体要求如下。

（1）自觉遵守酒店职业纪律。

（2）严格执行国家政策法令。

（3）廉洁奉公，自觉抵制各种不正之风。

7. 钻研业务，提高技能

“钻研业务，提高技能”是各行各业共同的业务要求和道德规范，也是酒店从业人员做好本职工作的关键。钻研业务、提高技能不只是一种业务要求，也是酒店业的一项重要的职业道德规范。“钻研业务，提高技能”的具体要求如下。

（1）要有强烈的职业责任感和崇高的职业理想。

（2）掌握正确的学习方法，刻苦钻研，不断进取。

（3）掌握过硬基本功，扩大知识面。

8. 敬业爱岗，忠于职守

“敬业爱岗，忠于职守”是最基本的酒店职业道德规范，也是酒店从业人员必须遵循的行为准则。敬业爱岗的“敬业”，就是敬重所从事的酒店服务行业；“爱岗”，就是热爱自己的本职岗位。忠于职守，就是严格遵守酒店的各项规章制度、职业纪律要求，尽心尽力做好工作，并具有强烈的职业责任感和事业心。“敬业爱岗，忠于职守”的具体要求如下。

（1）正确认识酒店服务工作。社会上各种职业，在本质上是平等的，应树立平凡职业的荣誉感，尊重平凡岗位的劳动。

（2）尽职尽责、忠于职守。把顾客的安全、利益和酒店的声誉放在首位。

第四节　酒店服务的语言表达

良好高超的语言艺术，是酒店服务人员与顾客沟通的重要方式与环节，得体的语言不仅能起到化解危机的作用，也可以起到锦上添花的作用。在对客服务中，如果顾客对酒店的硬件、服务产生不满和纠纷，甚至由于客观原因给顾客造成不便，良好的服务语言沟通，可以化干戈为玉帛，获得顾客的理解和支持，甚至可以给顾客一种受重视、获尊重的感觉，从而加强顾客对企业的信任感。所以，搞好酒店服务，提高酒店的知名度，树立酒店形象以提高酒店经济效益，服务人员的口才是重要的保证。

酒店服务语言在酒店各项对客服务中占有十分重要的地位，近年来酒店服务语言能力更是成为在酒店工作的必备条件之一。没有热情、礼貌、流畅、得体的服务语言传递信息，再优雅的客房、豪华的餐厅、美味的佳肴，也无法让顾客满意。可以说，服务语言的运用，甚至在服务语言中讲究良好高超的艺术修饰，决定着对客服务的成败。

一、酒店服务语言的含义与特征

（一）酒店服务语言的含义

语言是人们用来表达思想、交流感情的交际工具。酒店服务语言与讲课、演讲以及人与人交往中一般的礼貌语言是有很大差别的。酒店服务语言，是指在旅游服务过程中，服务人员借助一定的词汇、语调表达思想、情感、意愿，与顾客进行交往中，比较规范而又比较灵活的工作语言。

（二）酒店服务语言的特征

1. 明了性

酒店员工在对客服务中使用服务语言时，首先要做的是讲得清、听得明，不用听者重复提问。与客交往要求员工做到“六要”：称呼要得当、口齿要清楚、用词要准确、语气要亲切、语调要柔和、语言要简练。语意明确以避免引起不必要的麻烦，突出了酒店服务语言的明了性。

2. 主动性

酒店服务语言具有主动性的特征，表现为服务人员对客服务应主动先开口。服务人员在接待过程中，要求主动询问顾客、寻觅服务对象，把顾客当作自己的亲朋好友，营造出一种生动活泼、亲切随和的服务气氛。在这种气氛里，服务与被服务双方都可以感受到一种轻松自然的温馨与舒适。

3. 尊敬性

在对客服务语言中，要充分突出顾客“上帝”的地位。首先，对顾客多用尊称，禁用鄙称，多使用敬语，服务员使用的“你”字都要加“心”字底，以“您”相称；其次，在语言上要照顾不同顾客的语言习惯、文化层次以及地区风俗等，不能犯忌。

4. 局限性

酒店服务语言的局限性体现在，其内容要局限于服务工作范围，服务人员在对客服务中，语言不可随意出界，如与顾客谈得投机，稍有出界，应及时返回。

5. 愉悦性

酒店服务的语言用词、造句和说话的语气都要讲究，多用美词雅句，造就一种高雅的文化气氛，顾客也会融入这种环境中。对顾客只称赞不指责，不用否定句、训诫句、命令句、不讲“不”字，服务热情周到，可以使顾客在精神上、心理上得到满足。

6. 兑现性

服务语言兑现性是指对客服务必须讲出就要做到，不能为了一时讨好顾客而随意承诺，“开空头支票”必将弄巧成拙。

二、酒店服务语言的分类及运用

（一）酒店服务语言的分类

酒店服务语言分为有声语言和无声语言。

1. 有声语言

有声语言又称为口头语言，或称口语，是服务工作中使用最多、最重要的交际形式。酒店服务语言大多是有声语言，用来直接与顾客沟通交流，产生预期的服务效果。

2. 无声语言

无声语言即肢体语言，包括表情语言、动作语言和物饰语言，是有声语言的辅助手段，虽然无声语言是辅助性的，但其作用不可忽视。酒店服务员的肢体语言要大方得体、自然端庄，与有声语言配合和谐，给人一种亲切感和美感。

根据心理学研究，一个信息的总效果 = 7% 有声语言 + 38% 语音 + 55% 面部表情。这个公式说明了在表达效果的总目标下，口头语言与无声语言的关系是不可分的，无声语言比口头语言在对客服务的过程中更具有意义。酒店服务人员要将二者有机结合在一起，两种语言的结合要相得益彰、和谐一致，不要相互矛盾，否则会给顾客一种虚情假意的感觉。例如，对待年老的顾客要有耐心，不能嘴上说不急，而又不断看时间或做一些躁动不安的举止，这样会失去顾客的信任。

（二）酒店服务语言的运用

由于服务行业性质的需要，酒店服务人员的语言要讲究美的艺术，这就要求服务人员要坚持从服务实际出发，坚持文明礼貌用语，掌握语言应用的艺术，会灵活运用各种语言技巧，有较高的语言表达能力，在不同场合恰当地运用有声语言、无声语言。

1. 有声语言的运用

（1）使用令顾客愉快的语言。

服务行业有一条最重要的原则，那就是“永远使顾客觉得高贵而重要”。通过热情的服务、真诚的言词，使顾客感到高兴，同时也是服务人员工作的真正价值所在。不要轻视每一位顾客，多一分微笑、客气；多一分热情、体谅；多一分主动诚恳；多一分同情、关切；与顾客情相融、心相通，使顾客忘记烦恼而心情开朗、快乐。

（2）使用化解矛盾的语言。

服务人员在待客服务工作中，不管是因自己的工作失误还是其他原因，有时会导致顾客的不满，甚至投诉。如何去化解矛盾，使每一位顾客乘兴而来、高兴而去，除了要求服务人员具有娴熟的业务本领、灵活的应变能力外，掌握化解矛盾的语言也至关重要。不计较顾客态度；对顾客耐心忍让；处处为顾客着想；对具体情况灵活处理，不以顾客的态度为意，想顾客之所想，妥善处理问题，恰恰显示了酒店服务语言的魅力。

（3）使用善意、幽默的语言。

幽默可以融洽气氛、引发思考、调动情绪、让人接受批评。对酒店行业从业人员来说，必须有丰富的语言表达能力，依靠语言艺术，用生动、形象、幽默、风趣的言辞，去传授各种知识，沟通感情，使顾客满意。娴熟地运用幽默风趣的语言，不仅能够使顾客感到轻松愉快，更能使顾客获得一种美的享受。服务人员处理难题的时候，还可以用幽默的语言，使对方比较容易接受自己的意见，但不宜过多地使用。契诃夫说过："不懂得开玩笑的人，是没有希望的人。"但开玩笑要有分寸，服务人员一定要辨明气氛，分清对象，讲究艺术，掌握好幽默语言的技巧。

2. 无声语言的运用

对以语言交往为主要工作内容的服务人员来说，服务语言的表达与服务质量和服务态度密切相关。在服务中，人的肢体动作、面部表情、服饰等无声的语言都可以起到表达情感、交流思想的作用，甚至比有声语言的意义更加重大。

（1）使用恰当的表情语言。

表情语言即面部表情语言，就是通过面部器官（包括眼、嘴、舌、鼻、脸等）的动作势态所表示的信息。有研究发现，光是人的脸，就能够做出大约 25 万种不同的表情。面部表情反映人的内心情感，可以传情达意，是姿态势语中最有表现力和最重要的部分。

在服务中，微笑也是一种服务表现方式，为成功服务打下良好的基础。正如希尔顿饭店的创办人康拉德·希尔顿曾说："如果我的旅馆只有一流的设备，而没有一流服务员的微笑，那就像一家永不见温暖阳光的旅馆，又有何情趣可言呢?"微笑有一种美的魅力，动人的微笑可以给顾客带来亲切友好的感受，消除顾客的陌生感；微笑还富有感染力，酒店服务是一种人与人的交往过程，在这个过程中服务人员和顾客之间的情绪会相互感染，愉快、美好的微笑能够调和气氛，使乘兴而来的顾客尽兴而归，使郁闷、沮丧的顾客忘记烦恼和忧愁。

（2）使用优雅的动作语言。

优雅得体的动作，会增强言语的感染力量。实践证明，只要配合服务言语的动作明确，意向清楚，语感、声调相宜，就会使顾客听觉和视觉同时得到良好的"双向刺激"，收到增强言语感人程度的效果。酒店服务人员在对客服务使用服务语言时，一切指示动作都必须规范、合乎礼仪，手臂伸直、手指自然并拢、手掌向上，以肘关节为轴，指向目标，切忌指指点点；同时注意，和顾客交谈时手势不宜过大。在给顾客递东西时，应用双手恭敬地奉上，决不可漫不经心地一扔。

（3）使用得体的物饰语言。

物饰语言是指酒店服务人员得体、合乎规范的仪容仪表。得体的服装会给顾客美的享受，同样能收到"无声胜似有声"的效果。酒店服务人员要穿统一制服，女服务人员应淡妆上岗，服务人员上岗前要先检查仪容仪表，仪容仪表犹如一面镜子，不仅体现员工的个人素质，也直接反映酒店的精神风貌。

总之，服务语言是事关酒店服务质量的核心环节，对于酒店的良好发展具有重要的意义。作为一名服务人员，树立良好的服务意识，掌握和提高酒店服务语言是关键。服务人员要根据不同的接待对象，掌握好说话的艺术，在整个服务过程中恰当运用礼貌真诚的敬语，杜绝使用让顾客产生不良情绪的语言，不讲有损顾客自尊心的话。同时，在关键时刻能够应变自如，赢得顾客的赞同，提高酒店美誉度，为顾客提供温馨、舒适的视觉和听觉的双重体验。

本章小结

（1）酒店服务文化是指酒店在其经营管理活动中形成发展起来的独具个性特点的文化现象。酒店服务文化反映了酒店在其社会关系和经济关系中的观念形态，主要表现在酒店哲学、酒店价值观、酒店意识、酒店精神、酒店道德、酒店审美观和酒店思维方式等方面。酒店服务文化包括酒店的物质文化、制度文化和精神文化，是个性和共性、无形和有形、稳定和发展、规范性和个性化的统一。

（2）酒店服务的心态文化是酒店服务文化的灵魂与核心，包括酒店服务理念、酒店服务意识、酒店服务精神等内容。酒店服务理念是在满足不同顾客需求的基础上，向酒店全体员工提出的通用服务价值观，是指导员工开展服务工作的基本原则。顾客需求的变化，要求酒店的服务理念也要不断创新，创新是赢得顾客满意的关键。酒店服务意识是酒店员工所具有的、时刻以酒店顾客为关注对象，力求为顾客提供其所需服务的行为心态和观念。服务意识关系着服务水平、服务质量的好坏，酒店若要使自己立于不败之地，就必须树立良好的服务意识。

（3）酒店服务的行为文化包括酒店服务的行为活动和行为规范，前者如酒店服务的技巧、方法，后者如酒店服务道德规范。掌握酒店服务的技巧、方法，要了解顾客的问题，确定问题的关键，解决顾客的问题，善于请求协助；酒店服务道德规范是酒店服务道德的基本要求在酒店服务活动中的具体体现，也是酒店职业道德基本原则的具体化。酒店服务的行为文化既是每个酒店从业人员在职业活动中必须遵守的行为准则，又是人们评价和判断每个员工职业道德行为的标准。

（4）酒店服务语言是指在旅游服务过程中，服务人员借助一定的词汇、语调表达思想、情感、意愿，与顾客进行交往中，比较规范而又比较灵活的工作语言。酒店服务语言在酒店各项对客服务中占有十分重要的地位，近年来酒店服务人员的出色语言能力更是成为在酒店工作必备的条件之一。没有热情、礼貌、流畅、得体的服务语言传递信息，再优雅的客房、豪华的餐厅、美味的佳肴，也无法让顾客满意。可以说，服务语言的运用，甚至在服务语言中讲究良好高超的艺术修饰，决定着对客服务的成败。

延伸阅读

现代酒店服务文化的建设思路

随着我国酒店业的不断发展，酒店之间的竞争也越来越激烈。酒店竞争的关键是服务的竞争。本质上来说，服务的竞争是一种无形产品的竞争。因此，建设和推行富有特色的服务文化尤为重要。酒店服务文化应以“服务文化”为主体，以“服务文化”的建设推进酒店的进一步发展，而酒店服务文化的建设对提升酒店竞争力起着举足轻重的作用。

酒店服务文化是指酒店在其经营管理活动中形成发展起来的独具个性特点的文化现象。酒店服务文化反映了酒店在其社会关系和经济关系中的观念形态，主要表现在酒店哲学、酒店价值观、酒店意识、酒店精神、酒店道德、酒店审美观和酒店思维方式等方面。酒店服务文化包括酒店的物质文化、制度文化和精神文化。服务意识、文化意识和世界性是酒店服务文化的主要特征。

一、我国酒店服务文化建设的现状

随着我国改革开放的不断推进，酒店业的发展十分迅猛，从而也导致了激烈的竞争，各种营销策划层出不穷，酒店业一下从卖方市场转入买方市场。为了在激烈的市场竞争中求得生存和发展，越来越多的酒店开始重视酒店的服务文化建设，利用独具特色的酒店服务文化吸引顾客。由于只是起步阶段，在如何培育适合自己酒店的服务文化，酒店服务文化的真正内涵是什么等问题上，酒店仍处于不断地积极探索过程中。目前我国酒店服务文化建设主要存在四方面的问题。

1. 缺乏培育服务文化的管理意识

酒店业是一个属于服务行业的产业。任何一家酒店在现代竞争激烈的酒店业中要想立足、要想发展、要想成功，没有好的服务是绝对不可能的。在酒店服务文化的建设中，有些酒店只注重了有形文化的建设，而忽略了更为重要的无形文化的建设。有的酒店环境一流，设施齐全，而服务人员提供的服务却不敢恭维，员工的积极性没有调动起来，这主要是由于酒店的经营管理者没有意识到酒店服务文化建设的重要性，特别是对于无形文化的建设重视不够造成的。

2. 忽视了服务文化的“软约束”作用

没有服务文化支撑的酒店管理缺乏价值、方向和目的。不少酒店服务文化过于强调纪律和制度，权力过分集中，这样会限制员工创造性的发挥；但如果管理过于松散、随意，决策又很难高效快速地得到执行。因此，现代酒店应该将制度管理与服务文化的“软约束”结合起来，实施人本化管理、人情味式的管理。

3. 缺少个性化的服务文化建设

中国酒店业发展到现在，在硬件设施的建设上应用了各种顶尖的技术和装修材料，但是基本上风格大同小异。酒店要突现自己的个性，关键是要提高直接对客服务的员工素质和服务水平。酒店就是为客人提供一个家外之家，为客人提供一个舒适、安全、受尊重、有成就感的服务场所。酒店要造就这种人性化空间，就必须对酒店自己的员工实施人性化的管理，给员工安全感、受尊重感和成就感。

4. 员工培养存在一定的短视性

酒店业的从业人员流动性非常大，很多酒店常常抱怨培养的骨干管理人员容易流失，而这类人员一旦流失，酒店损失很大。酒店在培养员工上态度暧昧，能够不投入去培养的尽可能不投入。另外，酒店在招聘人员时，常把有一定工作经验和优良的业绩条件放在第一位，忽视了员工进一步的培养发展规划，这使得员工培养存在一定的短视性，只是注重短期效益，而没有重视员工的自我发展需要。

二、酒店服务文化建设的思路

酒店服务文化包括物质文化、制度文化和精神文化三方面内容。首先，酒店物质文化建设是第一位的。酒店对客服务的硬件建设是物质文化建设中最重要的内容，也是影响员工与酒店关系的最重要环节。其次，确定以“员工满意”为主导的酒店制度文化建设。酒店制度文化包括制度的制定与修改、制度的贯彻与执行。酒店经营管理必须有他律，自律是他律的基础，他律是自律的保证。离开必要的监督和约束，离开必要的事前、事中和事后控制，就不可能在实际工作中体现“员工满意”。最后，酒店的精神文化是酒店服务文化中的无形企业文化，无形的企业文化创造的是人文环境和精神影响力，是通过环境来影响人的思想和行为。无形的企业文化被潜移默化地深入酒店的管理和有形的企业文化中，使企业的有形文化得以建立和持久。特别是以“员工满意”为主导的酒店服务文化建设更需要这种无形的企业文化，无形的企业文化能够持久深入地被员工接受，使酒店每个服务环节上的员工，都能成为一个“小发动机”，能够充分发挥自己的原动力，而不是像以前仅仅是一个被别的发动机带动的齿轮。在这种酒店服务文化里，管理人员是环境的创造者、维护者和保养者。

酒店服务文化建设必须以员工满意为主导，以关爱员工为首要原则，进行一系列的酒店物质文化建设、制度文化建设和精神文化建设，做到以正确的物质价值观引导员工，以较科学的制度规范员工，以高尚的精神文化氛围感召员工。长此以往，形成员工的正确物质价值追求、高尚的道德情操、团队的凝聚力和向心力，酒店的集体荣誉感，职业上的使命感与事业心，达到企业文化关爱人、感染人、成就人、发展人的目的，从而使员工满意，心情舒畅，快乐工作；使酒店的效益得以长久，知名度和美誉度得以持久提高。笔者认为酒店服务文化的建设可从四个方面着手进行。

1. 创建服务品牌是酒店服务文化建设的基础

酒店品牌形象只有通过优质的服务才能传递给广大顾客。优质服务是酒店创造服务品牌的重要条件，优质服务可以通过实行差异化、个性化和创新化的服务来完成。改善服务态度、提供微笑服务和提高服务的附加值，都是酒店塑造服务品牌的有力手段。如迪拜的帆船型酒店，其独特的帆船造型会让人联想到“七星级”的超级服务；米奇老鼠的大耳朵会让人立刻想到迪士尼乐园；大型的圆拱形字母 M 和麦当劳叔叔代表着麦当劳餐厅，这些就是服务企业品牌的象征，而这一服务品牌正是向顾客传递他们独特的服务文化。

2. 顾客满意是酒店服务文化建设的目的

一个高度满意的顾客会更长期地忠诚于酒店，会购买更多的酒店服务，并提高购买酒店服务的档次，会对该酒店有好感并进行口碑宣传，会忽视竞争者的品牌和广告并对价格不敏感，会向酒店提出改进服务以更好地满足顾客需要的建议。同时，酒店与老顾客进行交易不会像与新顾客进行交易一样要经历艰难的讨价还价的过程，这会降低酒店的交易成本。

3. 用心服务是酒店服务文化建设的宗旨

服务贵在“用心”，“用心”可以使酒店吸引更多的顾客，了解并把握顾客的所思、所想、所求，热情周到地接待顾客、为顾客排忧解难、使顾客感到方便、舒适和满意。“用心”体现出一种较高境界和实实在在的服务文化，只要酒店能够对顾客做到用心服务，“想顾客所想，备顾客所欲”，顾客的满意度和忠诚度就会提高。例如，希尔顿酒店集团就是要求酒店员工微笑服务、用心服务，除了为顾客提供基本服务外，还需要提供个性化服务。

4. 满足员工需求是酒店服务文化建设的保障

“没有满意的员工，就不可能有满意的顾客”，酒店员工是否能用快乐的态度、礼貌的言行对待顾客，与他们对酒店提供给自己的各个方面的软硬条件的满意程度息息相关。在一条完整的服务链上，服务产生的价值是通过酒店的员工在提供服务的过程中体现出来的，员工的态度、言行也融入每一项服务中，对顾客的满意度产生重要影响。塑造以人为本的酒店服务文化，使员工在最适合他的工作岗位上发挥才能，提升能力，并协助员工做好职业生涯计划，员工在这样的环境中才会对酒店忠诚。通过酒店员工的努力工作，为顾客提供优质的服务产品，从而使酒店树立良好的企业形象，提高酒店的知名度和品牌价值。

酒店服务文化的建设是一个长期工程。酒店的服务文化一旦确立，就能使服务从制度层面完成文化和观念上的整合，充分发挥酒店服务文化的辐射力和推动力，通过精神和文化的力量规范酒店和员工的行为。在现代酒店行业的竞争中，服务文化建设的竞争已经成为其独特的核心，健康、优秀的酒店服务文化是形成酒店竞争力不可或缺的关键因素。一个酒店有自己的竞争力和特色，就必须有自己独具特色的酒店服务文化和精神底蕴。

阅读思考

1. 如何理解酒店服务文化的内涵？
2. 建设酒店服务文化应以哪些方面为中心？

复习思考

1. 酒店服务文化的内涵是什么？
2. 酒店服务文化的特征是什么？
3. 如何理解酒店服务理念的内涵与创新？
4. 酒店服务意识的内容与培养有哪些内容？
5. 酒店服务中都有哪些技巧和方法？
6. 酒店服务的技巧与方法在实际中怎样运用 ？
7. 酒店服务道德规范主要有哪些？
8. 酒店服务语言有什么含义、特征？
9. 酒店服务语言是怎样分类和运用的？
10. 说说在你作为服务人员对客服务时根据不同情景怎样灵活运用恰当的体态语言。

参考文献

[1] 演克武，李顺. 酒店服务文化的解析与构建 [J]. 企业经济，2011，9：159－162.
[2] 萧湘. 酒店服务文化的构建 [J]. 企业改革与管理，2013，7：45－47.
[3] 陈玲. 现代酒店服务文化的建设思路 [J]. 现代企业，2009，6：49－50.

[4] 苗洪涛．河北 TH 酒店文化建设研究［D］．天津：天津大学，2012.
[5] 张玉改，兰贵秋．酒店文化实施的影响因素和发展战略［J］．商业研究，2005，24：212－213.
[6] 赵士德，钱丽萍．浅析从企业文化视角提升酒店服务质量［J］．中国食品，2005，14：8－9.
[7] 余昌国．服务岂能不顾客人偏好［N］．中国旅游报，2011－06－08.
[8] 叶守礼．企业运营管理［M］．上海：立信会计出版社，2004.
[9] 韦明体．现代酒店服务意识［M］．重庆：重庆大学出版社，2008.
[10] 刘晓萍，崔春芳．酒店服务新概念［M］．第 2 版．北京：企业管理出版社，2015.
[11] 邵雪伟．酒店沟通技巧［M］．杭州：浙江大学出版社，2010.
[12] 汪瑞军，宋欣．旅游职业道德［M］．天津：天津大学出版社，2015.
[13] 潘淑杰．论《语言艺术》在酒店服务中的应用［J］．才智，2012，11：180.
[14] 龚玲芬．酒店服务语言的“话语和权力”分析［J］．湖北广播电视大学学报，2008，2：127－128.
[15] 杨金云．酒店服务语言浅析［J］．神州，2013，3：152.
[16] 冯霞，田园，杨华，杨迪．酒店管理专业学生掌握服务语言艺术的途径［J］．林区教学，2013，4：5－6.

第四章

酒店管理文化

本章导读

酒店管理文化始终贯穿于酒店经营管理全过程，在一定程度上也直接影响酒店的管理水平、服务品质及其可持续性发展。管理文化诞生于企业的成功管理实践中，建立在企业科学管理基础上，把酒店的价值观、服务宗旨、管理行为等酒店管理文化渗透到酒店日常管理工作中，并以此管理、引导、支配员工的工作行为。本章主要阐述酒店管理文化的内涵与特征及中外酒店管理文化的差异，着重介绍酒店管理理念及管理方法，并就酒店管理文化建设进行论述。

学习目标

1. 理解和掌握酒店管理文化的内涵和特征。
2. 认识和理解酒店管理的理念和宗旨。
3. 理解和掌握酒店管理的理论和方法。
4. 理解和掌握酒店管理文化的建设。

内容结构

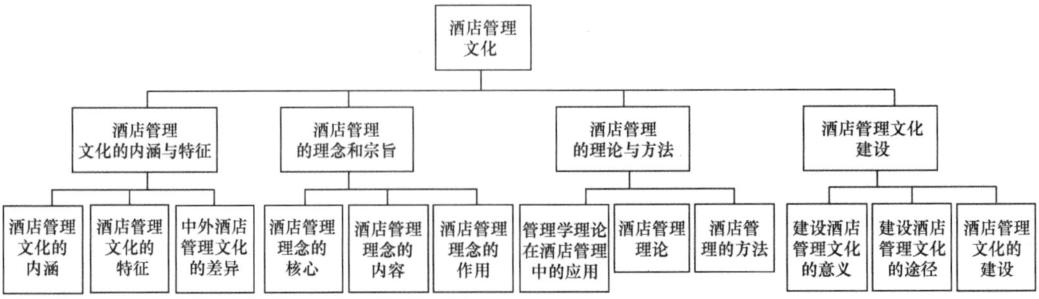

核心概念

酒店文化；管理文化；管理理念。

第一节　酒店管理文化的内涵与特征

酒店文化是一种管理哲学，是酒店在长期经营管理实践中逐渐培育而成的。酒店管理文化是酒店可持续发展的基本保证，是培育酒店竞争优势、实现自身发展的关键环节。管理文化诞生于优秀企业的成功管理实践中，建立在科学管理的基础上，是以人为中心的管理模式，强调尊重人、关心人、满足人、发展人、完善人，是适应学习型社会和知识经济的管理模式。酒店文化管理就是把酒店的价值观、服务宗旨、管理行为等酒店管理文化渗透到酒店日常管理中，并以此管理、引导、支配员工，是酒店管理的最高境界。

一、酒店管理文化的内涵

在管理实施过程中，文化的力量从来不容小觑。尤其在倡导文化管理的今天，大多数酒店形成了各种规范齐全、特色鲜明的制度管理文化、精神意识文化等各层次的企业文化。

（一）酒店管理文化的含义

酒店作为劳动密集型行业，具有本行业的特殊性，即酒店产品的生产制造需要依靠大量的人力来完成，以实现其价值的创造。酒店文化区别于一般企业文化的最大特征就是特别强调服务。因此，酒店管理文化就是酒店管理者以服务为出发点和归宿形成的，在经营管理服务活动、公共关系活动、人际关系活动中产生的文化现象。

（二）酒店管理文化的内容

管理文化建设需要一个长期的过程，要从管理酒店的基本服务做起。例如，迪拜的七星级酒店伯瓷酒店要求客房服务员清洁房间时，只要床单上有褶皱，哪怕顾客坐了一下，出现浅浅压痕，都必须马上更换，酒店要求展现在顾客面前的一切都是完美的。该酒店甚至考虑到一位员工甩床单会增加床单的折痕，所以要求床单、被套都要由两名员工同时操作。正是从细微处入手的服务行为，才体现了该酒店集团七星级的标准，才体现了服务的精致和管理者精益求精的管理风格。这里从宏观层面，从酒店的管理理念、管理模式以及服务体系三方面来谈酒店管理文化的内容。

1. 管理理念

管理理念是酒店文化建设十分重要的内容，是酒店管理的灵魂所在，主要包括企业目标、价值观、经营哲学、经营宗旨、企业精神、道德等要素。在酒店经营中，虽然技术、资金、客流量等都是重要因素，但是正确的理念才是最根本的，只有在正确的经营理念的基础上，才能真正有效地使人员、技术、资金发挥作用，才能使企业健全发展，也才能使酒店在不断变化的市场中，面对不断发生的问题采取恰当的对策。希尔顿酒店的“宾客第一，员工也第一”的企业文化、雅高集团和洲际酒店的“以人为本”的经营理念，无不以自己的经营理念引导企业从名不见经传的小企业，做成世界知名企业。酒店管理理念是从实践中来，又必须用来指导实践的。正确认识酒店所处的大环境，正确认识酒店自身的使命和核心竞争力，是建立科学、规范、先进的管理理念的关键。

2. 管理模式

酒店管理模式就是针对酒店的经营管理状况，结合酒店所处的市场环境，在做好酒店内部管理的同时适应市场竞争需要的过程中形成的一种管理方式。常见的酒店管理模式主要有委托管理、特许经营、带资管理、联销经营。良好的酒店管理模式可以在实现既定目标的基础上，提高各部门工作效率及酒店经济效益和社会效益，使酒店逐步走向正规化、社会化，使酒店管理走向长远发展。目前，经济型酒店往往采用连锁经营模式，而高星级酒店的集团化经营模式较为常见。

3. 服务体系

无论是新筹建的酒店，还是正在运营中的酒店，都必须首先建立起一套严密而严肃的酒店服务质量管理体系。酒店服务质量管理体系是酒店服务质量管理的核心准则，是保障酒店良好运营、为顾客提供优质服务的法典。酒店市场的竞争越来越激烈，如何在市场上具有更强的竞争力，只有不断完善和提高服务质量和水平。服务是酒店参与市场竞争的有效手段，也是酒店管理水平的具体表现。只有拥有最完美服务的酒店，才是顾客永远用行动和货币去支持的酒店；只有使顾客满意，才能实现酒店做大做强的愿望。随着市场经济的持续发展，也带来了酒店竞争的不断升级，这就迫切要求企业迅速更新理念，把服务问题提高到战略高度，在服务上不断追求高标准，提升服务品位，创造服务特色，打造服务品牌。

二、酒店管理文化的特征

酒店管理文化往往是酒店核心竞争力的内在表现与支撑，可为酒店带来具有舒心的氛围、与众不同的产品及独特营销手段的竞争优势。酒店管理文化具有五方面的特征。

1. 独特性

酒店管理文化的独特性是酒店所独有的、区别于其他酒店的鲜明特色，是指一个酒店在管理酒店环境、制度、服务、品牌等各个层面上具有本酒店特征的文化体现。在日益激烈的竞争中，酒店拥有个性化和特色化的管理文化，就会增加酒店的附加值，提高酒店的知名度，增强其在市场上的竞争力。例如，酒店的建筑、店徽、店服等物质文化是酒店在社会上的外在形象，同时也是酒店文化结构中最活跃、最生动的层面，是酒店竞争力的基础力量。一些酒店的园林庭院、小桥流水、宫阙楼阁、雕梁画栋，往往会给人耳目一新的感觉。广州白天鹅宾馆是中国第一家中外合作的五星级宾馆，也是中国第一家由中国人自行设计、施工、管理的大型现代化酒店。在建设之初，其目标顾客为外国友人及华侨，所以在环境布置上有效利用地域文化（岭南特色）与思乡文化（落叶归根），设计建设了跨越三层楼高的“故乡水”。即使经过更新改造，换了新颜的广州白天鹅宾馆，依旧保留霍英东所书的“别来此处最萦牵”，“故乡水”依旧是原来的模样。到广州白天鹅宾馆看“故乡水”，曾经是许多人的梦想，尤其是很多华侨归国的保留项目，现在这里则成为旅游者旅游观光的一个景点，在这里许多华侨、游子抒发思乡情怀，这就是酒店文化独特性的最好体现。

2. 系统性

酒店文化是有层次结构的理论体系，包括品牌文化、管理文化、服务文化、餐饮文化、营销文化、建筑文化、礼仪文化、康乐文化、名人文化。这几个部分是紧密联系、相互渗透、融为一体的，任何一个环节出现失误都会使整个酒店文化失去和谐，不利于酒店的发展。按照顾客满意度“100－1＝0”的理论，酒店各项优质文化的表现都可能因为其中任何一项的不满意而大打折扣。所以在管理中，把酒店的各类文化整合成一个良好的系统，在进行酒店文化建设时，从整体来考虑，把各个部分协调整合在一起，使其能够形成一个有机的系统，增强和提升酒店竞争力。

3. 发展性

在酒店管理文化建设初期，往往受高层领导者个人行为影响，酒店的一切决定由其做出，导致酒店的文化依附于领导者个人身上。这也许会把酒店经营得很好，但是一旦这位领导离职，酒店管理文化就会被带走；酒店管理文化难以继承发展下来，新的领导者会重新树立一种与过去不同的酒店管理文化，会使酒店员工无所适从，也会令顾客云里雾绕，使酒店处于无序状态。酒店管理文化的建设是日积月累的，许多文化的形成都是在磨合中完善与提升；酒店管理文化也不是一成不变的，要随着时代的变迁而不断调整、更新，以适应新环境、新市场、新需求的要求。在发展中要充分继承优秀的酒店文化，积累和吸收过去的精华文化，形成强大的文化底蕴来面对不断升级的行业内竞争。酒店管理文化的建设要不断继承，又要在继承中发展，这是酒店文化能够代代相传、继承和发展的保障，会给酒店优质的经营管理提供持续强大的支撑。

4. 导向性

酒店管理文化强调以文化为导向，把酒店精神、价值观、服务宗旨等置于管理诸要素中的核心地位，对其他要素起导向作用。酒店文化与社会文化紧密相连，酒店文化在受社会文化影响的同时，也潜移默化地影响着社会文化，并对社会文化产生一种感应功能，影响社会、服务社会，成为社会改革的一个重要途径。酒店文化的辐射功能可以通过酒店价值观、酒店精神、伦理道德向社会扩散，与社会产生某种共识，并为其他酒店或组织借鉴、学习和采纳，也可以通过产品这种物质载体向社会辐射。

5. 保障性

酒店是与人打交道最多的行业之一，除了需要严格执行规章制度、强化外部监督和外部命令等“硬管理”之外，还需要有效地进行“软管理”。“软管理”在酒店中，往往体现在对酒店精神、价值观、行为准则等外在表现行为的管理，通常体现在酒店相关制度的建立上，是由酒店领导体制、酒店组织机构和酒店管理制度构成的，是酒店文化的中间层次，规定了酒店成员在共同的生产经营活动中应遵守的行为准则。酒店制度文化是酒店为实现自身目标对员工的行为给予一定限制的文化，具有共性和强有力的行为规范要求。酒店管理文化制度化，将酒店的文化价值观转化为具有可操作性的管理制度。其“规范性”是一种来自员工自身以外的、带有强制性的约束，它规范着酒店的每一位员工，使酒店在激烈的竞争环境中处于良好的状态，从而保证酒店目标的实现。

三、中外酒店管理文化的差异

自20世纪80年代开始，我国酒店引进西方的管理技术和管理模式。国外的管理经验与技术的确引领中国酒店快速发展，但由于自身的原因，中国酒店对于国外酒店的管理经验只是模仿，缺乏创新，在结合国情及自身特点并转化成为自己独有的管理经验方面还有一定欠缺。国外的连锁酒店凭借自身先进的管理经验和强大的资本涌入我国市场，导致国外的连锁酒店始终占据我国的大部分市场，中国的酒店一直都没有更多发展的机会和空间。

酒店是一个以人为中心的行业，酒店的管理主要是人的管理，所以加强人力资源管理对于酒店来说至关重要，中外各大酒店的管理者也意识到了这一点。虽然中外酒店都认为在酒店中，人是必不可少的因素。但到底是“员工第一，顾客第二”还是“顾客第一，员工第二”等一些话题，中外酒店的管理者们仍有一些分歧。

1. 中外酒店管理理念比较

中国酒店的管理理念，虽然和许多国外的酒店一样都强调“以人为本”。但是，大部分酒店对经营模式的宗旨还不是很明确，员工对比国外酒店的员工服务意识相对较弱。实践中的经营和规章制度上的经营宗旨相差太多，就像是没有目标的帆船在大海中前行，漫无方向，只知道前进，却不知道真正航行的目的地。

而在国外，酒店的管理理念主要强调顾客的利益，股东、员工、顾客利益三者相统一。从许多国外酒店的管理上可以看出国外酒店强调“顾客第一”原则，其次才是员工、企业和股东的利益。同时，很多国际酒店的管理者也注重以义取利，如提供很多优惠政策，免费服务之类，让顾客受益。可以说酒店考虑最多的就是顾客满意，这就大大增加了顾客对酒店产生的依赖感。

2. 中外酒店管理模式比较

中外酒店行业在不同的文化背景下自然而然地产生了不同的管理模式，其经营思想、品牌建设、服务标准等方面也都存在着许多的不同，这就决定了中外酒店在管理上面存在着一定的差异。不同的管理方法和管理思想，直接影响着酒店的运作和经营。近年来我国酒店行业虽然在规模上发展相当快，但同许多国外的酒店行业相比，我国酒店业的许多管理模式还处在对西方酒店单纯的模仿阶段，还没有形成自己独特的管理方式。随着国际经济一体化步伐的逐渐加快，我国在吸取经验的同时，必须创造出属于自己的管理特点。因此，管理模式的升级成为我国酒店发展的首要任务。

中国酒店管理主要是以传统管理方法为主，讲究“以人治人”，强调的是心理的作用，靠的是领导者的模范力量和道德感染力来调动和团结群众，从而达到管理者所期盼的管理目标。同时，我国酒店还强调感情与理性相互补充的思想，一方面在管理上，时时刻刻保持着一种理性的态度，把管理活动放在务实上面；另一方面，中国酒店管理更注重实际经验和直觉领悟，注重与实际行动本身相互结合。因此，我国酒店管理主要重视的是感情管理法、经济和教育管理法等。

西方对酒店的管理方式，同中国有很大的不同。国外酒店的管理方式多数采用的是制度管理法、走动管理法。国外的酒店管理思想在 20 世纪时发展成为以企业为中心，以明确的计划、控制、组织为内容，同时，形成以经济利益为主的西方各种管理学派和理论。这就是许多西方酒店可以大举侵入中国市场并且取得成功的原因。从某种角度上说，这正是国外酒店的管理体系在制度化、程序化、透明化的成功表现。

3. 中外酒店服务管理的比较

对于酒店来说，服务的标准化是基础，个性化是趋势。

目前，中国酒店的服务质量管理处于劣势，发展不是很好，属于标准情绪化服务，其弊端就是服务质量波动大、一致性差。标准化就是要用数据说话，不仅要求制定服务程序、服务标准、奖惩规则与操作规范，而且尽量使标准化能具体一点，使其易于评判、考核及执行督导。但是就目前来说，中国酒店行业的标准化还是初级标准化，不全面、不系统，存在漏洞或设计不准确、无法执行。酒店领导者“不求有功但求无过”的思想意识浓厚，标准成为摆设，缺乏督导；酒店员工自身缺乏纪律性，员工散漫，标准的执行不一致。

国外大部分酒店已经在标准化基础上推行了个性化服务。个性化服务相对于情绪化服务、标准化服务所具备的优点有：更容易取得顾客的满意；可以同客户建立非常密切的关系，且容易促成很多额外的销售；使酒店顾客的忠诚度增加；加强顾客对酒店的依赖感。同时，顾客参加酒店活动，如在新产品开发阶段，一线的员工更能表现出个性。但是，个性化的服务还是有一些缺点的，例如，提供个性化服务的员工服务时间将会比标准化的服务时间更长；而且对于酒店的员工来说必须是受到良好的培训才能应付不同场合的顾客需求；更重要的是许多顾客并不一定总是需要个性化服务。

中外酒店不单单是在经营、管理上存在一些差异。在竞争方面，中外酒店也有所不同。对于酒店来说，营造和培养市场氛围是一个非常艰辛的过程，尤其是当市场规模达到了一定程度时必然会有其他的对手进入竞争区。但是对于酒店与酒店之间的竞争，无非就是硬件价格、社会知名度和管理水平的竞争。

近几年，中国酒店行业的竞争主要表现在价格竞争方面，通过淡季降低价格，旺季增加价格的方式来吸引顾客，以此赢得市场份额。同时，也会在淡季时推出一些特价房间，或通过团购等方式吸引顾客。中国酒店行业竞争的重点主要放在产品服务改造升级，降低价格以及客源结构调整等方面，但是对于产品和服务的特征方面的注重还不够。也就是说，中国酒店竞争注重的是档次性而不是差异性。这就导致了大多数酒店模式基本相同，没有特色。而且，中国酒店的竞争主要靠价格和人际关系，比的是谁的人缘好、谁的社会知名度高、谁的价格最低。这一点与西方酒店在竞争方面有着很大的区别。

西方酒店的竞争主要靠管理技术、企业品牌和服务质量。酒店主要重视的是提高自身的创新技术，营造出属于自己的酒店品牌，以达到提高员工服务质量的要求；注重产品的差异化，寻找独特的消费形式，使自己在顾客心中有特殊的定位；以创新为主旨，而不是一味地降低价格。因为西方酒店的竞争主要是网络化竞争、集团化竞争，因此，中国酒店和外国酒店的竞争体现在形式上可以大致概括为个体化与集团化的竞争。改革开放初期，国外的酒店凭借着强大的资本、出色的管理占领国内酒店行业的大部分市场，获得了很多利润。在这样的市场环境下，中国酒店虽然在管理方面相对落后一点，但通过积极学习西方先进的管理理念、管理技术，目前已处于快速蓬勃发展阶段。

综上，中外酒店管理文化的差异如表4.1所示。

表4.1 中外酒店管理文化的差异

项目	欧美酒店集团（以洲际酒店集团为例）	中国酒店集团（以开元酒店集团为例）
经营模式	世界排名第一的国际酒店集团，其中特许经营约占88.9%、委托管理约占6%、带资管理及其他约占5.1%	开元酒店集团是中国最大的民营高星级连锁酒店集团，位列最具规模中国酒店集团第二名
经营品牌	拥有多个酒店品牌，包括洲际（R）酒店、皇冠假日（R）酒店、假日（R）酒店、假日快捷（R）酒店、Stay Bridge Suites（R）、Candle Wood Suites（R）和Hotel Indigo（TM）	拥有“开元名都”（豪华商务酒店）、“开元度假村”（豪华度假村）、“开元大酒店”（高档商务酒店）、“开元·曼居酒店”（中档商务酒店）、“开元文化主题酒店”（大禹·开元）五大产品系列
服务理念	一切为顾客着想，不断创新服务，并实施标准化的管理	时刻关心；高效便捷；无微不至；喜出望外
经营理念	洲际酒店的广告语为“We know what it takes”，意思即“明白所需，满足所想”。 旗下每一个品牌经营的特色和理念各不相同。如皇冠假日酒店的经营理念为“以合理的价格提供高档的饭店住宿设施”，皇冠假日酒店专为满足今日精明的旅客的需求而设，并以提供更优质的服务及设施来迎合那些追求物有所值的商务旅客	公司使命：营造中国品质，创造快乐生活 经营理念：建立良好的投资原则，具有丰富的行业经验，发挥创造力，精诚合作，吸引优秀的专业人才
服务特色	服务特色在于：从细微之处满足挑剔的旅客对酒店的需求。酒店员工为客人提供24小时的贴身服务；包括“店内礼宾服务”和“环球联络”在内的细致周密的服务内容使得洲际品牌屡获殊荣。 提供“洲道计划”（中国）始终在您左右，为您献上最周到的服务，包括中文服务、银联刷卡、酒店及周边中文导引服务、会员免费网络、特选中文频道、便利日常用品、醇香中国茶、中式精选早餐	“以客为尊”的款客精神，以及对不断变化的宾客需求的精心揣摩及悉心迎合；包含三个方面的含义：①殷切贴心的个性服务；②国际水准的现代设施；③富有民族特色的优雅环境。 特色服务：天逸之床、开元香氛、开元《和·雅音》（音乐）、还木开元（环保）、开元店酒（红酒）、宴会服务师
常客计划	洲际优悦会，分别有皇家大使、白金大使、白金、黄金大使、金、银（已经不再提供）、会员（普卡，优越会）7个等级	开元商祺会，包含开元商祺卡和开元金爵卡。商祺会是专为独具个性的顾客推出的一种特殊礼遇，商祺卡的丰厚积分与金爵卡的价格优惠，将使顾客在获得专享服务的同时彰显尊贵身份

总之，分析中外酒店管理文化的差异并不是照搬照抄西方酒店的管理方式，而是以其管理方式为基础进行再创造。只有以不断创新的管理方式管理酒店，才能使我国酒店行业在国际市场竞争中处于优势地位。

第二节　酒店管理的理念和宗旨

管理文化建立在企业管理活动之上，与企业管理组织方式、基本观念和社会的发展水平密切相关，体现出人们在管理中的智慧和能力。管理文化涉及企业管理活动的各个方面，其产生的物质和精神成果虽然表述不同，但其核心都涉及人、集体组织，并由此形成关于管理活动的管理知识体系。管理活动在不同的文化中呈现了不同的过程和形态，管理文化也就存在着巨大的差异。对于历史上的管理文化，可以从管理产生的成果，包括物质的和遗留下来的知识来了解；对于现实的管理文化，需要仔细研究进行中的管理活动和相应的管理知识。

一、酒店管理理念的核心

酒店管理理念是行动的先导，正确的理念指引着酒店朝正确的方向发展。酒店管理理念表明酒店将以什么样的行为方式进行经营管理，这是酒店经营中贯穿的基本思想，是酒店管理文化建设的核心和灵魂。酒店管理理念可以分为服务理念、文化理念和生态理念。服务理念是酒店对服务所持有的观点和态度；文化理念是指酒店在发展过程中秉承的精神追求及所倡导的文化价值取向；生态理念是酒店在发展中用尽可能少的资源来获得最大限度的经济发展，追求生态效益、环境效益、经济效益的统一。无论酒店管理理念如何细分，都受酒店自身的特点影响，那就是：酒店服务的对象是“人（顾客）”，为其提供服务的也是“人（员工）”，所以酒店管理的核心关注点必须是人，也就是说“以人为本”是所有酒店都必须遵循的管理理念。

二、酒店管理理念的内容

酒店行业作为服务性行业，管理理念的核心内容就是“以人为本”。例如，雅高集团的管理文化精髓就是“以人为本”，这不仅表现在为顾客提供一流的服务，还表现在其独特的人力资源管理方式上。雅高在飞速发展的过程中，不仅为股东带来丰厚的利润，更为世界创造了将近 180 万个就业机会。雅高制定了一系列的政策来保证员工的利益，给员工充分展示自我的机会和宽阔的发展空间。“以人为本”是当代酒店业价值观最突出的一个特征，如丽思卡尔顿酒店崇尚的是“我们是为绅士和淑女服务的绅士和淑女”，提倡的是员工与顾客同等重要的价值观念。这里的“以人为本”不局限于以员工为本，还需要在“以顾客为本”和“以公众为本”等方面做好。

1. 以员工为本

“没有满意的员工，就不会有满意的顾客；有幸福愉快的员工，才会有幸福愉快的顾客”。员工是企业重要的利益相关者，作为企业重要的资源，尤其是对于提供“面对面”服务的酒店行业，员工的一言一行都会影响顾客对酒店产品的评价。所以要重视对员工的管理，可以做好以下几个方面：重视对员工需求的调查、关心和爱护员工、尊重和信任员工、培养和激励员工。

2. 以顾客为本

“以顾客为本”就是要关注顾客，关注顾客的需求，按照顾客的需要设计产品。市场的竞争就是企业对顾客的竞争。“以顾客为本”实际上就是提高顾客满意度，这就要求酒店将关注顾客需求、增加为客服务的使命感、标准化服务和个性化服务相结合。

3. 以公众为本

人们对“以公众为本”这一理念关注较少，这主要强调酒店的社会效应。酒店是一个经济实体，存在的目的是追求利润，但同时它也是社会的一个微观群体，肩负着对整个社会公众的责任。企业的社会责任是企业除了最大限度地为股东创造利润之外，还要考虑作为社会的一员对社会的责任，以服务和产品提升人民共同生活水平，促进社会进步。酒店可以从以下几个方面为公众做贡献：社区的发展、提供公平的就业机会、环境保护等。将“以公众为本”作为酒店的理论，可以使酒店得到公众的认可并为企业的长远发展奠定基础。

三、酒店管理理念的作用

1. 管理理念和宗旨是酒店经营的出发点和归宿

人既是管理的对象，又是管理的主体，酒店管理文化应该把管理的重点转向人，把人的素质提高、人的工作主动性作为酒店效率增长的持续原动力。随着旅游业的不断发展，酒店服务人员作为酒店的一线员工，对于酒店业发展的重要性日益明显，他们的社会地位应该受到尊重，这对于酒店的发展、员工的个人价值实现、社会的和谐都有重要的现实意义。“以人为本”的经营理念作为酒店经营的出发点，贯穿于酒店发展的始终，使酒店的管理文化得以充分体现。例如，雅高集团一直追求一种和谐，包括人与人之间的和谐、人与环境之间的和谐，这一追求的外在表现就是高度的社会责任感。1993 年雅高与法国政府合作推出了“就业计划”，为年轻人提供新的就业机会，减少失业给社会带来的压力，这有效促进了人们对雅高的认可，实现了酒店经营的可持续发展。

2. 文化建设和管理理念结合，使企业管理不断成熟

理念也是需要更新的，酒店根据自身品质在不同发展阶段会有不同的经营理念。将文化建设和经营理念结合起来，采取多元、差异化的经营理念可以使企业管理不断成熟，这种理念可以使酒店的经营在一种动态的思维中达到最佳状态。例如，上海国际会议中心总经理王济明就任之后，为酒店注入了追求成功的先进理念，他在酒店日常管理中将酒店的文化建设与不断更新的经营理念结合，使酒店的各项管理指标始终处于同行之首。

3. 酒店管理理念能产生强大的凝聚力，激励管理者和员工

凝聚力来自酒店内部，可以广泛地容纳员工的利益要求，把酒店员工拴在同一个信念上，以微妙的方式沟通员工的思想，使酒店员工能够感觉到酒店目标的实现也意味着个人利益需求的实现。通过凝聚力，可以使员工形成目标认同，创造一个共同协作的环境；把酒店内部各种力量汇集到共同的方向中去，这样员工就会齐心协力，对酒店产生一种向心力，激励管理者和员工朝着目标努力。例如，上海花园酒店确立了“创建为上海市做贡献、由当地人管理、使上海市可以在世界上感到自豪的具有国际水准的酒店”的经营理念。基于此，花园酒店的管理体系除了少数大仓酒店职员外，中层管理人员全部用当地人，并且派管理人员去东京进修。

第三节 酒店管理的理论与方法

管理知识、管理理论、管理方法是管理活动的表象。从根本上讲，对管理的了解，最好从管理活动本身开始，这种在管理活动中的体验，虽然是最真实的，却难以沟通交流和积累，因而人们借助管理知识、理论、方法的表象来了解管理活动。

一、管理学理论在酒店管理中的应用

管理学理论系统的建立是在 19 世纪末至 20 世纪初，至今已有一百多年的历史，经历了古典管理理论、行为科学管理理论、管理理论丛林管理三个发展阶段。古典管理理论阶段的代表理论是泰勒的科学管理理论和法约尔的组织管理理论；行为科学管理理论阶段的代表理论是以霍桑实验为基础的“人际关系论”、马斯洛的需求层次论；管理理论丛林理论由孔茨提出，他把各种管理理论分成六个主要学派（管理过程学派、经验或案例学派、人类行为学派、社会系统学派、决策理论学派、数学学派），并认为管理应该走出这个丛林。

由于酒店业的发展历史比较短，酒店管理理论研究相对滞后，比较系统、严谨的酒店管理理论还没有形成，但是关于酒店管理的一些基本思想已经形成，而且以管理学为基础的酒店管理思想已经在实践中得到一定的体现。下面介绍几种常用的管理理论在酒店中的运用。

1. “Y”管理理论

“Y”管理理论由美国心理学家道格拉斯·麦格雷戈于 1960 年在其所著《企业中人的方面》一书中提出，即“以人为本”的管理方式。

（1）“Y”管理理论的管理要点。管理要通过有效地综合运用人、财、物等生产要素来实现企业的各种目标；把人安排到具有吸引力和富有意义的岗位上工作；重视人的基本特征和基本需求，鼓励人们参与自身目标和组织目标的制定；把责任最大限度地交给工作者。

（2）“Y”管理理论的管理方法。分权和授权，参与式和协商式的管理，职工绩效的自我批判。

“Y”管理理论对酒店管理实践的启示：酒店在管理和服务上要有自己的个性，这样才能在酒店业有竞争力。在“Y”管理理论中，“Y”象征着“YES”，体现了酒店行业的服务理念，只要顾客想要的，我们都能做到，都可以说“YES”。该理论体现以客为先、以人为本、员工第一的酒店经营理念。

2. “Z”管理理论

“Z”管理理论由日裔美国学者威廉·大内在 1981 年出版的《Z 理论》一书中提出，其研究内容为人与企业、人与工作的关系。“Z”管理理论的内容基本可以简述如下。

（1）畅通的管理体制。管理体制应保证下情充分上达；应让职工参与决策，及时反馈信息。特别是在制定重大决策时，应鼓励第一线的职工提出建议，然后再由上级集中判断。

(2) 基层管理者享有充分的权利。基层管理者对基层问题要有充分的处理权，还要有能力协调员工的思想和间接发挥大家的积极性，开动脑筋制定出集体的建议方案。

(3) 中层管理者起到承上启下的作用。中层管理者要起到统一思想的作用，统一向上报告有关情况，提出自己的建议。

(4) 关心员工福利。管理者要处处关心员工的福利，设法让员工心情舒畅，造就上下级关系融洽的局面。

(5) 创造生动的工作环境。管理者不能仅仅关心生产任务，还须设法让员工感到工作不枯燥、不单调。

(6) 重视员工的培训。要重视员工的培训工作，注意多方面培养他们的实际能力。

(7) 员工的考核。考核员工的表现不能过窄，应当全面评定员工各方面的表现，长期坚持下去，作为晋级的依据。

“Z”管理理论对酒店管理实践的启示：一切企业的成功都离不开信任、敏感与亲密，因此主张以坦白、开放、沟通作为基本原则来实行“民主管理”。“Z”管理理论的关键是员工的参与，在酒店管理中就是强调管理者要充分调动员工的积极性，让员工参与到酒店管理中，建立和谐融洽的工作环境。

3. 马斯洛需求层次理论

需求层次理论由美国学者亚伯拉罕·马斯洛于1943年出版的《人类激励理论》一书中首次提出。马斯洛认为，人有一系列复杂的需求，无论何时都有许多需求影响行为，人的需求是以多层次的形式表现出来的。基于这种最根本的设想，马斯洛将人类的需求由低级到高级像阶梯一样分为生理需求、安全需求、社交需求、尊重需求、自我实现需求（见图4.1）。

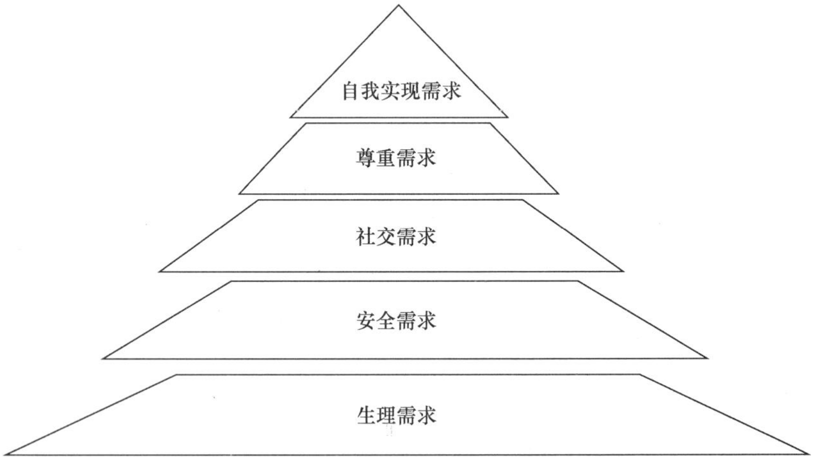

图4.1　需要层次图

这五种需求可以归纳为两大类，即较低层次的需求和较高层次的需求。生理需求和安全需求属于较低层次的需求，是通过外界获得满足的需求；社交需求、尊重需求、自我实现需求属于较高层次的需求，是从内部获得满足的需求，尤其是自我实现需求，是一种追求个人能力极限的内驱力。

需求层次理论对酒店管理实践的启示：管理者要从人的需求出发，探索、研究人的行为，抓住激励问题的关键。创造工作氛围，让员工在工作中满足自己的各种需求，员工才能更好地发挥聪明才智，全身心投入工作中并争取好的业绩。管理者掌握员工的主导需求，要根据不同类型、不同岗位员工在不同时期的不同需求，采取不同的激励手段和管理措施。任何工作都存在创新空间，管理者要善于利用不同需求来激励员工的创新心理和能力。

4. 激励－保健理论

激励－保健理论又称双因素理论，由美国著名心理学家赫兹伯格于 1959 年在其专著《工作的激励因素》一书中提出（见表 4.2）。赫兹伯格认为，个人对工作的态度在很大程度上决定着任务的成功和失败。在对人们希望从他们的工作中得到什么好处进行的调查中发现，对工作感到满意的员工和对工作感到不满意的员工的回答有显著的区别。造成员工不满意的因素往往是由外界的工作环境引起的。赫兹伯格将这类因素称为“保健因素”。这些因素即使改善了，也不能使员工变得非常满意，不能充分激发其积极性，但改善保健因素可以预防或消除员工的不满情绪。而在调查中使员工感到非常满意因素的改善，或者说这类需求的满足，往往能激发员工的责任感、荣誉感和自信心，增进员工的满意感，有助于充分、有效、持久地调动他们努力工作、积极上进的热情。所以赫兹伯格把这类因素称为“激励因素”，激励因素是与工作内容紧密联系在一起的因素。

表 4.2　激励－保健理论（双因素理论）

激励因素	保健因素
成就感 认同感 工作本身 责　任 晋　升 成　长	监　督 公司政策 与监督者的关系 工作条件 薪　酬 与同事的关系 个人生活 与下属的关系 地　位 安全保障
极满意　　　　中立	极不满意

激励－保健理论对酒店管理实践的启示：指明了激励的方向和重点，管理者不仅要注意外部因素，更要注意内部因素即激励因素。在酒店管理中，改善保健因素，重视激励因素必然有助于充分发挥酒店人力资源管理的作用，调动酒店员工的积极性和创造性，取得更好的工作绩效。

二、酒店管理理论

酒店管理在管理学理论的基础上，以酒店自身发展特点为指引，从宏观和微观两个维度，形成了适应酒店行业特点的管理理论。

（一）酒店宏观管理理论

酒店宏观管理理论主要是指酒店高层管理者所应具备的宏观理论思想观念。按照酒店业的现状和未来发展的要求，作为酒店宏观管理者必须树立三个观念。

1. 产业观

产业观就是人们关于产业发展的看法的总和。旅游业是世界范围内迅速发展的一个新兴产业。现代旅游业于20世纪90年代已超过钢铁、石油、汽车等传统产业，成为世界上第一产业。酒店业的发展与旅游业密不可分，酒店业是在旅游业的促进下发展起来的。在旅游业的带动下，改革开放以后，我国的酒店行业一直呈现出生机勃勃、百花齐放的发展趋势。酒店业是市场需求日益旺盛的产业，随着时代的发展，世界经济和社会在不断进步，人们生活水平越高，旅游需求就越旺盛，酒店业就越发达。酒店高层管理者拥有什么样的产业观决定其领导酒店的发展方向。

2. 系统观

系统观是指以系统的观点看自然界。系统是自然界物质的普遍存在形式，提出了系统和要素，结构与功能等新的范畴，揭示了自然界物质系统的整体性、关联性、层次性、开放性和动态性。任何一个系统都是由若干相互联系、相互作用的部分组成，在一定环境中具有特定功能的有机整体。酒店业作为一个有机组合的系统，酒店管理者要让下属把工作做好，自己必须切实做好酒店的资产管理、计划管理、组织管理、人事管理、沟通管理、协同管理、预算与财物管理、经营管理等方面的工作，这是一个涵盖全面而又系统的管理体系。管理者在经营中要从整体出发，在动态和开放的市场环境中综合考虑管理体系中的各方面，以适应市场需求，从而实现可持续发展。

3. 科技观

科技观是从科学的角度出发去思考问题、研究问题，用科学的方法去解释某个问题。科学技术是实现酒店业现代化的关键，科技的发展促进了酒店业的现代化，提高了酒店业的管理水平。例如，电子计算机应用于酒店后，酒店的预订、结账等工作可以实现自动化，提高了劳动效率。就一个酒店来说，应用现代科技手段，可以随时掌握经营情况，及时做出决策；就整个行业来说，要做出正确决策，酒店业的长期发展战略就必须考虑科技的因素，如酒店智能化发展就是酒店通过数字化与网络化实现酒店数字信息化服务技术建立一套完善的智能化体系。酒店作为直接面对顾客提供服务的场所，应充分考虑个人隐私、个性化的需求，以及感受到高科技带来的舒适和便利。同时，运用科学技术使酒店物耗、能耗、人员成本降到最低，创造效益。

（二）酒店微观管理理论

酒店微观管理理论主要指酒店管理者应具备的酒店管理思想，这种管理思想对微观经营具有重要的作用。

1. 服务观

对于“服务至上”的酒店来讲，应在服务内容上力求做到个性化、多样化。酒店感动和吸引人的地方，不仅是高大的建筑和良好的设施，更是它的用心服务；酒店的竞争关键是特色，特色的核心是品牌，品牌的保障是优质服务；在对客服务中要细心服务、耐心服务、亲情服务、超值服务、延伸服务、零缺陷服务。服务还要运用得及时、适时、准时，对顾客做到节日有祝贺、生日有礼品、长住有优惠、有事有帮助等多项措施来保障品牌的发扬光大。例如，“金钥匙”服务是指全球酒店业中专门为顾客提供专业化服务，并以个人身份加入国际金钥匙组织的职员，是一种国际服务标准，对中外商务旅游者而言，金钥匙成员是酒店内外综合服务的总代理。“金钥匙”是由一群富有服务经验、对旅游业发展和酒店发展负有历史使命感和责任感的人组成的，使旅游业、酒店业能够和国际接轨是他们共同的任务。“金钥匙”提供吃、住、行、玩、游、购一条龙服务，从接待游人订房、安排车到机场、码头、车站接游人，为顾客介绍各式特色餐厅，并为其预订餐桌，帮助联系旅行社导游，让顾客感受到一种无微不至的关怀和照顾。

2. 品牌观

品牌是代表某一种产品或服务广为人知的名称，是酒店最重要的无形资产，也是酒店建立竞争优势和盈利的基础。拥有一个强势品牌是酒店竞争力的源泉，可以为酒店创造长期优良的经营业绩；品牌具有提升酒店价值的作用，品牌特色越鲜明，就越容易获得顾客的认知，越能增强顾客的购买信心和忠诚度。同时，酒店品牌还表达着酒店的经营思想和营销理念。一个好的酒店品牌，就是酒店在某种程度上向顾客做出的承诺，即保证满足顾客对酒店产品和服务产生情感和达到预期利益要求。一个成功品牌的培育绝不是单靠广告就可以形成的，它首先必须培育一个卓越的品牌文化，要求和促使酒店的所有员工都遵从基于酒店特定品牌的信念和行为，以带有高度价值和附加值的服务质量，向顾客兑现酒店的品牌承诺，达到百分之百的顾客满意。文化是品牌的基础，一个缺乏文化底蕴的品牌注定是没有生命力的。

3. 效益观

酒店是一个经济组织，经营活动的目的就是取得经济效益。经济效益应体现在经济、社会、生态三个方面。经济效益是社会效益、生态效益的基础，而讲求社会效益、生态效益又是促进经济效益提高的重要条件，管理者必须将三者有机结合起来。效益是经营管理的永恒主题，管理者要克服传统体制下“以生产为中心”的管理思想，以提高效益为核心，追求效益的不断提高，使其成为管理活动的中心和一切管理工作的出发点。追求效益要自觉运用客观规律，如学会运用价值规律，随时掌握市场情况，制定灵活的经营方针，以适应复杂多变的竞争环境，满足社会需求、市场需求、顾客需求，只有这样，才能获得更好的效益。

总之，在酒店微观管理过程中，酒店的服务产品要讲究质量、标准和品牌，特别是要站在顾客立场设计产品，有营销观念，从而获得效益。

三、酒店管理的方法

如何应用管理理论解决管理酒店实践中的问题，就必须有适当的方法。管理问题非常多样，解决问题的方法也“法无定法”，但可以从具体的管理方法中归纳出基本管理方法。酒店管理方法是在管理活动中为实现目标、保证管理活动顺利进行所采取的具体方案和措施。

（一）常用的酒店管理方法

常用的酒店管理方法主要有标准化与个性化相结合的方法、目标管理法、全面质量管理法、授权管理法。

1. 标准化与个性化相结合的管理方法

正是由于酒店行业对服务的灵活性要求很高，为了控制产品的质量，酒店业特别注重研究适合本行业的标准化管理方法，以避免出现管理失控的状态。但由于酒店主要提供无形产品，个性化服务不可或缺，因此酒店行业必须实施在标准化管理基础上提供个性化服务的管理模式。标准化要求企业为了管理更加规范统一，对工作条件以及重点工作要求等设立统一的标准，并以此标准作为企业日常管理考核和奖惩的依据。对星级酒店而言，标准化管理只能在一定范围内得以运用，如铺床方法标准化、清洁程序标准化、物品摆放标准化、菜品构成比例标准化、卫生要求标准化，检查要求标准化等。因此，酒店管理既要制定标准，又要强调个性化服务的重要性，实施标准化与个性化相结合的管理方法。

2. 目标管理

目标管理法是美国管理学家彼得·德鲁克 1954 年提出来的，是一种参与的、民主的、自我控制的管理方法，也是一种把个人需求和组织目标结合起来的管理方法。目标管理法调动了组织员工的主动性、创造性和积极性，将个人利益与组织利益紧密联系起来了，因而能鼓舞士气，极大地激励组织人员为实现目标而努力，具有很好的激励功能。酒店实施目标管理就是指酒店的管理者和员工共同制定工作目标，然后将总体的工作目标具体化，设定各个子目标，将各个子目标分配到每个员工，从而对各个子目标的实现程度和实际绩效进行严格考核、目标评价、及时反馈，并给予实际奖惩的方法。目标管理法是一个全面的管理系统，用系统的方法，使许多关键管理活动结合起来，以高效地实现组织目标和个人目标。在酒店管理中，运用目标管理法，不仅可以提高员工工作的积极性和主动性，而且可以提高酒店的经济效益，还可以创造出有特色的酒店文化。

3. 全面质量管理法

菲根堡姆于 1961 年提出全面质量管理的概念，全面质量管理（Total Quality Management，TQM）是以质量管理为中心，以全员参与为基础，旨在通过让顾客和所有相关方受益而达到长期成功的一种管理途径。全面质量管理法以质量管理为核心，有利于企业对产品质量进行全方位控制。对酒店行业而言，其产品的生产链条较长，工作环节较多，如一位顾客入住可能要经过门童、行李员、前台登记、楼层服务、迎宾引位、餐饮服务、结账、保安、电话总机、娱乐服务项目等多个环节，每一环节的服务质量均会影响顾客的总体感受。因此，进行全面质量管理对酒店行业来讲十分必要。

4. 授权管理法

授权指主管将职权或职责授给某位下属，并责令其负责管理性或事务性工作。授权是一门管理的艺术，充分、合理的授权能使管理者不必亲力亲为，从而把更多的时间和精力投入到企业发展上，以及如何引领下属更好地运营企业。酒店行业主要提供的是“面对面”的服务，顾客要求服务要快捷、灵活、方便，因此对酒店管理来讲，授权十分重要。给予基层服务人员更多的修改流程、变通服务方式乃至适当的折扣权限等权利，可以使服务者在对客服务中提供顾客更加需要的服务，从而大大提高顾客满意度。

（二）创新性酒店管理方法

由于酒店行业是一个内、外环境变化非常快的行业，因此，管理方法的日益创新是管理者越来越重视的课题。与酒店业发展实际相匹配的管理方法有三种。

1. 艺术管理

企业管理在很大程度上来讲就是不断识别美与丑的过程。做管理，严格来说是“三分头脑、七分艺术”，酒店管理更是如此。从酒店宏观布局到细节设计，美学运用非常之广，并直接影响酒店在顾客心中的形象。艺术旨在通过一定的手段和方法进行巧妙的构思以带给人美的享受。艺术是通过用美学的原理和技巧，来影响人的思维，通过视觉艺术的运用和美的巨大感染力对人产生潜移默化的影响，并尽可能使人通过视觉吸纳的东西都是文明的、健康的、先进的、高雅的，为顾客创造一个舒适的消费环境。酒店管理应注重和谐和美感，无论是整体布局还是细节设计，都应突出艺术感和舒适感，即使是一点灯光、一个装饰都会影响顾客感受，从而影响酒店形象。

2. 系统管理

管理者要有系统观念，引导员工把酒店当作一个完整的生命体，各个部门都是生命体的一个器官，离开生命体将无法生存。系统管理强调部门间的协调和配合，更加重视员工的情绪，这两点对酒店来讲都是非常重要的。每位顾客来酒店消费的过程往往都是综合的，涉及多个岗位和部门。因此，管理者应该用系统管理方法，强调部门间的协调配合，较大地提高工作效率和顾客满意度。

3. 危机管理

由于酒店是一个人员密集的、复杂的营业场所，酒店管理者经常要面对变化的环境、变化的角色、需求不断变化的顾客以及状态不断变化的员工。因此，管理者要时刻搜集案例，及时进行总结和指导，并善于从变化中总结出规律。只有对不断变化进行管理，才能进一步提高管理的科学性和预见性。在不断的变化中，最无规律可循的是酒店的各类危机：自然灾害、社会治安突发事件、火灾、食物中毒、设施设备引发的伤人事件，顾客因滑倒摔地等意外事件、投诉事件、突发性疾病甚至去世。在面对这些危机时，酒店应如何做好管理？酒店管理者可以从建立酒店危机管理处理预案、加强对员工危机意识的教育和处理危机的相关能力培训、加强日常工作的安全检查等方面来应对危机事件。

总而言之，酒店业有许多行业所不具备的特殊性，因此酒店管理者必须从实践中总结出适合本行业的管理方法；与时俱进，才能在危机中生存，在挑战中胜出。

第四节　酒店管理文化建设

一、建设酒店管理文化的意义

酒店管理文化形成于酒店经营管理过程中，并对酒店管理工作起到督导、引导的作用。建设酒店管理文化的意义具体表现如下。

1. 有利于塑造良好的工作环境，提高管理效益

酒店管理文化是伴随着酒店的发展历史，在酒店长期的生产、建设、经营、管理实践中形成的一种酒店文化。随着经济全球化进程的推进，以关爱员工为前提、以员工满意为主导的酒店管理文化，促使现代管理的内涵发生悄然变化并成为主流，这也符合现代酒店发展的趋势。工作中所需的体力劳动减少，智力劳动增加，管理的实质是促进员工主动学习、思考，积极创新开展工作，把创造性思维与日常工作融合起来，塑造良好的酒店工作环境，以期在这样的环境中使员工的自尊心得以适当满足、创造性得以充分发挥，进而提高管理效益。优秀的酒店管理文化可实现满意的员工持续塑造满意的酒店，满意的酒店成就满意的员工的良性循环，实现酒店与员工良好互动和共同发展。

2. 有利于塑造酒店的品牌，提升酒店美誉度

酒店文化建设有助于酒店品牌建设。酒店品牌展示了一个酒店的形象，评估一个酒店的经济实力如何，主要看酒店的规模、效益、资本积累、竞争力和市场占有率等。如果酒店形成了一种与市场经济相适应的酒店精神、发展战略、经营思想和管理理念，即酒店品牌，就能产生强大的团体向心力和凝聚力，激发员工的积极性和创造精神，从而推动酒店经济实力持续发展。酒店管理文化的建设和品牌的构建一样，它们的发展都不是一成不变的，需要与时俱进、不断创新。酒店品牌不只是酒店的一个名称或者标志，包含了非常丰富的内容与含义。依据营销学家菲利普·科特勒在《营销管理》中的解释，酒店品牌至少包括了品牌属性、品牌利益、品牌价值、品牌文化、品牌个性和品牌使用者。品牌和酒店管理是相互依存、相互影响的，酒店管理文化是品牌的内化，而品牌外在表现出来的是酒店的管理文化，所以酒店管理文化的建设有助于酒店品牌的塑造。

3. 有利于塑造个性化的酒店管理文化，增强酒店的竞争力

一个伟大的组织能长期生存，最主要的条件不是结构形式或管理技巧，而是被称为文化的精神力量，以及这种文化对组织中全体人员的号召力。成功的酒店都有丰富的文化底蕴，如中国香港的丽晶酒店、新加坡的文华酒店，其无微不至的礼宾服务，让每位顾客喜出望外，吸引着全球各地的旅行者。个性化是随着经济的发展和酒店市场竞争的日益激烈出现的，且被认为是现代企业实现优质服务的主要途径。所以在建设酒店管理文化时，也要体现个性化，只有这样才可以在竞争中脱颖而出，树立与众不同的风格，形成情感的维系与价值的认同，促进顾客对品牌的忠诚度，增强酒店的竞争力。

二、建设酒店管理文化的途径

酒店管理文化的形成是一个长期的、动态的、循环提升的过程，需要以理念为指导，以制度为约束，并随着酒店发展和顾客需求的变化而发展变化。建设酒店管理文化可以通过四个步骤来实现。

1. 强化企业精神，达到员工认同

由于企业精神是整个酒店管理文化的核心和灵魂，因此选择正确的企业精神是塑造酒店管理文化的首要问题。建设酒店管理文化时要注意两个问题：一是要立足于本酒店的具体特点；二是要把握企业精神和酒店管理文化两个要素之间的相互协调。企业精神要能深入人心，成为员工的自觉行为模式，这需要经过一个长期的学习、吸收、转化的过程。在实际工作中，酒店要通过总结、分析，以及正反案例的学习，慢慢做到内化于心、外化于行，使企业精神充分体现在员工的行为上。

2. 制定可执行的行为规范或制度，使员工有明确的执行标准

酒店业涉及旅游业的食、住、行、游、购、娱六方面，顾客对服务的要求标准也不尽相同；甚至同一位顾客在不同的状态下对服务标准的要求也不同，加之酒店通常设定诸多岗位、部门，分工明确，这就需要较为完善的管理制度和行为规范标准，以便规范员工行为。酒店应针对不同岗位类型建立相应的、相对全面和具体的、可执行的行为规范，并建立与行为规范相配套的奖惩规定，使员工有明确的执行标准。

3. 强化员工的行为意识，促进行为习惯的养成

酒店确立了酒店管理文化模式后，就应当充分利用一切宣传工具和手段宣传企业文化的内容和要求，以创造浓厚的环境氛围；同时树立典型人物，正面人物要加大力度宣传，尤其注重企业内部不同层面优秀典型和企业领导者与中高层管理人物表率形象的树立，做到有必要的制度保障。酒店管理者要观念新颖、作风正派、率先垂范、真正肩负起带领酒店成员共建优秀企业文化的历史重任。酒店管理者还要注重对酒店文化经典案例的搜集、整理与宣传，拓宽培训渠道，建立别具一格的企业礼仪与仪式，不断强化员工的行为意识，促进其行为习惯的养成。

4. 提高管理执行力，确保既定的规章制度得到严格执行

很多酒店管理文化执行得不好，并不是文化塑造得不好，而是缘于酒店执行力太差，诸多的管理制度成为一种形式、一种摆设。因此，确保各种制度的有力执行，是酒店管理文化形成的基础。在日常经营管理中，酒店必须强调管理的执行力问题，对员工的行为与心理双方面形成约束。

三、酒店管理文化的建设

所谓“没有规矩不成方圆”，酒店管理文化建立离不开标准与制度的支持。建立科学合理的规章制度是酒店各项工作和经营活动顺利开展的有力保障。

1. 以规范化的基本制度建立标准化管理

从一定意义上说，企业制度是企业为实现自身目标对员工的行为给予的一定限制，是具有共性和强制性的行为规范的要求。企业制度的“规范性”是一种来自员工以外的，带有强制性的约束，规范着企业的每个人。

管理是要把无序变成有序，指导他人有秩序地工作。管理必须靠制度，要从建立标准开始。没有标准，就无法对工作和服务做出评价；标准太低，就谈不上严格管理。有了标准，不去认真执行，等于没有规范。合理有效的标准是酒店成功的基础。

2. 以奖励、关怀、培养人的制度建立个性化管理

企业的“企”字，是由“人”和“止”组成的，没有人，没有用好人，企业就无法生存。人是企业中一切创新的源泉，失去他们，发展中的企业就会停滞不前。酒店业是“人”的行业，人在酒店经营管理中有极为重要的意义和作用。过去，常将顾客视为酒店经营的主体，现在很多学者专家提出“人本意识”“没有满意的员工，就没有满意的顾客”等，“以人为本”的思想越来越深入人心，这充分体现了酒店关怀人、重视人的管理文化。以北京昆仑饭店为例，酒店通过文化墙的形式来关怀员工（见图 4.2）。

缺乏人性化的管理是低效率的，只有以制度的保证认真了解每一位员工的个性，才能提

务主体是客户，应该以客户的需求作为工作的出发点，以提高酒店入住率为最终目的，酒店的服务要从客户的实际需求出发给顾客一种宾至如归的感觉。另一方面，酒店服务行为需要员工来实现，提高酒店服务质量需要全体员工的努力。因此酒店管理者要想使员工为酒店的发展无怨无悔地工作，就应该把员工放在一定的高度。酒店在如何激励员工这方面要想真正实现“以人文本”，必须从员工的角度思考，以员工为核心，给予员工足够的关注与尊重，这样才能让员工心甘情愿地按照酒店期望的方式工作，从而实现酒店的可持续发展。

2. 兼顾精神和物质，增强激励效果

马斯诺需求层次理论认为，人的需求可简单概括为两大方面：物质需求和精神需求。根据人不同层面的需求，可以建立相应的激励机制。激励机制既要满足员工的物质需求也要满足他们的精神需求。片面地追求物质激励虽然能够解决员工的物质需求，但会导致一切“向钱看”，违背了激励的初衷；相反，如果只重精神又会显得空洞而不实际，激励作用也不会长久。只有将物质与精神相结合，二者相辅相成才能让激励效果最大化。

二、建立富有竞争力的薪酬福利制度

作为员工报酬的主要组成部分，薪酬福利直接影响着员工对工作的满意程度，也是他们最为关心的。从国内酒店行业的整体情况出发，兼顾社会环境的影响，要想制定一套合理完善的薪酬福利制度，需要从以下几个方面来努力。

1. 制定科学有效的工资制度与合理的工资结构

作为员工对工作是否满意的首要衡量标准，工资也是管理者最基本的激励手段。酒店要想在减少人工成本的前提下充分调动员工的工作积极性，创造优良的经济效益，就必须建立合理的工资制度与工资结构。工资制度上，可以采用酒店效益决定员工工资的浮动式工资制度，使酒店和员工成为一个共同体，以此激发员工的积极性。工资结构上，可以将工资内容细化，工资形式多样化，尽可能让员工的价值在工资上体现出来。在保证生活、稳定队伍的前提下多向提高员工工作技能与综合素质等方面倾斜。

2. 福利待遇

当今社会，人才的竞争日益激烈，新的、先进的管理理念不断冲击着人们的思想。企业管理者不得不重视高薪和福利间的微妙关系。如何通过企业福利吸引并留住优秀员工，需要企业从强化福利透明度以及加强福利政策吸引力两个方面来着手改进。第一，让企业福利在阳光下运行。企业的各项制度都应该保证其透明度，福利制度也不例外，企业有责任也有必要让每个员工对本企业的福利制度了然于胸，让他们知道企业福利有哪些项目以及每个项目的具体数额，如何才能享受到这些福利待遇等。第二，增强福利政策的吸引力。在如何制定更富吸引力的福利政策上可以借鉴国内外的一些成功经验。例如，房补、低息房贷等住房性福利；公费进修、培训等教育性福利；集体旅游，丰富员工生活等文化性福利以及带薪休假等。企业结合财务预算，在资金允许的条件下，适当地为表现突出的员工和业务骨干采取上述做法，让企业福利更好地激励员工。

三、重视员工自我价值的实现

马斯洛需求层次理论认为，自我实现需求是人的最高层次需求。人性的最高价值就是通过这种自我实现来体现的。只有能够满足员工各种需求的激励制度才能有效地发挥其作用。酒店管理者就应该想方设法从不同层面满足员工的自我实现需求。

1. 注重员工个人需求

"以人为本"是现代企业管理的核心部分，因此企业关注并了解每个员工的不同需求且要尽最大努力满足他们的需求。不同员工虽有不同的需求，但这些需求之间有许多是大家共同关注和普遍关心的，如工资薪酬、企业福利、住房问题、工作环境及生活条件等。管理阶层需要从不同角度去了解员工的普遍需求并设法满足。

2. 适当放权，让员工参与管理

要想使员工尽心竭力地为酒店工作，就要求员工具有强烈的主人翁意识。但这不是靠开几次例会就能解决的，需要管理者用切实的行动让员工感到自己就是酒店的主人，他们的工作能够影响酒店的发展前途。解决这些问题行之有效的方法就是适当放权，让员工参与到酒店的管理和决策中来。这既体现了酒店对员工的信任，也能够集思广益，还能增加员工对酒店管理层的信赖。此外，酒店作为一个有机组合的整体，需要上下贯通，做到上传下达。民主化、人性化的管理模式是必不可少的，适当地让员工参与管理也体现了酒店管理的人性与民主，在满足了部分员工参与管理的意愿的同时也给了其他员工激励。

3. 建立合理的员工职业生涯规划

不是每个人一步入职场就能胜任某一职业的，也不一定会在这一职位上得到发展，但每一个人都渴望从自身工作中获得成长与发展，体会满足。如果酒店能为员工量身设计各自的职业生涯规划，让他们从中看到希望，找到奋斗目标，那么就可以实现稳定员工队伍的愿景。不同员工的职场需求不同，他们的奋斗目标也不一样，酒店应因人而异，通过不同职业途径来满足不同人的需求，但每个层次员工的薪酬必须是可比的。

4. 利用培训进行激励

培训的目的是通过提高员工的专业技能和综合素质进而增强他们在行业中的竞争力。首先，企业可以通过不同方式来激励员工参与企业培训，如为员工规划职业发展，让他们有目标、有动力去学习，还可以通过加大危机感的方式让他们明白不进步就会被淘汰。其次，因人制宜，结合员工需求进行培训。通过培训，员工不仅提高了业务能力，各方面的综合能力也会上一个台阶，也因此拥有更好的发展前景。酒店培养了员工，员工也会感恩酒店。这样一来，员工的业务能力提高了，也因为心存感激而报效酒店，最终酒店实现了培养人才、留住人才的目的。

阅读思考

1. 说说你了解的酒店激励策略与手段有哪些。
2. 针对新时代员工，酒店应如何授权？授权额度如何确定？

复习思考

1. 论述酒店管理文化的内涵及特征。
2. 结合自身酒店实习经历，谈谈你对"以人为本"理念的理解。
3. 酒店为何要有自己的管理理念，如何理解管理理念在酒店管理中的作用？

4. 举例说明“Y”管理理论在酒店管理中的应用。
5. 举例说明“Z”管理理论在酒店管理中的应用。
6. 举例说明马斯洛需求层次理论在酒店管理中的应用。
7. 举例说明激励－保健理论在酒店管理中的应用。
8. 酒店高层管理者应具有哪些宏观管理观念？
9. 酒店管理者应具备的微观管理观念有哪些？
10. 谈谈酒店常用的管理方法，介绍一下你认为适应时代发展的酒店创新方法。

参考文献

[1] 狄保荣，王晨光. 饭店文化建设［M］. 北京：中国旅游出版社，2010.
[2] 游富相. 酒店管理文化中的激励机制策略［J］. 知识经济，2013（14）.
[3] 徐燕. 浅谈酒店服务意识［J］. 管理视野，2010.
[4] 张阳，周海炜，汪群. 企业战略创新——管理文化的观点［M］. 北京：科学出版社，2007.
[5] 周三多，陈传明. 管理学［M］. 第5版. 上海：复旦大学出版社，2008.
[6] ［美］斯蒂芬·P·罗宾斯. 组织行为学［M］. 第14版. 孙健敏，李原，等，译. 北京：中国人民大学出版社，2012.
[7] 石兴国. 组织行为学——以人为本的管理［M］. 北京：电子工业出版社，2009.
[8] ［美］斯蒂芬·P·罗宾斯，［美］戴维·A·德森佐，［美］玛丽·库尔特. 管理学：原理与实践［M］. 第9版. 毛蕴诗，译. 北京：机械工业出版社，2015.
[9] 魏小安. 中国旅游业新世纪发展大趋势［M］. 广州：广东出版社，1999.
[10] 杨艳华. 浅谈酒店文化［J］. 四川烹饪高等专科学校学报，2007.
[11] 胡平. 会展管理概论［M］. 上海：华东师范大学出版社，2007.
[12] 易钟. 酒店管理的新探讨［J］. 中国酒店，2014（4）.
[13] 袁勇. 推动中国酒店业发展的力量［J］. 中国酒店，2013（3）.

第五章

酒店餐饮文化

本章导读

饮食是人类赖以生存的物质基础，是社会发展的前提。酒店餐饮文化也是一种复杂而广泛的社会现象，可以向客人展示酒店的档次与品位，是酒店文化的重要组成部分。酒店餐饮文化通过餐食特色、餐厅环境、服务能力、管理水平等体现，是酒店重要的“名片”。从收益管理上看，餐饮收入虽然不是酒店营业收入的最大来源，但餐饮特色却是现代酒店吸引客源的重要内容，在提升酒店知名度、美誉度方面有着举足轻重的作用。酒店是一个国际化的社交场所，客源来自全国乃至世界各国，所以在饮食上，酒店更彰显了文化多元、兼容并蓄的特色。

学习目标

1. 了解宗教信仰食俗、节庆食俗、人生礼仪食俗的形式。
2. 掌握餐饮产品的优化与创新的方法。
3. 了解餐饮全面质量管理与餐饮产品质量保证制度的内容。
4. 了解食器的产生与发展以及宴席的形式。
5. 掌握酒文化、茶文化、咖啡文化的内涵。

内容结构

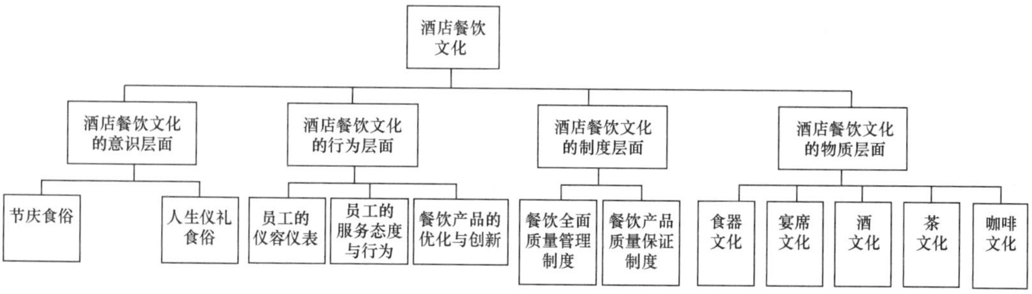

核心概念

节庆食俗；节庆食俗；酒文化；茶文化；咖啡文化。

第一节　酒店餐饮文化的意识层面

一、节庆食俗

节庆是每年相对固定的活动时间，有特定的主题和活动方式，一般节庆活动都伴有相应的餐饮活动。我国节庆的种类众多，包括农历的节气节日、民族传统节日、重大历史事件纪念日等，具有稳定性和广泛性。酒店作为文化交融的场所，节庆还包括国际上一些众所周知的节日，对于现代酒店业来说，以节庆为主题的各类宴请都很常见。

1. 中国传统节日食俗

春节俗称新年，是中华民族最隆重的传统节日，流行于全国各地，海外华人华侨也会一起共度佳节。除夕时家家户户要吃年饭，又称年夜饭、团圆饭，这是全家团聚的家庭宴会，受到中国家族极高的重视，体现了家族的凝聚力。年夜饭菜品丰富，荤素搭配，有酒、有肉、有鱼，体现喜庆吉祥、年年有余的寓意。除了新年还有元宵节、端午节、七夕节、中秋节、重阳节等，都是中华民族的传统节日，并伴有相应的食俗。以往大多数家庭的节庆欢聚都在家进行，邀请亲友宾朋到家中做客。近几年，随着人们生活的富足以及观念的更新，也有很多家庭为庆祝节日的到来，选择在酒店和亲朋一起度过。

2. 国际化节日的餐饮活动

随着信息时代的到来，不同区域文化传播与交融速度越来越快，文化效仿与认同成为世界发展的一种趋势。近几年国际化节日越来越多，无论是年轻一代新奇异的心理诉求增加，还是商家商业动机的驱动，这些节日确实给生活增添了许多仪式感。情人节、妇女节、母亲节、父亲节、愚人节、青年节、儿童节、教师节、万圣节、圣诞节等以及各种国际纪念日，不胜枚举。通常餐饮是这些节日必不可少的最具代表性的活动，因为餐食的选择不同，每个参与主体想表达的思想感情不同，但并不是每个人都过这类节日，所以在此这些餐饮活动并没有归为"食俗"范畴。但是现代酒店餐饮行业，对这些国际化节日的消费者用餐活动非常重视，每到节日前夕会进行各种营销活动，拉动并创造新的消费需求。国际化节日的消费者用餐行为已经成为一种趋势，周期性发生，是现代酒店餐饮业一种普遍的现象，未来还将有更多的餐饮消费需求被挖掘出来，成为时代的符号与印记。

二、人生仪礼食俗

人生仪礼是指每个人一生中经历的几个重要阶段中，举行的具有代表性和仪式性的礼节活动，以便获得社会的承认和评价。人生仪礼既是社会物质生活的反映，也表现了一个民族的心理状态。人生仪礼食俗是在人生仪礼阶段产生的具有纪念性、代表性的饮食习俗。中国最具代表性的人生仪礼就是婚礼，受到家庭及社会的高度重视，在婚礼过程中一个重要的食俗则是婚宴，嫁娶双方准备丰盛的宴席邀请宾朋参加婚礼仪式，宴席菜品丰盛，亲朋为新人送上祝福，新人为来宾敬酒道谢，席间喜气洋洋。除了规模盛大的婚宴，人生仪礼食俗还包括满月宴、寿宴等，随着生活水平的提高，日常生活中的仪礼活动增多，升学宴、乔迁宴、谢师宴、毕业宴等形式多样的宴席在酒店中出现。此外，以个人、家庭或家族具有特殊意义的纪念日，如结婚纪念日、创业纪念日、毕业纪念日等为代表的小型宴会也出现在人们的日常生活中，丰富了人生仪礼食俗的形式。

第二节　酒店餐饮文化的行为层面

在体验经济视角下，餐饮产品优化至关重要，酒店应结合经营特色与服务理念，打造出让人耳目一新的餐饮文化。餐饮产品优化的目的就是依托文化打造个性化餐饮产品，进而提高酒店的竞争力。为顾客提供色、香、味、形的佳肴，并结合器物、意境、服务等呈现餐饮文化，为顾客提供美好难忘的用餐体验。

一、员工的仪容仪表

员工的仪容仪表是顾客对酒店的第一印象，同时也能反映出酒店的整体形象。酒店形象主要取决于两个方面：一是产品与服务质量的水平，二是员工的形象。餐饮部制服除了具有实用功能，更重要的是能通过它的标识性、形象性、审美性等传达出餐饮文化的种种信息，因而已被越来越多的餐饮管理者与经营者重视。同时，注重仪容仪表是每一个酒店员工自我尊重的基础，爱美之心人皆有之，作为酒店的员工，代表酒店的形象，更应注重仪容仪表，从个人形象上反映出良好的修养与蓬勃的职业者气质。制服使酒店员工明确各自职责，无形中可约束和规范员工的思想观念、言行举止，强化员工的归属感、责任感和荣誉感。管理者对制服文化的重视体现了对员工的尊重，员工也只有对自己良好的仪容仪表和优质的专业技能感到自豪和自信，才会受到顾客的尊重和赞美。所以良好的仪容仪表既能表示酒店和员工个人对顾客的尊重，也成为员工努力工作的动力。

二、员工的服务态度与行为

餐饮产品是有形服务与无形服务的有机结合，无形服务是指酒店餐饮服务过程中依托设施设备和产品，提供在使用价值方面适合和满足顾客需要的服务过程，主要包括礼貌礼节、职业道德、服务态度、服务技能、服务效率。酒店餐饮文化是酒店无形价值的体现，只有将这种宝贵的无形资产转化到具体的行为实践过程中，才能使酒店的凝聚力和向心力不断加强，成为酒店共同价值观的核心。通过合理配置人才不断提高员工素质，是酒店餐饮文化建设和管理的根本所在，需要努力造就一批高素质的员工队伍，以及富有个性化的经营风格，使酒店餐饮文化真正落到实处。高星级酒店的餐饮环境好、菜品质量上乘，社会餐饮酒店也不相上下，但顾客更关注服务水平和用餐氛围的和谐统一，高素质的餐饮部员工通过专业化的服务展示，会让顾客拥有更加深刻而美好的用餐体验。

三、餐饮产品的优化与创新

菜品讲究“色、香、味、形、器、养”，“色”即菜品色泽，恰当的食物搭配会让人感到食欲旺盛；“香”即食物的香味，菜品在制作完成后应香气扑鼻，清醇诱人；“味”即食物的味道，也是一道菜品最重要的构成部分，严格把控食物的“酸、甜、苦、辣、咸”，五种滋味融合协调，使不同的菜品有其独特的滋味；“形”即菜品的造型，运用空间结构等打造食物的造型，使一道成品菜结构完整，精美和谐；“器”即器皿，菜品重要的不止其本身能让人赏心悦目，盛放食物的器皿同样重要，不同造型的器皿与食物搭配往往会带来视觉冲击力极强的菜品，所以在器皿破损时，要及时更换，避免用有瑕疵的器皿盛放菜品；“养”即菜品所含的营养成分，根据不同人的需求，所需营养也不同，在设计菜品时应合理搭配膳食营养，使其在功能上更具有竞争力。

随着信息与技术的发展，不同区域餐饮文化在不断相互碰撞、相互交流借鉴，越来越多新奇的食材和调味品呈现在餐桌上，高星级酒店厨师应在熟练掌握烹饪技能的前提下，多多尝试和融合新式口味，将不同的食材与调味品组合搭配，做出创意性菜品。另外，应不断吸收和借鉴不同区域、不同国家的烹饪技巧，采百家之长，使烹饪技巧不断提高、烹饪方式创新发展。同时，酒店应定期组织厨师进行技能培训，组织对外交流等，把交流得到的经验相互借鉴学习，加强对厨师的技能训练，传授相关方面的技艺，如摆盘技巧和雕花技巧等。

厨师在培训过程中只有掌握更加先进的烹饪方法，开拓思维和眼界，将新鲜的知识与经验、理论相结合，才能在菜品上有所创新，不断推出新式菜品，完善菜品口味等。通过培训也能对厨师产生激励作用，调动厨师的热情，在对菜品的质量与研发中起到积极作用。在培训中，针对不同厨师岗位应采取不同的培训措施。对于制作冷热菜的厨师来说，培训内容可涉及以下几个方面：按规格制作冷菜品，保证菜点及时供应，口味、形状符合规格要求，及时检查冰箱里的食物质量，根据季节推出新品等，制作果盘要根据顾客需求和时令水果来搭配，注意个人和厨房的卫生情况，保持干净整洁的环境。对于面点师来说，培训内容主要为：按规定的操作程序和标准，制作宴会和零点的各类面点，合理使用原材料，协助厨师长制作面点品种计划，学习各类面点制作工艺，并不断推出新品种。

第三节　酒店餐饮文化的制度层面

一、餐饮全面质量管理制度

餐饮全面质量管理是以餐饮质量为中心，以全员参与为基础，从市场调查、经营决策到产品的设计、生产和服务等全过程进行有效的控制，把专业技术、管理技术和质检技术有效地结合，建立一套科学的、严密的质量管理体系，以优质的工作、科学的方法生产出满足顾客需求的餐饮产品，使酒店职工和全社会获得利益而达到长期经营成功的管理路径。餐饮全面质量管理包括酒店内部管理和国家及地区的外部影响。酒店内部管理包括制定产品质量政策、确定产品质量水平、制定质量保证措施和质量控制措施并实施产品质量控制等。国家及地区的外部影响，包括国家主管部门和地区对餐饮产品的质量政策、质量审核和质量监督及颁发经营许可等。酒店要想保证餐饮产品质量，就必须把餐饮生产和服务的各阶段工作有机结合，更好地维护顾客的利益，取得顾客对酒店的信任。在此基础上，基于餐饮产品质量形成过程，餐饮产品全面质量管理包括市场调查、产品设计、食品采购、餐饮生产、餐饮销售、产品检验等方面。

影响餐饮产品质量的因素包含多种方面，采购、保管、初加工、切配和烹调都会影响餐饮产品的质量，所以制定严格的部门管理制度非常重要。另外，将设施设备标准化，使厨房内部结构、生产设施、餐厅布局、服务设施、家具和器具等达到既定标准。同时也要将菜谱和酒谱标准化，菜肴和酒水名称必须真实，符合原料的品种和质量标准，符合产品的工艺标准，符合产品的味道和特色。为保证餐饮产品的质量达到酒店规定的标准，并保证产品质量具有稳定性，餐饮管理人员必须努力把餐饮产品中的各质量因素达到目标顾客理想标准。

二、餐饮产品质量保证制度

为了加强全面质量管理，酒店必须建立餐饮产品质量保证体系。餐饮产品质量保证体系是指酒店餐饮部以保证餐饮产品质量为目标，运用系统的方法，依靠组织机构，把各环节的质量管理严格地组织起来，形成一个有明确任务、职责、权限且互相协调、互相促进的质量管理体系。建立和健全餐饮产品质量保证体系是保证餐饮全面质量管理取得长期稳定和扩大成果的关键。餐饮产品质量保证体系包括成立餐饮质量管理机构，设立餐饮部内部的兼职质检员，在部门经理领导下行使质量管理职能，机构组织部门外的质量信息反馈，掌握质量保证体系活动的动态；确定明确的质量计划和严格的质量责任制，根据质量目标做好任务计划，质量控制责任到人，适当授权于员工，全员参与到餐饮产品质量管理的工作中；实现餐饮产品质量管理标准化和程序化，把餐饮产品质量管理中重复出现的工作形成规范和标准化文件，如设施质量标准化、食谱标准化、服务质量标准化等文件，便于员工执行，将管理过程中的工作步骤记录下来，执行、分析、改进可以使餐饮产品质量管理方法更加科学化；建立高效的信息反馈系统，便于各部门、员工之间的信息沟通与反馈，使工作更高效；开展质量管理小组活动，围绕餐饮部质量目标，进行质量管理项目设计，激励员工与顾客多种形式的参与，切实提升餐饮服务与产品质量；制定餐饮产品全过程质量管理措施，不仅保证餐饮部内部的生产与服务过程的质量，还应对餐饮产品的原料供应、运输、售后服务等环节采取保障与管理措施，使全面质量管理落实到实处。

酒店文化是实实在在的，必须从基础、从管理人员做起。酒店文化体现在酒店环境的布置中，体现在顾客的宣传中，更体现在酒店员工特别是管理人员的日常管理行为中。致力于餐饮文化建设的酒店要做好不同层次、不同岗位的员工行为规范，尤其是管理人员的行为规范、员工社交场所的礼仪规范，以及长期的员工文化素质提升。

第四节　酒店餐饮文化的物质层面

一、食器文化

食器是饮食器具的简称，从广义上说与饮食行为相关的各种器具都属于食器。食器可以分为炊具、盛食具、进食具、贮藏具等，狭义的食器仅指饮食过程中使用的盛食具、进食具，通常又被称为餐具。食器本身出于使用方便的功利性目的使用，但是在制作和发展过程中呈现出艺术特性，形成了历史、文化、政治、经济等价值。

1. 食器的产生与发展

人类学会人工取火的初级阶段，逐渐掌握了“石烹法”，并发明了“水煮法”，用石板和石子作为间接的传热媒介。到了新石器时代，人类进入原始农业经济时期，过上了定居生活，席地而坐、环火而食，而衍生出对食器的需要。在此阶段，石器、骨器、陶器等器皿被生产出来，磨制技术开始运用。至夏、商、周时期，中国饮食生活的格局初步形成，此时期青铜饮食器具种类繁多，主要可分为食器、酒器、水器三种，造型各异，纹饰千姿百态，具有很高的使用价值和观赏价值。从新石器时代开始，人类就认识了漆的性能并用以制器，历经商周至明清，中国漆器工艺不断发展，漆器主要有碗、盘、筷子以及酒器，由于工艺复杂、制作成本高，使用过程的禁忌较多，发展到三国以后漆制食器就逐渐减少了，民间渐渐开始使用瓷器。瓷器的发明是中华民族对世界的伟大贡献之一，瓷器脱胎于陶器，与陶器相比，瓷器具有胎质致密、经久耐用、便于清洗、外观华美等特点，瓷器逐渐取代陶器成为人们日常生活的主要食器。制瓷技术经过历代传承，到了清代，制瓷业达到历史最高水平，以青花瓷、青花玲珑瓷、粉彩瓷和颜色釉瓷为代表的中国四大名瓷名扬海内外。瓷器物美价廉，在中国传统饮食器具中的地位不可替代，高级瓷器食器亦可作为收藏品、陈列摆件，深受人们喜爱。从食器产生到发展的过程中，金银等贵金属餐具，从南北朝时期一直到明清时代，一直是宫廷贵族等上流社会人群的餐桌专属食器，是身份、财富、权力的象征。延至今日，瓷制餐具、金属餐具（多数为钢制品）、竹木餐具成为人们日常使用的主要餐具，不仅有使用价值，材质、颜色、纹饰等亦有欣赏价值，为用餐过程增加了许多情趣。

食器最初是用来辅助食物熟制、盛装以及进餐的，但随着生产力的发展，社会阶级的出现，食器被赋予特殊的意义与象征。不同身份地位的人使用不同食器，显示着尊卑、虔诚、敬畏等不同的角色。古代食器种类繁多，功能分明，同时，这些食器的装饰及花纹也非常讲究，如几何纹、龙凤纹、动物纹、植物花卉纹等，体现了使用者不同的追求。材质更是琳琅满目，金、银、铜、玉、象牙、瓷器、漆木等广泛用于贵族士大夫阶层，平常百姓日常生活大多使用陶制和竹木食器，体现了社会地位的尊卑有别。食器文化作为餐饮文化的重要组成部分，内涵丰富，囊括了人文历史、风俗礼仪、艺术美学等多方面信息，为世人留下了宝贵财富。

2. 中餐餐具的使用

中国餐饮文化很丰富，中国人热情好客，很讲究餐饮礼仪。随着中西饮食文化的不断交流，中餐不仅是中国人的传统饮食习惯，还越来越受到外国人的青睐。看似最平常不过的中式餐饮，用餐时的礼仪却是有一番讲究的。中餐的餐具主要有筷、勺、盘、碟、碗、杯六种。

（1）筷子。筷子的起源是为了拨动与取食烤制食物时防止烫手，最初只是两根树枝或竹条，后来演变为今天的筷子。筷子文明是中国独特的文化，诠释着中华民族的智慧，两根小棍儿，灵巧无比。筷子是中餐中最主要的餐具，使用筷子，通常必须成双使用。在与人交谈时，要暂时放下筷子，不能一边说话，一边挥舞筷子；不要把筷子竖插在食物的上面；不要用筷子剔牙、挠痒或当众摆弄筷子。

（2）勺子。勺子的主要作用是舀取菜肴、食物。有时，用筷子取食物时也可以用勺子来辅助。暂时不用勺子时，应放在自己的碟子上，不要把它直接放在餐桌上，或是插在食物中；用勺子取食物后，要立即食用或放在自己碟子里，不能再把食物倒回原处；不要把勺子塞到嘴里，或者反复吮吸舔食勺子。

（3）盘子与碟。中餐的盘子有很多种，稍大的盘子用于盛放公共菜品，一般要求保持原位，不需移动；稍小的盘子叫食碟，主要用于盛放个人食物。食碟主要用来暂放从公用的菜盘里取来享用的菜肴；用食碟时，一次不要取放过多的菜肴，不吃的残渣，如骨、刺等不要吐在地上、桌上，而应轻轻取放在食碟前端，放的时候不能直接从嘴里吐在食碟上，要用筷子夹放到碟边；如果食碟放满了，可以让服务员进行更换。

（4）碗。碗主要是用来盛放主食、羹汤的。使用时要注意以下礼仪：不能双手端起碗来进食；不能向碗里乱扔废弃物；不能将碗倒扣在桌上。如果汤是单独由带盖的汤盅盛放的，表示汤已经喝完的方法是将汤勺取出放在垫盘上，把盅盖反转平放在汤盅上。

（5）杯具。中餐的水杯主要用于盛放清水、果汁、汽水等软饮料。注意不要用水杯来盛酒，也不要倒扣水杯；另外需注意喝进嘴里的东西不能再吐回水杯里，这样是十分不雅的。

3. 西餐餐具的使用

西餐是对西式饭菜的一种约定俗成的统称，主要指欧美国家的饮食，包括英式菜、美式菜、法式菜、意式菜和俄式菜等。随着东西方文化的交融，西餐已经逐渐进入中国人的生活，并受到了一定的欢迎。西餐的餐具主要有刀、叉、匙。

（1）刀。刀分为食用刀、鱼刀、肉刀、黄油刀和水果刀。正确的拿刀姿势是：右手握住刀柄，拇指按着柄侧，食指则压在柄背上。刀是用来切割食物的，不应挑起食物往嘴里送。如果用餐时，有三种不同规格的刀同时出现，一般正确的用法是：带小锯齿的刀用来切肉制食品；中等大小的用来将大片的蔬菜切成小片；小巧的、刀尖是圆头的、顶部有些上翘的小刀，则是用来切开小面包，然后用它挑些果酱、奶油涂在面包上面。

（2）叉。叉分为食用叉、鱼叉、肉叉和虾叉。叉的拿法有背侧朝上及内侧朝上两种，要视情况而定。背侧朝上的拿法和刀一样，以食指压住柄背，其余四指握柄，食指尖端大致在柄的根部，若太往前，外观不好看，太往后，又不太能使劲，硬的食物就不容易叉进去。叉的内侧朝上时，则如铅笔拿法，以拇指、食指按柄上，其余三指支撑柄下方；拇指和食指要按在柄的中央位置，如果太向前，会显得笨手笨脚。左手拿叉，叉齿朝下，叉起食物往嘴里送，如果吃面条类软质食品或豌豆，叉齿可朝上。动作要轻，捡起适量食物一次性放入口中，不要拖拖拉拉一大块，咬一口再放下，这样很不雅。叉子捡起食物入嘴时，牙齿只碰到食物，不要咬叉，也不要让刀叉在齿上或盘中发出声响。吃体积较大的蔬菜时，可用刀叉来分切。

（3）匙。匙有汤匙、甜食匙、茶匙。公用刀、叉、匙的规格明显大于餐用刀、叉、匙。在正式场合下，匙有多种，小的用于咖啡和甜点；扁平的用于涂黄油和分食蛋糕；比较大的，用来喝汤或盛碎小食物；最大的是公用于分食汤，常见于自助餐。汤匙和点心匙除了喝汤、吃甜品外，绝不能直接舀取其他主食和菜品；不可以将餐匙插入菜肴当中，更不能让其直立于甜品、汤或咖啡等饮料中。进餐时不可将整个餐匙放入口中。

二、宴席文化

宴席最早起源于原始社会末期和奴隶社会初期。在祭祀、礼俗等活动中，为了表示对天地、祖先、神灵的尊重，要在祭台前摆放丰盛的祭品和华丽的祭器和礼器，祭祀完毕，大家围坐在一起分享祭品，各种祭器、礼器就当作餐具，这就是早期的宴会雏形。现在一些地方，类似的祭祀活动依然存在，祭祀结束后，参加祭祀的人分享祭祀用的酒肉、水果等祭品，祈福祖宗为后代子孙带来平安吉祥。先秦时期，宴会是上层统治阶级的生活享乐方式，普通百姓只有婚宴、寿宴和各类祭祀宴请。秦汉魏晋南北朝时期，出现了各种名目不同的主题宴会，并且非常注重场面及氛围的营造。隋唐五代和宋元时期，国力强盛，宴会菜肴及食器更加讲究，宴会的形式多样，席间伴有歌舞等娱乐节目助兴。明清时期，宴会形式日趋成熟，环境设计、桌椅陈设、意境营造别出心裁，餐具制作精良、样式美观，佳肴美味形色俱佳，以“满汉全席”为代表的宴席，标志着明清宴会的发展达到顶峰。民国时期，宴会有“去繁就简”的趋势，更富有实用性。中华人民共和国成立后，宴会形式有很大的改革和创新，节庆活动依然保留了传统宴会的纪念性，同时，各区域结合地方饮食文化，开发出不同主题宴会，从餐厅布置到台面设计，从服务服饰到服务礼仪，从菜肴的制作到菜肴的命名，从餐具的选择到音乐的安排，充分体现了宴会设计的艺术境界，无论是高级宴会还是大众宴会，都有围绕不同主题的表达形式，使顾客在用餐的过程中体验餐饮文化的韵味。

（一）宴席的形式

1. 正式宴会

正式宴会是有特定主题、规格较高的宴请形式。按照西方的习惯，隆重的晚宴也就是正式宴会，基本上都安排在晚上 8 点以后举行；中国的正式宴会一般在晚上 6 点至 7 点开始。举行正式宴会，说明主人对宴会的主题很重视，或为了某项庆祝活动等。正式晚宴一般要排好座次，并在请柬上注明对着装的要求，席间会有祝词或祝酒，有时安排席间音乐，由小型乐队现场演奏。

2. 便宴

便宴是一种非正式形式的简便宴请，可分早餐会、午宴、晚宴。便宴气氛比较轻松、自然，多用来招待熟识的宾朋。有的便宴在家里举行也称为家宴，服装、席位、餐具、布置等不必太讲究，但仍然有别于一般家庭聚餐。便宴越来越多地用于官方宴请或公务往来活动。

3. 自助餐

自助餐有时亦称冷餐会，是目前国际上通行的一种非正式西式宴会，在大型的商务活动中尤为多见。自助餐的具体作法是：不预备正餐，而由就餐者在用餐时自行选择食物、饮料，然后或立或坐，自由地与他人在一起或是独自一人用餐。自助餐可以是早餐、中餐、晚餐，有冷菜也有热菜，连同餐具放在菜桌上，供宾客使用。

4. 鸡尾酒会

鸡尾酒会亦称酒会，通常以酒类、饮料为主招待宾客。一般酒的品种较多，并配以各种果汁，向顾客提供不同酒类配合调制的混合饮料（即鸡尾酒）；还备有小吃，如三明治、面包、小鱼肠、炸春卷等。鸡尾酒会的形式活泼、简便，宾客可以随意走动，便于交谈。鸡尾酒会的举办时间一般是下午 5 点到晚上 7 点。近年来，国际上各种大型活动前后往往都要举办鸡尾酒会。

（二）中餐宴席

1. 中餐位次礼仪

中餐宴会的桌次和座次的排列体现了来宾的身份和主人给对方的礼遇，宾主都非常重视，主要依据礼宾次序和国际惯例。

（1）确定主位。主位通常指主人的位置，或指用餐者中最重要的人的位置，主位以面门、居中、视野开阔为上。

（2）以右为尊。主宾位以主位右侧为上，如果主宾身份高于主人，为表示尊重，也可以安排在主位上，而主人坐在主宾的右侧。

（3）以中间为尊。三人一同就座用餐，坐在中间的人在位次上高于两侧的人。

（4）面门为上。用餐的时候，按照礼仪惯例，面对正门者是上座，背对正门者是下座。

（5）特殊情况。高档餐厅里，室内外往往有优美的景致或高雅的演出，供用餐者欣赏。这时候，观赏角度最好的座位是上座。在某些中低档餐馆用餐时，通常以靠墙的位置为上座，靠过道的位置为下座。

2. 中餐酒水礼仪

（1）敬酒礼仪。敬酒也就是祝酒，是指在正式宴会上，由主人向来宾提议，提出某个事由而饮酒，敬酒可以随时在饮酒的过程中进行。如果是致正式祝酒词，就应在特定的时间进行，并不能因此影响来宾的用餐。致祝酒词应在宾主入座后、用餐前开始，也可以在吃过主菜后、甜品上桌前进行。

（2）饮酒礼仪。在中餐里，干杯前可以象征性地和对方碰一下酒杯；碰杯的时候，应该让自己的酒杯低于对方的酒杯，表示对对方的尊敬。当离对方比较远时，用酒杯杯底轻碰桌面，也可以表示和对方碰杯。如果主人亲自敬酒干杯后，来宾要回敬主人，和他再干一杯。如果因为生活习惯或健康等原因不适合饮酒，也可以委托亲友、部下、晚辈代喝或者以饮料、茶水代替。作为敬酒人，应充分体谅对方，在对方请人代酒或用饮料代替时，不要非让对方喝酒不可，也不应该好奇地“打破砂锅问到底”。要知道，别人没主动说明原因就表示对方认为这是他的隐私。

（3）饮酒的注意事项。①众欢同乐。大多数酒宴顾客都较多，所以应尽量多谈论一些大部分人能够参与的话题，得到多数人的认同。大多数酒宴都有一个主题，也就是喝酒的目的。赴宴时首先应环视一下各位的神态表情，分清主次，不要单纯地为了喝酒而喝酒，而失去交友的好机会，要了解邀请方的目的，敬酒照顾大局。②语言得当。酒桌上可以显示出一个人的才华、常识、修养和交际风度，有时一句诙谐幽默的语言，会给顾客留下很深的印象，使人无形中对自己产生好感。同桌饮酒时要注意不要与人贴耳小声私语，给别人一种神秘感，会使他人受到冷落，进而影响喝酒的心情。③分清次序。敬酒也是一门学问。一般情况下，敬酒应以年龄大小、职位高低、宾主身份为序，敬酒前一定要充分考虑好敬酒的顺序，分清主次。与不熟悉的人在一起喝酒，要先打听一下对方身份或是留意别人如何称呼，做到心中有数，避免出现尴尬的局面。敬酒时一定要把握好敬酒的顺序，如果在场有高身份或年长的人，要先给尊者、长者敬酒。④饮酒适量。酒席宴上要看清场合，正确估计自己的实力，不要太冲动，尽量保留一些酒力和说话的分寸，既不让别人小看自己又不要过分地表露自身，选择适当的机会，逐渐放射自己的锋芒。

（三）西餐宴席

1. 西餐用餐礼仪

（1）开胃菜。开胃菜也称头盘、前菜。一般有冷盘和热头盘之分，常见的品种有鱼子酱、鹅肝酱、熏鲑鱼、沙拉、什锦冷盘等。在西餐里，开胃菜往往不列入正式的菜序。

（2）面包（在开餐前5分钟左右送上）。西餐正餐面包一般是切片面包，吃面包时，可根据个人口味，涂上黄油、果酱等。

（3）汤。汤可分为清汤与浓汤两大类，也具有开胃作用。品种有牛尾清汤、各式奶油汤、海鲜汤、美式蛤蜊汤、意式蔬菜汤、俄式罗宋汤、法式葱头汤等，喝汤时，才算正式开始吃西餐。

（4）主菜。主菜多为肉、禽类菜肴或海鲜。正式的西餐宴会上，一般为一个冷菜加两个热菜，两个热菜中一个是海鲜，由鱼或虾以及蔬菜组成；另一个是肉菜，是西餐中必不可少的主菜，其中最有代表性的是牛肉或牛排，配以蔬菜。

（5）蔬菜类菜肴。蔬菜类菜肴通常为配菜，可以安排在肉类菜肴之后，也可以与肉类菜肴同时上桌，蔬菜类菜肴在西餐中称为沙拉。与主菜同时搭配的沙拉，称为生蔬菜沙拉，一般用生菜、番茄、黄瓜、芦笋等制作。还有一类是用鱼、肉、蛋类制作的，一般不加味汁。

（6）甜品。西餐的甜品是主菜后食用的，可以算作第六道菜。从真正意义上讲，甜品包括所有主菜后的食物，如点心、冰激凌、奶酪等。

（7）水果。吃完甜点，一般会上一份新鲜水果。

（8）热饮。热饮一般为红茶或咖啡，以帮助消化。

2. 西餐饮酒礼仪

（1）餐前酒。餐前酒大约在餐前30分钟时饮用。餐前酒大多在客厅里饮用，主要是为了开胃，也是为了等待万一有事迟到的顾客，以免尴尬。喝餐前酒比较随意，可以坐着也可以走动。男士喝的餐前酒一般是马丁尼（Martini），而女士一般喝雪莉酒（Sherry），这是一种非常清淡的白葡萄酒。

（2）餐中酒。餐中酒在用餐过程中饮用，专门为主菜而配，有红酒和白酒之分，都是葡萄酒。红酒是配“红肉”喝的，如牛肉、羊肉、猪肉等，红酒不可以加冰喝；白酒是配“白肉”喝的，如海鲜、鱼肉、鸡肉等，白酒要冷藏后喝。

（3）餐后酒。一般的餐后酒是白兰地，用一种杯身矮胖而杯脚短小的酒杯喝。喝餐后酒可以用手心温杯，这样杯中酒就更能散发出香醇的味道。有的先生或女士喜欢在白兰地中加少许糖或咖啡，但不能加牛奶。

3. 西餐位次礼仪

（1）餐桌类型。①长桌。以长桌排位，一般有两个主要办法：一是男女主人在长桌中央对面而坐，餐桌两端可以坐人，也可以不坐人；二是男女主人分别就座于长桌两端。某些时候，如用餐者人数较多时，还可以参照以上办法，以长桌拼成其他图案，以便安排大家一道用餐。②圆桌。在西餐里，使用圆桌排位的情况并不多见，在隆重而正式的宴会里，则尤为罕见。圆桌的具体排列，基本上是各项规则的综合运用。③方桌。以方桌排列位次时，就座于餐桌四面的人数应相等。在一般情况下，一桌共坐8人，每侧各坐两人的情况比较多见。在进行排列时，应使男女主人与男女主宾对面而坐，所有人均与自己的恋人或配偶坐成斜对角。

（2）位次原则。①女士优先。在西餐礼仪里，女士处处备受尊重。在排定用餐位次时，主位一般应请女主人就座，而男主人则须退居第二主位。②恭敬主宾。在西餐中，主宾极受尊重。即使用餐的来宾之中有人在地位、身份、年纪方面高于主宾，但主宾仍是主人关注的中心。在排定位次时，应请男、女主宾分别紧靠着女主人和男主人就座，以便进一步受到照顾。③以右为尊。在排定位次时，以右为尊依旧是基本原则。就某一特定位置而言，其右侧之位理应高于其左侧之位。例如，应安排男主宾坐在女主人右侧，应安排女主宾坐在男主人右侧。④距离定位。一般来说，西餐桌上位次的尊卑，往往与其距离主位的远近密切相关。通常情况下，与主位近的位子高于距主位远的位子。⑤面门为上。面门为上，有时又叫迎门为上，即面对餐厅正门的位子，通常在序列上要高于背对餐厅正门的位子。⑥交叉排列。正式一些的西餐宴会，一向被视为交际场合。所以在排列位次时，要遵守交叉排列的原则。依照这一原则，男女应当交叉排列，生人与熟人也应当交叉排列。因此，一个用餐者的对面和两侧，往往是异性，而且还有可能与其不熟悉。

三、酒文化

酒是人类最古老的食物之一，它的发展历程几乎与经济发展史同步。中国白酒在餐饮市场的消费一直占据主流地位，尤其是节日及各种传统仪式上，白酒是必不可少的助兴佳品。随着经济的飞速发展，洋酒消费在中国已经悄然崛起，洋酒文化虽然受追捧时间不长，但在越来越多中国年轻人眼中，洋酒代表着更年轻时尚、更雅致小资。

1. 独具魅力的中国白酒

我国是制曲酿酒的发源地，在中国几千年的文明史中，酒和酒文化一直占据着重要地位。在中国，酒不仅仅是一种饮品，更是一种特殊的文化形式。饮酒的意义远大于口腹之乐，在许多场合，酒更是一种文化符号，用来表示一种心境、一种气氛、一种礼仪。我国酿酒历史悠久，技术先进，在政治、经济、文化等领域发挥着不可替代的作用。中国白酒以粮谷为主要原料，以大曲、小曲或麸曲及酒母等为糖化发酵剂，经蒸煮、糖化、发酵、蒸馏而制成，又称烧酒、老白干、烧刀子等。酒质无色（或微黄）透明，气味芳香纯正，入口绵甜爽净，酒精含量较高，经贮存老熟后，具有以酯类为主体的复合香味。据《本草纲目》记载："烧酒非古法也，自元时创始，其法用浓酒和糟入甑（指蒸锅），蒸令气上，用器承滴露。"由此可以得出，我国白酒的生产已有很长的历史。根据曲种不同，白酒分为"大曲酒""小曲酒""麸曲酒""混曲酒"等。大曲块大，主要包含曲霉菌和酵母；小曲块小，主要包含毛霉菌、根霉菌和酵母。霉菌将粮食中的淀粉分解成糖，酵母再将糖转化为酒精。小曲发热量低，适于南方湿热气候。

"茅五剑"是指中国三大系列名酒，分别指茅台系列、五粮液系列和剑南春系列，这三大系列名酒是中国最负盛名的白酒。茅台酒已有800多年的历史，是我国大曲酱香型酒的鼻祖，据史载，早在公元前135年，古属地茅台镇就酿出了使汉武帝"甘美之"的枸酱酒，盛名于世。五粮液素有"三杯下肚浑身爽，一滴沾唇满口香"的赞誉，"名酒之乡"四川省宜宾市是五粮液的故乡。1928年，"利川永"烤酒作坊老板邓子均，采用红高粱、大米、糯米、麦子、玉米五种粮食为原料，酿造出了香味纯浓的"杂粮酒"，送给当地团练局文书杨惠泉，杨惠泉品尝后认为此酒色、香、味均佳，又是用五种粮食酿造而成，遂取名“五粮液”。从此，这种杂粮酒便以五粮液享誉中外，流芳至今。绵竹剑南春酒，产于四川省绵竹市，因绵竹在唐代属剑南道，故称“剑南春”。四川的绵竹市素有“酒乡”之称，绵竹市因产竹、产酒而得名。早在唐代就产闻名遐迩的名酒——“剑南烧春”，相传李白为喝此美酒曾在这里把皮袄卖掉，留下“士解金貂”“解貂赎酒”的佳话，北宋苏轼称赞这种蜜酒“三日开瓮香满域”“甘露微浊醍醐清”。

2. 别具风格的洋酒

白兰地（Brandy）从狭义上讲，是指葡萄发酵后经蒸馏而得到的高度酒精，再经橡木桶储存而成的酒。从广义上讲，以其他水果原料酿成的白兰地，应加上水果的名称，苹果白兰地、樱桃白兰地等，但它们的知名度远不如前者大。品白兰地要用专用的白兰地酒杯，通常为杯口小、腹部宽大的矮脚酒杯，杯中一次只倒约一盎斯①，玻璃杯置于掌心，以掌心的热度温酒，喝酒时先轻晃酒杯，用鼻子闻酒香，然后浅酌细品。白兰地通常的喝法包括纯饮、冰饮、饮料勾兑饮用等。

威士忌（Whiskey）是以大麦、黑麦、燕麦、小麦、玉米等谷物为原料，经发酵、蒸馏后放入橡木桶中陈酿、勾兑而成的一种酒精饮料，主要产于英语国家。广义上看，威士忌是所有以谷物为原料制造出来的蒸馏酒的通称。威士忌酒杯杯口可大可小，只需便于加冰和加水即可。喝威士忌较随意，可以喝纯的，可以加冰块，口感丰润，不烈不呛；可以和饮料勾兑饮用，降低酒精浓度，增加甜度。

伏特加酒（Vodka）以谷物或马铃薯为原料，经过蒸馏制成高达95%的酒精，再用蒸馏水淡化至40～60度，并经过活性炭过滤，使酒质更加晶莹澄澈，无色且清淡爽口，使人感到不甜、不苦、不涩，只有烈焰般的刺激，形成伏特加酒独具一格的特色。伏特加酒的通常喝法包括纯饮、冰饮、饮料勾兑饮用等。

金酒（Gin）是以谷类蒸馏酒经杜松子与其他香料串香制成的蒸馏酒，又称杜松子酒、毡酒、琴酒，金酒的最大特点是有怡人的杜松子香气。金酒一般不用陈酿，色泽透明清亮。金酒也有在橡木桶中陈酿的，这样的金酒呈金黄色，称为Goldengin。金酒的酒精度一般在35～55度，酒度越高，其质量越好。金酒味道独特，口味清香，是配制鸡尾酒的主要基酒之一。

朗姆酒（Rum）是以甘蔗制糖后剩余的糖蜜或者甘蔗汁为主原料经发酵、蒸馏，在橡木桶中储存后得到的酒，也称莱姆酒、糖酒。朗姆酒的特色在于风味醇和，口感烈，适合与可乐、果汁等各式非酒精饮料搭配使用，是调制鸡尾酒的主要基酒之一。

特吉拉酒（Tequila）又称龙舌兰酒，采用龙舌兰为原料，将新鲜的龙舌兰割下后，浸泡24小时，榨出汁来，汁水加糖发酵两天至两天半，然后经过两次蒸馏，酒精度达到52～53度，香气突出，口味猛烈，然后放入橡木桶中陈酿，色泽和口味都更加醇和，出厂时酒精度一般为40～50度。特吉拉酒的通常喝法包括纯饮、冰饮、作为鸡尾酒基酒饮用等。

3. 内涵丰富的葡萄酒

葡萄酒是以葡萄为原料，经发酵方法制成的发酵酒（低度酒）。葡萄品质的优劣受到种植地区土壤、气候、品种等条件限制，世界上生产葡萄酒质量最好的国家要属法国，影响葡

① 1盎斯＝0.028 35千克。

萄酒质量的主要因素一是原料（葡萄），二是酿造工艺。通常按普通的制造工艺可将普通酒分为静止葡萄酒、葡萄汽酒、强化葡萄酒、加味葡萄酒四类，其中，静止葡萄酒就包括人们熟知并经常饮用的红葡萄酒、玫瑰红葡萄酒和白葡萄酒，香槟酒则属于葡萄汽酒的一种。按照惯例，葡萄酒在开瓶前应先阅读酒标，确认该酒的种类、年份等方面的信息，以及软木塞是否潮湿，若潮湿则证明该瓶酒采用了较为合理的保存方式。斟酒时，先女宾后主人、先女士后先生、先长辈后幼者。请人斟酒时，应将酒杯置于桌面，如果不想再续酒，只需用手轻摇杯沿或掩杯即可。另外，我国在酒宴上经常有劝酒的习惯，而一些国家却以此为忌，应酌情对待。

4. 时尚雅致的鸡尾酒

鸡尾酒是指两种或两种以上的酒和果汁、香料等混合而成的酒，多在饮用时临时调制，是一种量少而冰镇的酒。常见的鸡尾酒是以朗姆酒、金酒、龙舌兰、伏特加、威士忌等烈酒或是葡萄酒作为基酒，再配以果汁、蛋清、苦精、牛奶、咖啡、可可、糖等其他辅助材料，加以搅拌或摇晃而成的一种饮料，最后还可用柠檬片、水果或薄荷叶作为装饰物。

四、茶文化

中国是茶的原产地，茶树最早出现在我国西南部的云贵高原，《神农本草经》记载：“神农尝百草，日遇七十二毒，得茶以解之。”从中可以看出，人类利用茶叶是从药开始的。唐代陆羽的《茶经》是中国乃至世界现存最早、最完整、最全面介绍茶的第一部专著，被誉为茶叶百科全书。《茶经》首次把饮茶当作一种艺术过程来看待，创造了烤茶、选水、煮茗、列具、品饮等一套中国茶艺，并首次把“精神”二字贯穿于茶事之中，强调茶人的品格和思想情操，把我国儒、释、道的思想文化与饮茶过程融为一体，首创中国茶道精神，为茶文化的形成与发展做出了杰出贡献。我国幅员辽阔，茶类繁多，各民族饮茶习俗各异，形成了具有地方特色的茶文化。伴随着物质文明和精神文明的发展，时至今日，茶文化的内涵及表现形式更加丰富，并与现代生活紧密融合，文化价值和饮用价值被更多的人认可。茶在中国不同于饮水仅作解渴之物，而是作为一种独特的文化载体，具有自然属性和社会属性两个方面的形式与内涵。

我国是产茶大国，人们在对茶叶的利用过程中，不断对加工工艺进行改良，使茶叶种类及工艺不断发展和丰富。茶叶按照加工工艺划分，可以分为绿茶、红茶、乌龙茶、白茶、黄茶、黑茶六大基本茶类，同一种加工工艺使相同的茶类具有了相同或相似的色、香、味、形等基本品质特征。国内外大量的研究结果表明，茶叶中含有蛋白质、氨基酸、维生素、茶多酚、咖啡碱以及多种微量元素等，这些成分对人体健康非常有益，科学饮茶能达到强身健体的作用。

1. 茶的分类及器具选择

（1）绿茶。绿茶是我国产量最多的茶叶，属于不发酵茶，基本特征是叶绿汤清。绿茶的代表名优茶有西湖龙井、洞庭碧螺春、黄山毛峰、庐山云雾、信阳毛尖、日照雪青等。绿茶具有抗衰老、抗菌、降血脂、防癌、美白及防紫外线的作用。玻璃茶具宜赏形，适合针型茶和扁形茶；白色瓷器宜赏茶汤，适合碧螺春等细嫩茶品；用紫砂壶也可冲泡绿茶。

（2）红茶。红茶属于发酵茶，基本特征是叶红汤红，在国际市场上交易量很大。红茶的代表名优茶有正山小种、坦洋工夫、祁门红茶、滇红、川红等。红茶具有提神消疲、生津清热等功效。红茶的国际性使茶具泾渭分明，国人通常用白瓷茶具冲泡，用玻璃茶具赏茶汤；而欧美的下午茶通常使用彩色西洋瓷器，平时使用玻璃茶具。

（3）乌龙茶。乌龙茶属部分发酵茶，也称青茶，外形色泽青褐，冲泡后叶片红绿相间，特色黄红，有天然花香，滋味浓醇。乌龙茶的主要类型有闽北乌龙、闽南乌龙、广东乌龙和台湾乌龙；乌龙茶的代表名优茶有武夷岩茶、安溪铁观音、凤凰单枞、冻顶乌龙等。闽北乌龙宜用紫砂壶冲泡，可调柔岩茶中的刚猛之气，另外，白瓷茶具也是常用器具。

（4）白茶。白茶属轻微发酵茶，外形芽毫完整，冲泡后汤色明亮，黄绿清澈，滋味清淡。白茶的代表名优茶有福鼎白毫银针、政和白牡丹等。冲泡白茶时以陶制茶具、竹木茶具为佳，力求古朴自然。

（5）黄茶。黄茶属于轻微发酵茶，最显著的特点是黄叶黄汤，味甘鲜爽。黄茶的代表名优茶有君山银针、蒙顶黄芽、温州黄汤、霍山黄大茶等。冲泡黄茶时紫砂茶具最好，也可用玻璃茶具赏形。

（6）黑茶。黑茶属于微发酵茶，最显著的特点为叶长宽大厚实、色泽油黑，冲泡后汤色橙黄，香味醇厚。黑茶的代表名优茶有安化黑茶、蒲沂老青茶、云南普洱茶、广西六堡茶等。黑茶具有助消化、解油腻、降脂、软化人体血管、预防心血管作用。冲泡黑茶时宜用陶制茶具或粗粒紫砂茶壶，从而借茶具的吸附功能去除茶叶存放中形成的异味。

2. 茶德、茶道与茶礼

古往今来，历代茶人用“茶德”来比喻君子美德修养，大略可以归为“诚”“清”“真”三个方面，被称为“茶德三昧”。中国茶德是传统知识茶人在茶事生活中对道德与哲学的认识，是一种群体文化，茶德形成伊始，就是士阶层的君子比德儒家思维和儒学修身传统的产物，是茶人思想的结晶。茶道与茶德不同，茶道是根植于茶事过程的感悟与理解，是一个动态过程；中国的茶道以儒、释、道三家文化为主体，总体基调是高雅而深沉、博大而精深的，具有和谐与宁静、淡薄与旷达、礼仪与养生、清思的特征。茶道精神主要体现在中和之道、自然之性、清雅之美、明伦之礼。茶艺文化实为一门饮茶艺术，包括选茶、备器、择水、取火、候汤、习茶的程式和技艺，其过程要求形式和精神的高度统一。茶艺的功力在均匀，用同一种茶冲泡，要求每一杯茶汤的浓度均匀一致，不至于过浓或过淡；要泡一壶好茶，茶艺师应努力以茶配境、以茶配具、以茶配水、以茶配艺，要把冲泡理论融会贯通、合理运用。

生活饮茶礼仪虽然不如茶馆讲究，却是体现个人修养的好时机。无论是饮茶还是敬茶，都需要端坐于椅子中央。放置茶壶时壶嘴不能正对顾客，否则表示请客人离开；斟茶时只有七分即可，暗喻“七分茶三分情”，也便于握杯品饮。向泡茶者表示感谢时，需要用“叩指礼”回礼，晚辈向长辈：五指并拢成拳，拳心向下，五个手指同时敲击桌面，相当于五体投地跪拜礼，一般敲三下即可；平辈之间：食指、中指并拢，敲击桌面，相当于双手抱拳作揖，敲三下表示尊重；长辈向晚辈：食指或中指敲击桌面，相当于点一下头即可，如表示特别欣赏晚辈可敲三下。主人给顾客每冲泡一次茶品时，顾客都应该行“叩指礼”作为回礼的。

五、咖啡文化

咖啡原产于埃塞俄比亚，“咖啡”一词源自希腊语“Kaweh”，意思是“力量与热情”。古时候的阿拉伯人最早把咖啡豆晒干熬煮后，把汁液当作胃药来喝，认为可以有助消化。后来发现咖啡还有提神醒脑的作用。15 世纪以后，到圣地麦加朝圣的回教徒陆续将咖啡带回居住地，使咖啡渐渐流传到埃及、叙利亚、伊朗和土耳其等国。咖啡进入欧洲大陆当归因于土耳其当时的奥斯曼帝国，由于嗜饮咖啡的奥斯曼大军西征欧洲大陆且在当地驻扎数年之久，在大军最后撤离时，留下了包括咖啡豆在内的大批补给品，维也纳和巴黎的人们得以凭着这些咖啡豆，和由土耳其人那里得到的烹制经验，而发展出欧洲的咖啡文化。咖啡树是属茜草科常绿小乔木，日常饮用的咖啡是用咖啡豆配合各种不同的烹煮器具制作出来的，而咖啡豆就是指咖啡树果实内之果仁，再用适当的烘焙方法烘焙而成。咖啡饮品受到现代人的喜爱，随之而来的“咖啡文化”也充斥生活的每个时刻。无论在家里、还是在办公室，或是各种社交场合，咖啡成了一种交际媒介。

1. 主要咖啡饮品

（1）意式浓缩咖啡（Espresso）。意式浓缩咖啡来自意大利，浓度高、品味重，使用专业的咖啡机制作，一般装在意式咖啡杯里，分量很少，浓缩的才是精华，相当于咖啡里的工夫茶，一杯好的意式浓缩咖啡表面有一层厚厚的奶油状的物质（Creamer），最好的呈棕褐色油膏状豹纹，属于咖啡精华中的精华。一杯好的功夫咖啡就像一杯好的基酒，可以调出任何花式咖啡，像最受欢迎的卡布其诺和最常见的拿铁咖啡都是用功夫咖啡调配出来的。

（2）单品咖啡。单品咖啡是由原产地出产的单一咖啡豆磨制而成，饮用时一般不加奶或糖的纯正咖啡。单品咖啡有强烈的特性，口感或清新柔和，或香醇顺滑；成本较高，因此价格也比较贵，如著名的蓝山咖啡、巴西咖啡、哥伦比亚咖啡……都是以咖啡豆的出产地命名的单品咖啡。摩卡咖啡和炭烧咖啡虽然也是单品咖啡，但是它们的命名就比较特别。摩卡是也门的一个港口，在这个港口出产的咖啡都叫摩卡，但这些咖啡可能来自不同的产地，因此每一批摩卡豆的味道不尽相同。意大利咖啡整体口感比较浓烈，适合那些追求强烈味觉感受的人。巴西、蓝山和哥伦比亚都产比较柔和的咖啡，蓝山咖啡，香醇甘滑、带微酸，为咖啡之极品；巴西咖啡，微香微苦，属中性咖啡；哥伦比亚咖啡，柔软甘醇、芳香十足，如皇后般高雅。

（3）花式咖啡。花式咖啡就是加入了调味品以及其他饮品的咖啡。一般在 Espresso 的基础上制作，加入奶泡、糖浆、肉桂等调制而成。拿铁、卡布奇诺、摩卡等都是常见的花式咖啡。

拿铁咖啡（Coffee Latte）是花式咖啡的一种，是咖啡与牛奶交融之作，需要一小杯 Espresso 和一杯牛奶（150～200 毫升），拿铁咖啡中牛奶多而咖啡少。拿铁咖啡的做法极其简单，就是在刚刚做好的意大利浓缩咖啡中倒入接近沸腾的牛奶。事实上，加入多少牛奶没有硬性规定，可依个人口味自由调配。如果在热牛奶上再加上一些打成泡沫的冷牛奶，就成了一杯美式拿铁咖啡。星巴克的美式拿铁就是用这种方法制成的，底部是意大利浓缩咖啡，中间是加热到 65℃～75℃的牛奶，最后一层是不超过半厘米的冷的牛奶泡沫。

卡布奇诺（Cappuccino）咖啡是一种加入以同量的意大利特浓咖啡和蒸汽泡沫牛奶相混

合的咖啡。此时咖啡的颜色，就像卡布奇诺教会的修士在深褐色的外衣上覆上一条头巾一样，咖啡因此得名。传统的卡布奇诺咖啡是三分之一浓缩咖啡加三分之一蒸汽牛奶加三分之一泡沫牛奶，并在上面撒上小颗粒的肉桂粉末。

摩卡（Mocha）咖啡是一种最古老的咖啡，它是由意大利浓缩咖啡、巧克力酱、鲜奶油和牛奶混合而成，摩卡得名于有名的摩卡港。和经典的意式拿铁咖啡一样，摩卡咖啡通常是由三分之一的意式浓缩咖啡（Espresso）和三分之二的奶沫配成，不过它还会加入少量巧克力。

2. 常用咖啡器具的使用方法

（1）滤杯。滤杯是制作手冲式咖啡的用具，手冲式咖啡又称为过滤式咖啡，过滤完成的咖啡清淡、滑口，虽醇度不高，却别具风味。很多咖啡店还把此方法作为制作单品咖啡的主要方式。称量20克的咖啡粉，倒入研磨机中中度研磨，研磨完的颗粒比食盐稍粗。将咖啡下壶中的水掉倒，并将咖啡粉倒入滤纸中间，水平晃动滤杯，使滤纸中的咖啡粉能够铺平。将铺平粉的上座放回咖啡壶上，然后使用手冲壶中的热水以滤杯中间为圆心顺时针一圈一圈画圆。在冲泡时开始计时，至15秒将咖啡冲泡至40克，然后停止注水，闷蒸至30秒时，第二次注水；第二次注水时与前面一样，以滤杯中间为圆心顺时针一圈一圈画圆，水流不要冲到咖啡粉与滤纸相连的地方，以免产生通道效应，咖啡粉冲到最外圈留出一圈即可，然后再一圈一圈往中间冲泡，2分至2分30秒，要将咖啡冲至320克，手工冲泡咖啡完成。

（2）爱乐压，这种器具结合了法式滤压壶的浸泡式淬取法，使用滤泡式（手冲）咖啡的滤纸过滤以及意式咖啡的快速、加压萃取原理。爱乐压冲煮出来的咖啡，兼具意式咖啡的浓郁、滤泡咖啡的纯净及法式的顺口。通过改变咖啡研磨颗粒的大小和按压速度，用户可以按自己的喜好烹煮不同的风味，将爱乐压专用滤纸放入滤纸盖，润湿滤纸以更好地贴合盖子，将滤纸盖安置到滤筒上，然后竖立在坚固的杯子上，将两匙爱乐压专用量匙的细研磨咖啡粉倒进滤筒，将80度热水缓慢倒进滤筒至刻度2，轻柔搅拌约10秒，湿润橡胶密封塞，将压杆插入滤筒里，轻缓下压约20秒，双份意式特浓咖啡完成。

（3）法压壶。法压壶又名法式滤压壶、冲茶器。用法压壶煮咖啡的原理：用浸泡的方式，通过水与咖啡粉全面接触浸泡的焖煮法来释放咖啡的精华。用法压壶煮咖啡的步骤：将法压壶和咖啡杯用热水温热；拔出法压壶的滤压组；倒掉法压壶的水，在壶内放入20克左右的咖啡粉；法压壶呈45度斜放，将200毫升、95摄氏度左右的热水慢慢冲入，静置3~4分钟；用竹棒搅拌咖啡粉，让夹杂在其中的咖啡油脂浮于最上层；套上滤压器组，轻轻下压到底，再将咖啡倒入温过的咖啡杯中即可。

（4）虹吸壶。虹吸壶俗称“塞风壶”或“虹吸式”，是简单又好用的咖啡冲煮方法，也是坊间咖啡馆最普及的咖啡煮法之一。虹吸壶是利用水加热后产生水蒸气，形成热胀冷缩原理，将下球体的热水推至上壶，待下壶冷却后再把上壶的水吸回来。虹吸壶最大的优点是稳定的水温：虹吸壶在使用的过程中，热源持续，水温逐渐上升的环境下进行泡煮，可保持在86至94摄氏度。

3. 咖啡饮用礼仪

右手拇指和食指捏住杯把，把杯子轻轻端起；给咖啡加糖时，先用糖夹子把方糖夹到咖啡碟的一侧，然后再用咖啡匙把糖加入杯中；喝咖啡前应仔细搅拌，待搅匀后饮用；喝咖啡时需把咖啡匙放在托碟外边或左边，只需将杯子端起饮用即可，不要将下面的碟子一并托起。需要注意的是，品饮咖啡不能用匙子舀，匙子是用来搅拌咖啡或加糖的。饮咖啡也可吃些点心，但不要一手端着咖啡杯，一手拿着点心，饮咖啡时应当放下点心，吃点心时则放下咖啡杯。

本章小结

（1）节庆是每年相对固定的活动时间，有特定的主题和活动方式，一般节庆活动都伴有相应的餐饮活动。我国节庆的种类众多，包括农历的节气节日、民族传统节日、重大历史事件纪念日等，成因复杂，但具有稳定性和广泛性。

（2）人生仪礼是指每个人一生经历的几个生活阶段中，举行的具有代表性和仪式性的礼节活动，通过它可以获得社会的承认和评价。人生仪礼既是社会物质生活的反映，也表现了一个民族的心理状态。人生仪礼食俗则是在人生仪礼阶段产生的具有纪念性、代表性的饮食习俗。

（3）在体验经济视角下，餐饮产品优化至关重要，酒店应结合经营特色与服务理念，打造出让人耳目一新的餐饮文化。餐饮产品优化的目的就是依托文化打造个性化餐饮产品，进而提高酒店的竞争力。

（4）餐饮产品是有形服务与无形服务的有机结合，无形服务是指酒店餐饮服务过程中依托设施设备和产品，提供在使用价值方面适合和满足宾客需要的服务过程，主要包括礼貌礼节、职业道德、服务态度、服务技能、服务效率。

（5）酒店文化体现在酒店环境的布置中，体现在顾客的宣传中，更体现在酒店员工特别是管理人员的日常管理行为中。

（6）食器是饮食器具的简称，从广义上说与饮食行为相关的各种器具都属于食器。食器可以分为炊具、盛食具、进食具、贮藏具等，狭义的食器仅指饮食过程中使用的盛食具、进食具，通常被称为餐具。食器本身出于使用方便的功利性目的使用，但是在制作和发展过程中呈现出艺术特性，形成了历史、文化、政治、经济等价值。

（7）各区域结合地方饮食文化，开发出不同主题宴会，从餐厅布置到台面设计，从服务服饰到服务礼仪，从菜肴的制作到菜肴的命名，从餐具的选择到音乐的安排，充分体现了宴会设计的艺术境界，无论是高级宴会还是大众宴会，都有围绕不同主题的表达形式，使顾客在用餐的过程中体验餐饮文化的韵味。

（8）茶在中国不同于饮料，仅作解渴之物，茶作为一种独特的文化载体，具有自然属性和社会属性两个方面的形式与内涵。

（9）咖啡树是属茜草科常绿小乔木，日常饮用的咖啡是用咖啡豆配合各种不同的烹煮器具制作出来的，而咖啡豆就是指咖啡树果实内之果仁，再用适当的烘焙方法烘焙而成。咖啡饮品受到现代人的喜爱，随之而来的“咖啡文化”也充斥在生活的每个时刻。

延伸阅读

走向“一带一路”的中国餐饮文化符号

由中国侨联文化促进会发起主办的“‘一带一路’中国火锅产业发展峰会”近日在重庆

召开。来自国内外包括“刘一手”“海底捞”“德庄”“香天下”“澳门豆捞”“苏大姐”“小肥羊”“五斗米”等火锅界知名品牌在内的500多位代表出席了会议。会议上，海内外代表紧密互动，沟通信息、交流经验，并发起了“全球华人火锅发展联席会议”倡议，建立常态化交流机制，启动“中国火锅‘一带一路’大篷车行动计划”，激活“点火吧——火锅线上互动平台”，从供应链保障、基金平台建立到相邻产业辐射等话题的热议，呈现出始料不及的盛况，也给了我们太多的启迪。

据相关资料显示：在全国餐饮业3.5万亿元的GDP贡献当中，火锅收入大于1/3。火锅产业催生的巨大产业链几乎涵盖种植、养殖、加工、物流、制造、商务贸易等各个行业。这样一个覆盖于中国各个地方的餐饮形式，现在正成为让世界各国追捧的中国式餐饮现象，仅“刘一手”火锅品牌就在世界近40个国家开启了分店。火锅自身的产业特质、快速发展趋势和火锅产业发展升华出的火锅品牌价值，让我们看到一种日益清晰的火锅文化现象。面对“一带一路”倡议营造出的巨大发展空间，以什么样的产业体系和文化自信去信步国际市场？让我们不得不认真审视和研究中国火锅带来的有益启示和可贵探索。

从中华文明肇始的神农尝百草的传说、史前文明的原始石器、仰韶文化时期的陶器，到夏商时期繁荣的青铜器皿，都是直接使用原始器物存放食物。火锅文化的诞生和传承，起源于原始的食物加工手段。作为青铜器代表性器物的鼎、簋、尊等应该是火锅文化的最早雏形。说起火锅，过去只把它当作一种餐饮现象，可当一种现象成为一种普遍的认同时，就是一种文化习俗，就非常值得重视和研究。过去有不少缺乏文化自信、文化自觉的行为，常常导致虽然有很快的经济增长速度，但缺乏了文化自信的民族力量展示，缺乏文化自信走向国外的对话语言。党中央提出“一带一路”、提出“文化兴国”，不是因为中国文化本身的弱化，而是因为中国要有与世界对话的语言，要有与世界对话的权利和自信。

中国餐饮从视觉上和味觉上得到世界青睐，什么是可以典型地代表中国走向世界的中国餐饮文化？应该讲，火锅可以最真实地代表中国的味道、中国温度、中国形象和中国精神，去温暖全世界。

火锅的特质，既包括了器物的材质和造型，又包括了原始的和加工的食材，有着丰富的调料和配料，还有着非常讲究的餐饮环境和礼仪。中国的火锅有着各地鲜明的风格和特色，成为既具普适性又具个性特征的餐饮形式。闻名全国的一些火锅品牌店，又以自己的企业文化形成新的市场支撑和品牌吸引，以特有的经营战略，不仅传递火锅的温度，更要传递情感的温暖。这就是文化，这就是我们的火锅有理由走向世界最根本的要素。

中国火锅要代言中国餐饮，要代表中国形象、中国气度走出去，就一定要有自己完整的中国语汇和民族文化力量。既然代表国家，就要拿出国家品质来。这时候，品牌建设就由个体品牌成为企业品牌，然后由企业品牌成为国家品牌。如果一个地方要打造国际化大都市、要做国际化商业舞台，搞一个国际产业市场、品牌市场聚集，没有中国这个品牌的进入和支撑，这个地方的市场品质就是一种缺失。所以品牌建设是火锅行业面临的一个首要问题。在品牌建设上有两个层面：一是把现有的火锅品牌，在文化战略指导下高端地去做好；二是能够让个体品牌突破自我空间，共同整合成一个国家品牌，形成一个实力聚合。虽然过去习惯以陶瓷作为中国的形象代言，但“一带一路”的国际通道提出了新的挑战和机遇，火锅作为中国的文化主题、文化符号、文化温度、文化味道走向世界的时候，它以什么样的最直接的、视觉的、感动的东西让消费者品味它、记住它，这很重要。中国的餐饮、菜系丰富多彩、美不胜收，但很难准确概括和表达，想到的只是味道，无法归纳一个典型形象。今天提出火锅文化，似乎找到了一个能让世界认同的中国餐饮文化介质。

真正感动的不仅是火锅的味道和对味蕾的刺激，还有火锅产业创造者的精神。“刘一手”也好，“海底捞”也好，还有众多火锅业内品牌精英，经历了艰难起步，一刀一刀、一盘一盘、一锅一锅做起来，聚合成一种市场引力，有了自己的品牌，有了强大的经济实力，他们需要的是一种担当和责任，需要中国火锅走向世界。现在，火锅已经能够成为中国餐饮业的一项主流产业，火锅的产业链拥有了巨大的供给侧板块，中国火锅无论在哪里开张，都是异常火爆。

我们能为中国火锅做点什么呢？中国火锅、企业品牌、产品品质，已经足以具备“打天下”的能力。当走出国门的时候，不能单枪匹马、势单力薄地去面对世界。必须有民族品牌、国家意志、世界语言，才具备走进世界舞台参与竞争进而占领世界餐饮市场的能力，用中国文化来对世界宣示中国形象和中国气质，这就是火锅要走向世界的担当和责任。火锅店要成为一个文化集居点和旅游体验地，要让游客闻香下马、知味停车、掏钱畅享。每一个火锅店不仅是一个餐饮店，也是领略中国文化、体验中国文化，进行旅游和中国文化定制的一个集散地。

“一带一路”提供的是一个走向国际的思路，指向的是一片充满希望的天地。时不我待，要为火锅走向国际来搭建服务平台，包括品牌建设、媒体推广、主题打造、法务支持等。中国火锅处在一个历史关头，发展思路是否可以这样：第一，要专业化编制中国火锅文化发展战略规划，对火锅产业实行科学分类、科学指导和科学发展，走国家战略之路，形成权威数据发布，实现火锅业规范化发展。第二，创意策划中国火锅产业年度博览会，搭建中国火锅产业发展交流平台，促进火锅业体系化发展。第三，启动和加强火锅文化与学术研究，推进火锅申遗工作；火锅制造业不仅代表了中国材料科学、制造业技术水平，同时颇具民族特色；将火锅推向世界必然会把中国筷子的使用推向世界，所以在供给侧这方面能做的文章还有很多。第四，要制定中国火锅走向国际的标准，要培训高端人才，要做中国火锅业走向世界的示范产业和品牌聚合。

中国火锅正在走向“一带一路”，前途光明，任重道远！

阅读思考

结合所给资料进行探讨：火锅成为中国餐饮业的一项主流产业，对其他餐饮产品有哪些启示？餐饮产品如何进行品牌建设？

复习思考

1. 如何利用节庆食俗开展营销活动，拉动并创造新的消费需求？
2. 餐饮产品的优化与创新可以体现在哪些方面？
3. 如何实现餐饮全面质量管理？
4. 中西餐器具文化的异同点包括哪些？
5. 如何结合地方饮食文化，进行主题宴会设计？
6. 论述六大茶类的基本特点，并列举其代表名茶。

参考文献

[1] 赵国荣．中国饮食文化概论［M］．第2版．北京：高等教育出版社，2008.
[2] 隗静秋，隗玮，董强，等．中外餐饮文化［M］．北京：经济管理出版社，2015.
[3] 刘澜江，郑月红．主题宴会设计［M］．第2版．北京：中国商业出版社，2014.
[4] 冯玉珠．饮食文化旅游开发与设计［M］．杭州：浙江工商大学出版社，2017.
[5] 杨学富，张晓明．茶艺［M］．大连：东北财经大学出版社，2012.
[6] 郑玉玲．基于游客满意度的餐饮体验研究［D］．南宁：广西大学，2012.
[7] 刘雪源．关于餐饮产品研发与创新能力培养的思考［J］．经营管理者，2013（3）．
[8] 王天佑．饭店餐饮管理［M］．第3版．北京：清华大学出版社，2015.
[9] 李彬，孙怡．酒店服务质量管理理论实践与案例［M］．北京：旅游教育出版社，2017.

第六章

酒店营销文化

本章导读

酒店营销文化是指酒店企业在营销过程中所创造的价值观、习俗、行为等文化成果，其表现为一系列文化理念、指导思想以及与营销理念相适应的规范制度的总称，这种文化成果被传播给其他组织和个人并部分物化在企业所生产的产品或提供的服务中。本章系统介绍了酒店营销文化的内涵与特征、酒店营销的理论与方法、酒店营销的创意与途径以及酒店营销文化建设等相关知识。

学习目标

1. 了解酒店营销文化的内涵与特征。
2. 熟悉酒店营销文化的理论与方法。
3. 掌握酒店营销的创新与策略以及酒店营销文化的构建举措。
4. 能够灵活运用酒店营销的理论与方法等知识对酒店产品进行营销策划，进行酒店营销文化建设。

内容结构

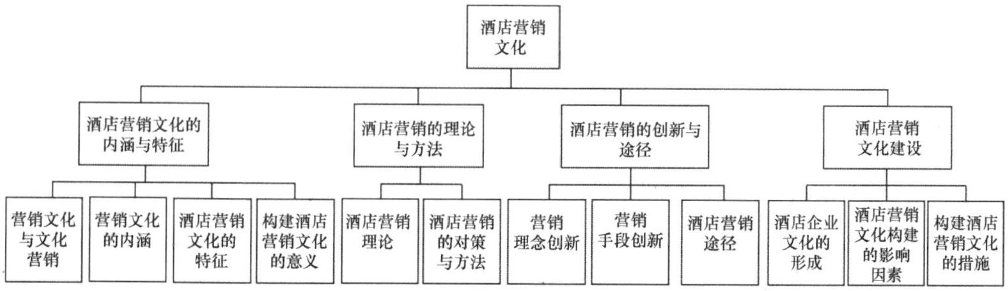

核心概念

营销文化；文化营销；交叉销售理论；关系销售理论；主题营销；分时营销；机会营销；绿色营销；内部营销；网络营销。

第一节　酒店营销文化的内涵与特征

一、营销文化与文化营销

1. 营销的定义

目前，学界对营销的定义较多，其中最有代表性的是美国营销协会和菲利普・科特勒所作的定义。美国营销协会对营销所作的定义是："营销是把产品或劳务从生产者引导到消费者或用户的一切企业活动。"菲利普・科特勒认为，营销是个人和集体通过创造、提供出售，并同别人交换产品和价值，以获得其所需所欲之物的一种社会和管理过程。

2. 营销文化

营销文化是贯穿于营销过程中的指导思想、营销哲学及与营销理念相适应的规范、制度等。营销文化作为企业文化建设的重要内容，蕴含着企业的营销哲学、营销理念、价值观、审美和道德观，决定着企业的营销行为规范和营销制度。企业营销文化是由营销哲学、营销理念和营销形象构成的整体系统。营销哲学是深层营销文化，营销理念是中层营销文化，营销形象是表层营销文化。

3. 文化营销

文化营销是一种营销方式，是指基于目标市场的目标顾客群的文化，发掘与产品或企业文化中能满足顾客的文化内涵，使顾客在消费产品的过程中不仅满足于对产品本身的物质需求，而且要满足产品或企业文化带来的文化需求。文化营销中的文化受众主要是顾客，需要发掘的是产品文化及企业文化与顾客的交集，使产品文化或企业文化获得顾客的认可甚至追随，创造产品的差异化优势，让竞争者难以模仿。

二、营销文化的内涵

对于营销文化的研究，最早可以追溯到二十世纪八十年代，小弗雷德里克・E・韦伯斯特率先提出了营销文化这一概念。但是，究竟何为"营销文化"，无论是学术界还是企业界，至今仍没有统一的定义。

韦伯斯特认为：营销文化是企业文化的一个组成部分，是全体员工共同享有企业统一的价值观、理念的一种模式，这些统一的价值观、理念则可以帮助员工更好地理解并"感受"企业的营销活动，进而为员工在企业内的行为提供统一的标准和规范。营销文化还指把整个企业作为一个整体来组织营销活动的重要性；也指企业组织开展营销活动时采用的一种特定的方式和方法。韦伯斯特在1995年又对他之前的研究进行了进一步探讨，认为营销文化是指在企业中为员工提供了统一行为规范的那些不成文的规章制度和行动指南，指企业作为一个整体行使营销功能的重要性；也指企业营销活动的组织、执行方法和模式，而且进一步提出营销文化由服务质量（Serviee Quality）、人际关系（Interpersonal Relationships）、销售目标（Selling Task）、组织管理（Organization）、内部交流（Internal Communication）、创新（Innovativeness）六个维度组成。张宏山认为：营销文化是以营销活动为载体，反映企业物质及精神追求的各种文化要素的总和。萨利·格里克（Sally Gliek）则认为：当一家企业采用以营销为中心的经营哲学来指导经营实践，作为其乐于接受的经营方式、日常规范或工作传统时，营销观念在整个企业内变得根深蒂固、被企业里的每一位成员广泛接受时，这就是营销文化存在的表现。

综上所述，所谓企业营销文化是指企业在营销过程中创造的价值观、习俗、行为等文化成果，表现为一系列文化理念、指导思想以及与营销理念相适应的规范制度的总称，这种文化成果被传播给其他组织和个人并部分物化在企业所生产的产品或提供的服务中。

第一，营销文化是企业在执行一系列营销策略基础上形成的一种文化现象，服务于企业的价值目标，渗透于企业营销过程的各个环节。

第二，企业必须从文化的高度来看待营销活动。营销活动是企业文化与相关文化（如顾客文化、竞争者文化、消费文化等）交流和融合的具体活动，从目标市场的选择、定位到营销组合策略都蕴含着文化进化的本质，这就要求企业在营销管理过程中既要把文化作为企业内部变量来考虑，又要将文化作为外部变量来考虑。

第三，营销文化以产品或服务为载体，通过市场交换进入顾客意识中，是顾客对物质文化和精神文化追求的文化总和的体现。营销文化既包括浅层的商品构思、设计、造型、装潢、包装、广告、商标、款式，又包括对企业营销活动的价值评估、审美评价和道德评价等深层次文化活动。

三、酒店营销文化的特征

1. 独特性

当酒店把自己独有的文化贯穿于营销活动之中时，就会形成独特的营销文化，这种文化是不可仿效的。不同酒店的经营管理特色、历史传统、发展使命、经营目标、员工，特别是酒店经营者的素质和作风，以及酒店面临的外部环境等都是不同的，这决定了酒店的营销文化具有鲜明的个性与特色，体现了其相对的独特性。

2. 可持续性

酒店的内涵是逐步积累起来的群体意识，体现了其较长时期的相对稳定性。因此，因文化差异形成的酒店独有特色，也将体现持续发展的特点。建立在同一种文化基础上的酒店营销行为，无论策略选择具有多大差异性，蕴含其中的文化都将长期存在，从而由文化差异形成的酒店营销竞争力也将得到长久维持。

3. 导向性

酒店营销文化的导向性表现为两个方面：一是用文化理念规范引导营销活动，从深层次同社会以及顾客进行价值沟通；二是对某种消费观念和消费行为的引导，从而影响顾客，改变其消费行为及其生活方式或生活习惯。

4. 区域性

营销文化的区域性是指在不同地区、不同国度，因文化差异造成的营销对象、营销方式等的差别，营销文化与民族、宗教、习俗、语言文字等因素有着深刻的关系。营销文化的区域性表明，在营销活动中一定要考虑到区域文化的特点，并有效地做好不同文化之间的沟通交流工作，消除障碍，有效地实现文化的营销。

5. 开放性

由于营销文化侧重于一种理念的构建，因此具有极大的开放性。一方面，营销文化对其他营销方式能产生强大的文化辐射力，从理念价值的角度提升其他营销方式的品位。例如，关系营销中亲缘关系、地缘关系、文化习俗关系、业缘关系等的建立，都跟文化有着深刻的联系。营销文化中的文化理念、文化资源等，对处理上述多种营销关系都有实际指导意义，有利于其借助文化这个深层次的理念建立起更稳固的关系。另一方面，营销文化又不断吸收其他营销活动的思想精华，始终保持其创新的活力。例如，营销文化可以吸收绿色营销观念开展绿色营销文化，吸收政治营销观念开展政治营销文化，吸收道德营销观念开展道德营销文化等。这种开放性有助于营销文化纵深拓展，丰富酒店文化内涵。

6. 精神需求性

文化营销最显著的特点是其输出的产品并非具体的某一种产品，而是满足顾客精神需求的企业文化，并通过营销过程提升顾客内心对企业的认知度和认可度。

四、构建酒店营销文化的意义

1. 酒店营销文化的形成是酒店营销走向成熟的一个重要标志

酒店营销文化的形成需要一个正确的理念与精神支撑，这种理念与精神要在长期的工作中被大家接受，成为行动指南。有了营销文化，不仅对人有鼓舞作用，而且能提升酒店形象，增强企业凝聚力，打造企业核心竞争力，只有这样酒店的营销工作才会跃上更高的境界。

2. 酒店营销文化是每个酒店独有的文化，具有难以模仿的特点

酒店营销文化中的营销理念是贯穿于酒店经营活动的指导思想，也是酒店经营者思想的反映。酒店营销文化演绎为一种文化现象，这种文化现象的核心就是以什么为经营理念来开展生产经营活动。技术、高科技可以学，制度可以制定，但酒店营销文化却是很难模仿的。

3. 酒店营销文化的价值在于构筑企业核心能力

酒店的核心能力是指本酒店所拥有的，而其他企业不具备的技术、服务、管理等方面的能力。酒店营销文化正是发挥了其难以模仿的特点，帮助酒店构筑核心能力。

强有力的、健康向上的营销文化是营销取得成功的根本保证。未来的竞争是文化的竞争，一个文化底蕴厚实、文化内涵先进的酒店是不可战胜的。被社会广泛认同的、优秀的营销文化，是酒店可持续发展的可靠保障。

第二节　酒店营销的理论与方法

目前，我国不少酒店营销管理依然停留在走团队、签合约或简单的推销、低级的削价等传统营销手段上，缺乏对自身进行市场分析及市场定位，只片面追求数量上的扩张，在品牌建设，人才培养，网络、服务支撑系统建设等方面缺乏应有的重视，导致我国酒店经营战略不够明确，自身特点不突出，在经营上欠缺公司战略研究，对企业发展方向缺少深入考虑，从而使酒店经营策略模糊。

一、酒店营销理论

酒店营销中，市场营销是酒店经营活动的重要组成部分，始于酒店提供产品和服务之前，研究顾客的需要和促进酒店客源的增长，开发酒店市场的潜力，增进酒店的收益。市场营销涉及满足顾客的需求，产品从酒店流通到顾客的一切业务活动，最终使酒店实现其预设的经营目标。随着现代经济的日益进步，在酒店营销领域同样出现了很多的方法和手段，在此介绍两个最典型的方法理论。

1. 交叉销售理论

所谓交叉销售，指企业借助顾客关系管理（Customer Relation Management，CRM）数据库，发现现有顾客的多种需求，并通过满足其多种需求而销售多种相关服务或产品，使其成为企业忠实消费者的一种新兴营销方式。交叉销售的方法可以分为四步。

（1）筛选酒店顾客消费资料。酒店客户档案主要来源于订房单、登记单、客账单、投诉处理结果资料、顾客意见征求书和其他观察所得的资料。在这些数据中，对实现交叉营销一对一服务最为关键的数据应该是顾客的爱好习惯、宗教信仰、生活禁忌、额外服务、意见建议及特殊事件（如生日、结婚纪念日、蜜月等）等特殊信息，通过这些信息，可以预测顾客的消费习惯和消费趋势，以提供针对性服务。

（2）筛选黄金顾客。根据以上必要的顾客信息资料，酒店可以将顾客档案直接升级为CRM体系，这个工作对酒店而言是一件非常容易的事，并不需要多少投资，只是需要将信息的重点，由一般的统一管理转移到与顾客的定期沟通上，重点关注顾客的个人习惯、兴趣爱好等方面。

（3）营销组合中与黄金顾客的沟通。酒店黄金顾客信息数据库建立以后，根据个人的兴趣爱好等资料，开展一对一营销。将酒店的各种信息通过酒店拥有的营销渠道，以适当的机会传达给顾客，力争为顾客提供尽可能多类型的服务，让顾客成为酒店的长期价值顾客。

（4）准确把握交叉营销关系网络的营销机会。根据黄金顾客的消费需求开展交叉营销的过程中一定要把握好营销机会。如果毫无目的地与顾客随意交流信息，会使顾客感到厌烦，视为对其生活的干扰。例如，现在某些酒店通过信息平台，不时向特定波段的手机用户发送短信，不仅不能得到顾客的认同，反而会引起顾客的反感，影响酒店在顾客心中的良好印象。另外，顾客也讨厌企业与之保持若即若离、时亲时疏的关系，所以，酒店对顾客的信息发布最好要有规律，使顾客在特定的时间接受到酒店专门的信息。

2. 关系营销理论

关系营销是以系统的思想来分析企业的营销活动，认为营销活动是企业与顾客、竞争对手、供应商、政府机构等相互关系者互动的过程，其核心是正确处理企业与这些相关利益者的关系，通过自身努力以利益交换及履行承诺的方式，使企业的经营目标在与各方的协调关系中得到实现。

（1）实施顾客满意战略。现代酒店应以实现顾客满意为其经营活动的出发点和最终目标。顾客满意战略的指导思想就是酒店活动以顾客满意为中心，以顾客利益最大化作为酒店开发产品、制定价格、进行分销促销和售后服务的原则。实施顾客满意战略主要包括五个子系统，即理念满意系统、行为满意系统、视听满意系统、产品满意系统和服务满意系统。通过开发这五个系统并对其进行整合，最后以顾客满意指标来衡量顾客的满意度。酒店各级员工都必须体现对顾客满意度的责任感，并将其融入一切生产过程、营销过程、对客服务、结账及业务流程中的所有阶段。

（2）培养忠实顾客。在市场经济中，顾客是酒店的“衣食父母”，是酒店生存发展的基础。第一，忠实顾客是酒店企业经济效益的主要来源；第二，忠实顾客量决定酒店的规模；第三，为忠实顾客服务的成本最节省；第四，服务忠实顾客有利于服务创新；第五，忠实顾客是酒店的义务宣传员。有研究报告指出，再次光临的顾客可为企业带来 25% ~80% 的利润。从关系营销角度说，吸引一名新顾客比保持一名老顾客要花大得多的代价，挽留一位顾客，可以避免 9 ~20 人对企业的质量产生不良印象，发展一名忠实顾客，至少影响到 5 位顾客为酒店做免费的口头宣传。因此，建立与顾客长期友好的关系，培养忠实顾客，并把这种关系视为企业最宝贵的资产，是酒店市场营销的关键。

（3）建立顾客档案系统。酒店应通过关系营销一对一的表现形式，了解每位顾客的不同需求，进行双向的信息沟通，对每一位顾客“量体裁衣”，提供不同的产品和服务。酒店要从沟通中了解到顾客的不同需求信息，进行市场分割，把顾客分为本店忠诚消费群、其他酒店忠诚消费群和游离消费群。酒店的第一重点是确保忠实顾客，因此，建立顾客资料档案系统是酒店必须做的基础工作。网络化将酒店、代理商和顾客联系在一起，酒店可以利用计算机建立数字化神经系统，通过数据库保存顾客信息，把搜集顾客需求信息的触角分布到酒店中每一个可能与顾客发生接触的地方，并将这些信息存入顾客资料库，以便对顾客进行邮寄、电话营销和其他的回访活动；同时，酒店还需要及时调整，有针对性地提供定制化的有效服务，达到顾客满意的最大化。

（4）采取全方位的价值链营销。酒店的价值链可分为内部价值链系统和外部价值链系统。内部价值链是指在酒店边界内的经营协作活动，酒店的整体产品是由各个部门的分工协作完成的，任何一个部门、一项服务或一个环节出现失误，都会影响到产品质量。所以，在酒店内要形成内部顾客的管理思想，即下一道工序的员工是上一道工序员工的顾客。只有每一道工序的员工都严把质量关，视下一道工序的员工为顾客，给他们提供符合标准的满意产品和服务，下一道工序的员工才能继续为再下一道工序的员工提供满意的产品和服务，最终才能给顾客提供满意的产品和服务。外部价值链是指酒店除了自身的价值链外，还需要与原材料供应商、旅行社、最终顾客等相互关系者建立价值链，形成价值让渡系统来寻求竞争优势。在顾客价值让渡系统中，新的竞争不再是单个竞争者之间的竞争，而是由相互关系者组成的价值让渡系统之间的相对效率竞争。关系营销的核心就是要设计和管理一种卓越的价值让渡系统，以寻求自身的竞争优势、占领目标市场。

二、酒店营销的对策与方法

酒店营销不同于一般企业营销的主要区别在于酒店行业的独特性。在制定营销策略时，酒店应当立足于自身实际，结合现状，考虑未来的发展计划，采取灵活有效的营销策略。

1. 加强酒店网络营销

互联网为我们的生活带来了很多便利，让沟通跨越空间，形成互动。同时，信息化也在酒店业引起了一场革命，形成了“网络营销”管理新理念，并日渐成为酒店最有效、最便捷、最经济的营销手段，进而出现了携程、艺龙等专门进行在线预订的网站。目前，大部分酒店都拥有自己的网站，不过多数网站的内容还停留在对酒店设备设施的介绍上，在线预订功能都不强，酒店网络上的顾客主要还是来自携程、艺龙等专门网站。

2. 加强酒店个性营销

如今，人们的消费观念及消费需求不断在改变，顾客已从原来的统一消费、标准消费转向个性化消费。因此，酒店在满足顾客共性需求的基础上，还需针对顾客的个性特点和特殊需求，主动积极地为顾客提供差异化的服务，以便让顾客有一种自豪感、满足感，从而留下深刻的印象，赢得他们的忠诚而成为回头客。顾客的个性化需求归根结底是一种被尊重、被满足的感觉，如在顾客登记时，称呼顾客的名字；顾客抵达客房时，看到自己喜欢的食物和杂志；顾客离店时，酒店发专门的短信问候。个性化服务并不在于酒店给顾客多少优惠，而在于知道顾客的需求，并在恰当的时候为顾客提供，使顾客觉得享受到“专门为我提供的服务”。酒店要提供个性化服务，需要做好充分的工作，不仅要建立完善的顾客资料库，充分了解顾客的入住习惯，还要关注顾客新的需求，为顾客制造新的惊喜。

3. 加强酒店内部的营销

在酒店内部形成良好的竞争激励机制，调动全体员工的积极性、主动性，使每位员工能够积极主动地服务顾客，随时注意观察顾客的情况，自然和谐地与顾客沟通交流，恰到好处地进行推销。例如，前台接待员在顾客入住时，不失时机地向顾客介绍本地的旅游景点、名胜古迹，尽可能为顾客推荐相关活动，以期延长顾客的下榻时间；行李员可以利用替顾客搬运行李、送顾客入房间的机会，根据顾客的爱好，向顾客介绍酒店的各种服务设施，推销酒店产品；餐厅服务员主动热情地帮助顾客挑选符合顾客口味的食品，推荐餐厅特色菜肴，使推销活动在不知不觉中进行，这样就会形成强大的酒店内部推销力量。

4. 加强酒店低碳营销

低碳时代的到来毋庸置疑，中国饭店协会早于2001年就制定了全国“绿色酒店”标准，提出了绿色酒店的基本条件及绿色酒店管理要求，具体为运用绿色观念，从绿色销售、节约用水、能源管理、环境保护、垃圾管理、绿色客房、绿色餐饮、绿色管理八个方面做好绿色酒店。不过，真正意义上的低碳营销，酒店除做好以上八方面之外，更重要的是引导顾客进行低碳消费，如此才能全面推行低碳服务。

第三节　酒店营销的创新与途径

商品经济本质上是一种竞争经济。通过竞争，每个商品生产者在生产中都力求采用新技术，提高产品质量和缩短劳动生产率，使商品的个别劳动时间低于社会必要劳动时间，个别价值低于社会价值，从而在市场上击败竞争对手，使自己立于不败之地。纵观古今中外企业兴衰的轨迹，不难发现这样的现象：激烈的市场竞争中，走向兴盛的企业无一不与创新行为紧密相伴；而走向衰败的企业，忽视创新则是重要的原因之一。

一、营销理念创新

营销理念是营销决策和营销策划的基础，随着市场营销环境的变化，市场营销的理论和实践也在迅速更新和发展，世界上许多著名市场营销专家不断提出新的营销理念，推动全球的经济发展。

1. 大市场营销

大市场营销是指企业为了成功地进入特定市场，并在那里从事业务经营，在战略上应用各种经济的、心理的、政治的和公共关系等手段，以获得各有关方面如经销商、供应商、消费者、市场营销研究机构、有关政府人员、各利益集团及宣传媒介等合作及支持。这是著名市场营销专家菲利普·科特勒教授提出的一种新的营销理念和战略思想。

大市场营销是对传统市场营销组合战略的不断发展。大市场营销战略在4P战略（产品（Product）、价格（Price）、渠道（Place）、推广（Promotion））的基础上，加上“2P”，即权力（Power）和公共关系（Publication），从而使营销理论进一步扩展。

2. 开拓营销

在供不应求的市场里，酒店只要提供足够的产品和服务就能赢得顾客，占领市场。当市场由卖方市场转变为买方市场时，要赢得更多的顾客，就不能只与别人争夺现有市场，而应努力去开拓新的市场。酒店要善于把最新的技术发展和应用前景以及最新消费趋势的有关信息不断提供给顾客，使顾客赞同酒店的观点，充分认识自身的需求，主动购买酒店产品和服务，从而为酒店培养一个新的顾客群，开发和创造一个新市场。

3. 国际营销

国际营销指酒店超越本国国境进行的市场经营活动。过去，许多国内酒店很少关注国际市场，其认为国内市场安全、易操作，而且充满机会。随着计算机网络的普遍应用，通信、交通、资金流动的加快，世界正缩小为一个地球村，全球经济一体化也正在变为现实。酒店要以全球市场为营销目标，这也是酒店国际化的重要内容。国际营销既要适应国内环境，又要适应国际环境，国际市场营销比国内市场营销具有更大、更多的差异性、复杂性和风险性。

4. 战略连锁营销

传统意义上的竞争是企业之间为争夺顾客、抢占市场而进行的残酷竞争，这种竞争方式也是传统市场营销的主题。但是随着社会经济的发展，企业间实行战略连锁同样可以实现社会资源的有效配置，也不会阻碍规模经济的形成。酒店作为一个经济组织，其存在是为社会创造更多的财富，满足人们的需求。竞争不以消灭、击败对手为目的，而是通过竞争加强合作，通过合作促进竞争，实现双方优势互补，增强竞争双方的实力。

二、营销手段创新

1. 主题营销

主题营销是酒店在组织策划各种营销活动时，根据自身特色、时令季节、时尚潮流、顾客需求、社会热点等因素，选定某一主题作为活动的中心内容，以此实现经营目标的一种营销方式。主题营销的最大特点是赋予一般的营销活动以某种主题，围绕该主题来营造酒店的气氛。店内所有的产品、服务、色彩、造型以及活动都为主题服务，使主题成为顾客识别酒店特征和产生消费行为的刺激物。主题营销不仅是一种差异营销，而且是一种品牌营销，更是一种文化营销。

主题的选择可以是民俗地域，如古埃及文化、玛雅文化、酒文化、茶文化等；主题的选择可以是历史文化，如唐、宋、元、明清等；主题的选择可以是文学艺术，如西游宴、红楼宴等；主题的选择可以是娱乐文化，如音乐、舞蹈、戏剧等；主题的选择还可以是休闲运动，如奥运会、世锦赛等。

2. 分时营销

分时营销是指酒店将客房的使用权分时出售给顾客，顾客购买了该时段的使用权后，可以享有转让、馈赠、继承、分时使用等权益以及对公共配套设施的优惠使用权。分时营销具有销售价格相对较低、使用方式较为灵活、酒店产品具有家庭气氛的特点。

典型的分时营销过程包含酒店、销售代理商、交换公司、购买者四方之间的多种关系。因此，分时营销的运作模式可分为双边式（酒店与购买者）、三边式（酒店、购买者与销售公司）和多边式（酒店、购买者、销售公司与交换公司等）三种类型。

3. 机会营销

机会营销是指企业根据市场环境，寻找与本企业的经营条件和经营目标相吻合的市场机会而开展的市场营销活动。酒店的市场营销机会具有广泛性、隐蔽性、瞬时性、随机性和对应性等特点。因此，要正确运用机会营销策略，关键是要找到、发现、捕捉、利用和开发各种营销机会，然后根据市场营销机会开展机会营销活动。

发现、创造和捕捉市场机会的方法有很多，可以从信息情报中发现和捕捉，如通过报纸、电视、政府和上级新出台的政策、文件等获取；可以从社会潮流和趋势中发现和捕捉，如通过环保潮流、科技潮流、消费时尚、健康潮流、文化潮流等获取；可以从社会重大事件中发现和捕捉，如 2018 年青岛上合会议可能带来的市场营销机会等；也可以从经济文化发展中发现和捕捉。

4. 绿色营销

绿色营销是指企业以促进可持续发展为目标，为实现企业经济利益、满足顾客需求和保护环境利益，统一而有目的、有计划地开发和交换产品的一种营销活动，其宗旨是保护生态环境、防止污染，充分利用并回收可再生资源，以利于社会。

绿色营销的途径有：树立绿色形象，如绿色产品形象、绿色员工形象；做好绿色培训，如绿色计划制定、绿色能力训练；开发绿色产品，如绿色客房、绿色餐厅；加强绿色沟通，如绿色广告、绿色公关等。

5. 内部营销

内部营销理论认为，为实现酒店经营目标，必须首先把酒店内部看作一个内部市场，将酒店的员工看作酒店的内部顾客，在做好外部营销活动前先做好内部营销活动。满意的员工才能提供使顾客满意的产品，满意的顾客会频繁光顾酒店，为酒店带来经济效益，收益良好的酒店会给员工带来更多的利益，满意的员工会为酒店提供更出色的产品和服务，形成良性循环。

内部营销的途径有：尊重员工、了解员工、关心员工、发展员工、激励员工等。

6. 网络营销

网络营销是指酒店以互联网为传播手段，借助网络、信息通信和数字交互式媒体等技术来沟通供求之间的联系、销售酒店产品和服务的一种现代市场营销方式和策略。网络营销的价值在于使生产者和顾客之间的价值交换更便利、更充分、更有效率。

（1）酒店网站营销。在新的营销传播中，网站不仅塑造和传达酒店品牌形象，而且是整个营销传播的基础。酒店在网站建设中应要注意以下几点。①酒店网站建设要具有客观性、创新性和简洁性；网站发布的信息一定要是客观事实，不能存在虚假信息；创新性要求网站的建设要有自己的特色，可以快速抓住顾客的眼球，同时网站的页面也要简洁，过度的美化和装饰反倒会引起浏览者的反感。②酒店网站要有配套的服务系统，配套的服务系统主要是指酒店预订系统，能为顾客提供一站式服务。③酒店网站要有交流平台，有了与顾客的互动交流才会及时发现酒店管理中存在的问题和潜在的商机。

（2）微博营销。微博的巨大影响力来自高效便捷的信息传播与时时公开的互动交流。微博可以在计算机、手机等设备上方便使用，简短的文字信息也方便人们快速阅读，符合现代人的“快餐阅读”习惯。并且，微博具有极强的互动性，将用户关系拉得更加紧密，较容易形成忠实的社交群体。酒店通过微博与顾客进行互动沟通，不仅能拉近与顾客之间的距离，增加顾客对酒店的认同度，而且酒店也能比较方便、快捷地获得顾客的反馈信息。在开展微博营销时应注意以下问题。①要有准确的定位。微博的用户群体十分庞大，用户的年龄、学历、消费能力和消费方式都有很大的差异，这就要求酒店在进行微博营销时要准确定位营销的目标群体，微博所传达的内容和信息要迎合这一目标群体的需求。②话题要有互动性。新媒体的主要特性就是互动性，微博营销最重要的问题就是如何吸引顾客的微博关注，这就要求文字信息必须极具吸引力和富有创意，还要有一定的互动性。酒店发布的微博中，有关酒店的宣传信息不能超过信息总量的10%，最佳比例是3% ~5%，更多的信息应该融入粉丝感兴趣的内容之中。互动交流的话题可以是与酒店相关的，也可以是时下热门话题，不过最终要紧扣“酒店”这个主题。如今的顾客对获取与产品相关的知识和信息的心理不断增强，酒店可以设置一些切题的互动话题与顾客进行讨论。这样，不仅对酒店自身进行了宣传，也能增加顾客对酒店的关注度。③确保持续性。微博营销是一个持续的过程，微博营销的每一个阶段都是相互呼应、相互支撑的。酒店在开通微博的初始阶段，不能急功近利地进行微博营销，这样只会引起顾客的强烈反感。微博作为交流平台，初始阶段的主要任务应以如何扩大酒店微博的影响力为主，得到认可之后才可以进行适当营销，营销时还要注意不能“硬营销”，营销活动要感性化，有互动性。每一个微博营销活动都要不间断地去执行，与顾客的互动保持不间断，以吸引更多的顾客参与进来。

（3）网络视频营销。酒店将产品信息和品牌理念巧妙地融合到视频中，利用网络视频的直观性等传播优势，能更好地为酒店进行富有亲和力和娱乐性的宣传。首先，视频内容应以娱乐休闲为主，无论视频主题是公益性质或者商业性质的，只有富有娱乐性才能吸引消费顾客的观看并提高点击率。其次，视频内容要有创造力和想象力。视频的专业制作团队要把酒店的产品信息巧妙地融入视频中，不能简单地把电视广告在网络平台上播放。最后，围绕网络视频组织相关活动和讨论，这样才能形成更持久有力的影响。

（4）网络杂志和电子商务平台营销。网络杂志的内容丰富、生动，具有较高的阅读性、较强的互动性、细分的目标受众和传播准确快速等特点。网络杂志已经成为酒店新的营销渠道，营销效果也十分显著。酒店可以与正规专业的网络杂志平台进行合作，在热门杂志中加入广告或者发行酒店专刊等形式，将酒店的品牌、产品、服务和文化进行推广。酒店还可以充分利用电子商务平台销售自己的产品与服务，如客房预订。电子商务平台不仅有完整的宣传、交易、管理、客户服务等配套体系，还覆盖了更广的市场范围。使用电子商务平台不仅能增加销售，还能借此进行品牌推广。目前国内的艺龙网、携程网等电子商务平台，已经为酒店的销售与推广提供了全面的服务。

三、酒店营销途径

（一）酒店营销途径的含义和模式

1. 酒店营销途径的含义

酒店营销途径指将酒店产品和服务有偿提供给最终消费者所经过的流通途径或路线，其作用在于能使酒店的各种设施和服务更有效、更方便地让顾客购买。酒店营销途径包括代订客房、餐饮和其他服务项目的代理人（中间商），批量出售酒店客房的批发商和预订机构，以及处于营销途径起点和终点的酒店和顾客。

2. 酒店营销途径的模式

酒店营销途径的模式如表 6. 1 所示。

表 6. 1　酒店营销途径的模式

<table>
<tr><td>直接营销渠道</td><td>零层途径</td><td>酒店—最终消费者</td></tr>
<tr><td rowspan="6">间接营销渠道</td><td rowspan="3">一层途径</td><td>酒店—旅游代理商—最终消费者</td></tr>
<tr><td>酒店—旅游经销商—最终消费者</td></tr>
<tr><td>酒店—其他销售渠道—最终消费者</td></tr>
<tr><td rowspan="2">二层途径</td><td>酒店—旅游经销商—旅游代理商—最终消费者</td></tr>
<tr><td>酒店—其他销售渠道—代理商—最终消费者</td></tr>
<tr><td>三层途径</td><td>酒店—旅游批发商—旅游经销商—旅游代理商—最终消费者</td></tr>
</table>

（二）酒店营销途径的类型

1. 旅行社

旅行社的特点是订房数量大、订房价格低、订房时间集中、订房取消率高和订房连续性强。旅行社选择酒店时注重预订声誉、对客服务声誉、获得佣金的便利程度、房价、顾客先前预订的经历、酒店预订系统效率、佣金比例、特别价格、是否可以通过计算机预订、与酒店销售人员的关系、顾客要求提供回头客奖励等方面。酒店在开展营销时，对于旅行社的选择，要注重旅行社的经营范围与形象是否与本酒店一致、旅行社的市场经验及市场反馈能力、销售能力、资信和交易条件等。

2. 旅游批发商

旅游批发商是酒店重要的中间商，专门从事团队旅游的组织和销售活动。

3. 航空公司和其他交通运输公司

航空公司为酒店输送的客源包括飞机乘客、航空机组人员、航空公司组织的包价旅游顾客或包机游客。

4. 互联网

互联网正在迅速成为一种高效的酒店分销系统。现在每天都有数以万计的旅游产品通过互联网预订和销售，一些大的酒店集团，如希尔顿和马里英特，纷纷在网上开展预订客房的服务，其网上预订量逐年飞速增长，顾客逐渐接受并乐意在网上进行酒店预订。

5. 预订系统

（1）旅游目的地营销系统（Destination Marketing System，DMS）。

2000年以后，DNS受到世界旅游组织的大力推荐，并得到迅速发展，在世界范围内已被广泛采用。这不仅是目前最先进的旅游营销模式，也是高档次的配套服务体系，标志着旅游目的地全新的服务水平。

按照世界旅游组织的定义，DMS包含“游、购、行、吃、住、娱”6大旅游要素，是一个开放式的体系架构，集旅游信息服务、互联网电子商务、旅游行业管理于一体，通过互联网、呼叫中心、旅游咨询中心等渠道直接为游客服务。DMS在提升旅游目的地知名度、满足消费者资讯需求、增加游客访问量、方便旅游交易、提供旅游服务等方面起了重要作用，同时也广泛支持目的地旅游企业发展。

（2）全球分销系统（Global Distribution System，GDS）。

GDS是应用于民用航空运输及整个旅游业的大型计算机信息服务系统，遍及全球的旅游销售机构，可以及时地从航空公司、旅馆、租车公司、旅游公司获取大量的与旅游相关的信息，从而为顾客提供快捷、便利、可靠的服务。

（3）中央预订系统（Central Reservation System，CRS）。

CRS主要是指酒店集团采用的，由集团成员共用的预订网络。CRS使酒店集团利用中央资料资料库管理旗下酒店的房源、房价、促销等信息，并通过同其他各旅游分销系统，如GDS（全球分销系统）、IDS（互联网分销商）与PDS（酒店官方网站预订引擎）连接，使成员酒店能在全球范围实现即时预订。一套完整的CRS系统同时还应具备与酒店的PMS（前台预订界面）即时更新的房间库存资料，使酒店的所有销售需求统一在集团的销售资料库内做管理，真正实现三网合一（Internet（互联网）、Intranet（企业内部网络）、Extranet（企业外部网络））的中央资料库统一库存。CRS同时为酒店集团其他营销及管理活动提供资料平台，如常客计划、动态促销、企业销售、电子营销等。目前，在国际酒店业中，电子分销已成为酒店分销的主流渠道。

第四节　酒店营销文化建设

著名经济学者胡平曾指出：现代经济活动中存在着两只看不见的手，一只是市场机制之手，一只是文化之手。当发达的市场经济以其“高雅文化”的面貌征服了以单纯利润原则为手段的原始积累模式时，它便征服了顾客的情感，使顾客心甘情愿地将腰包里的钱掏出来，自动地成为经济文明的“俘虏”。可见，用文化来加强酒店营销的竞争力，营造一种文化氛围，从内心去影响和引导顾客的消费行为，使顾客在消费的同时又享受到文化的熏陶，有利于现实酒店超越产业竞争，开创全新市场。

一、酒店企业文化的形成

对酒店发展而言，酒店文化有着至关重要的作用，是构建酒店核心竞争力的重要方面。随着现代经济形势的发展，酒店要想保持一定的发展活力，就要提升自身的核心竞争力。酒店的核心竞争力不仅包含酒店产品的核心技术，也包含酒店在服务中的管理以及交流等。一个酒店的企业文化是独有的特色，是其他酒店不能模仿的，也是酒店营销的一种方式。在酒店发展过程中，通过合理的营销方式，将酒店文化以及营销理念传递给客户群，并在发展过程中被客户认可，同时这种文化也是酒店发展的一种精神支撑。酒店有了自己的营销文化以后，不仅能够对人起到鼓舞作用，同时也有利于酒店内部凝聚力的加强，进而形成酒店的核心竞争力。从另一个角度而言，酒店文化是酒店发展过程中根据自己的实际而形成的特有文化，不会被其他企业复制，同时也是酒店企业形象以及发展理念的体现。酒店文化作为一种文化现象，更深层次上而言则是一种管理经营理念，企业文化在无形之中对酒店的发展以及经营起到指导作用。任何技术层面的东西都可以模仿学习，但是对于酒店文化而言，有着高度的独特性，每个酒店都有着不同酒店文化，如同酒店自身的属性。

二、酒店营销文化构建的影响因素

（一）顾客对营销文化构建的影响

顾客是酒店的生命，在一切以顾客为中心的市场机制下，顾客对酒店的重要性不言而喻，酒店的生存和发展全离不开顾客。在顾客眼中，酒店是生产制造商、服务提供者、解决方案的提供者；也是交易对象、合作伙伴和朋友。顾客对酒店的认识是多维度和多层面的，在顾客权利日趋强大的今天，顾客能以更有力的方式与酒店进行博弈，为此，酒店不得不转换自己的角色，从生产供应商向方案解决者转变，从交易对象变成合作伙伴，营销文化构建于二者的文化基础，融合于双方的价值。因此，营销文化能促进双赢合作模式的建立。顾客对营销文化的全过程都产生影响，从品牌识别、品牌个性、品牌形象到客户关系管理等，无不贯穿顾客的意志，酒店营销文化是以顾客为核心的营销思想的全面体现。

1. 营销文化构建的双向互动

随着顾客需求层次的提高，顾客对酒店的要求从产品层面上升到精神价值层面，选择酒店甚至比选择产品更重要。顾客在需求满足的同时，开始寻求与酒店间的话语权，寻求与酒店交易活动中的平等以至主导地位。顾客对酒店的参与感在增强，希望从产品、品牌和酒店的不同层面了解酒店、影响酒店，特别是伴随着人们对酒店社会责任的日益关注，这种趋势正在加强。虽然酒店是营销文化的发起者和组织者，但营销文化构建则是顾客与酒店双向互动的结晶，是酒店文化和顾客文化的结合。顾客与酒店相互的行为和评判都对营销文化的构建产生影响，并且在不断的信息传递和反馈的互动中修正、完善。

2. 营销文化构建的顾客主导

顾客是营销文化的主导因素，顾客的态度决定了他们与酒店及其品牌的关系。成功的顾客与酒店关系的建立主要依赖于顾客对酒店态度的理解，二者相互作用，相互影响。顾客是营销文化构建的主导者，但顾客不会主动构建营销文化，但会决定营销文化的走向。营销文化的价值不在于顾客营销文化的符号和其传播方式，而在于顾客对营销文化的认可。

（二）竞争对手对营销文化构建的影响

酒店不是孤立存在于市场的，竞争是酒店生存的常态。在竞争激烈的市场中，竞争者相互影响非常明显。市场竞争往往表现为酒店间的差异性获得，差异大者往往获胜。除了常用的竞争策略外，酒店通过营销文化的构建，从顾客思想意识上获取认同。竞争使酒店相互影响，又相互促进。竞争者对营销文化的影响体现在以下几个方面。

（1）对酒店营销文化价值理念的影响。酒店营销文化理念不只是要适应顾客，还要适应竞争对手。

（2）对营销文化行为的影响。营销文化行为是酒店营销过程的主要内容，是酒店相互竞争的主要方面，产品、价格、分销、促销和服务等都是酒店互相竞争的内容。

（3）对营销文化中的品牌形象特征影响。不同品牌的形象是酒店吸引顾客的手段。

（4）对顾客判断的影响。竞争是酒店争夺顾客的战斗，营销文化的任何行为都会影响顾客。

（5）对企业家和员工的影响。竞争者的状况会影响企业家和员工的心态。

（三）社会公众对酒店营销文化构建的影响

营销文化对顾客和社会公众产生较大的影响。营销文化向社会大众传递有关酒店营销文化的价值观，也以社会共同的价值观和伦理观为标准，构建符合社会公众伦理的营销文化价值。首先，社会公众影响营销文化的核心价值。顾客以营销文化的行为来看待其背后的酒店，来评价他们对酒店及其品牌的态度。其次，社会公众影响营销文化中的品牌形象。顾客以他们的选择和行为强化品牌形象，他们认为某品牌应该是什么，而非其他。最后，社会公众对顾客的影响。在社会交往中，公众间相互影响非常明显，公众的评价影响着顾客对商品的预期，同时，公众会以口碑传播的方式，向相关群体传递信息，从而影响他人。

三、构建酒店营销文化的措施

酒店营销文化是贯穿于酒店整个营销活动过程中的一系列文化理念、指导思想以及与营销理念相适应的规范制度等的总称，是酒店处理人与事、人与物、人与人关系形成的营销意识形态和道德行为准则的总和。酒店营销文化是从文化的层次上研究并确定市场的营销战略和策略。

（一）提高酒店营销人员的文化素质

营销人员的文化素质对酒店营销文化的建设和培养有十分重要的作用。但是，目前我国许多酒店营销人员的文化素质有待提高。

1. 酒店营销人员队伍建设中存在的主要问题

首先，营销人员平均文化水平偏低，受过营销理论教育和专业培训的人数不多。其次，对营销人员重使用、轻培训。市场营销人员不是一般的推销员，他们是致力于通过商品交换过程满足人们需求欲望活动的人，他们从事的工作是一项复杂的管理工作，因此需要正规的理论学习和业务培训，才能适应时代的要求。目前一些酒店没有认识到营销人员的作用，一有需要就从社会上进行招聘，不满意就开除。对营销人员的管理、使用缺乏规范的制度，不利于营销人员素质的提高。最后，酒店营销人才需求的迫切性不强。在西方国家，市场越规范和健全，酒店就越重视市场，市场营销人员的作用就越大，对市场营销人员的素质要求也越高。而我国一些酒店对营销人才的要求似乎是无论什么学历，有什么工作经验的人，只要能把产品推销出去就可以。这样就降低了营销人员的要求标准，同时由于部分营销人员素质低下，营销不择手段，也影响了正常的营销秩序。

2. 提高营销人员素质的举措

首先，加强培训。对营销人员的培训，应该是酒店管理活动中一项常抓不懈的工作。营销人员要有强烈的服务意识，要有开拓潜在需求的能力，要有灵活机动的应变能力，要有丰富的业务知识。营销人员必须了解酒店的基本销售目标、经营方式和各项策略；要掌握有关产品的全部性能，包括规格、品种、花色、价格等；营销人员业务知识面要宽，要努力掌握市场知识、法律知识、用户知识等。要掌握这些知识，必须强化营销人员的培训。其次，更新观念。过去，人们只讲销售不讲营销，二者虽然相似，但性质不同。销售人员只管卖东西，不管其他；而在市场经济的大背景下，不讲营销就谈不上销售，没有对市场的调查、预测、分析、细化、定位，产品的销售就是一句空话。因此，今天的销售人员应该是营销人员，肩负着高层监测员和酒店信息员的重任。因此，营销人员的素质直接影响到酒店的竞争力和影响力。酒店要发展，必须有研究市场、把握市场的专业队伍。最后，吸引人才。要吸收高素质营销人才，充实营销队伍，带动营销人员整体素质的提高。精明的营销队伍，将为酒店插上腾飞的翅膀。

（二）重视酒店命名的文化内涵

酒店及其产品的品牌是酒店形象的象征，表现出酒店的精神和文化内涵，并且对顾客的选购有直接影响。酒店如果能起一个既通俗易懂又十分贴切的名字作为自己的店名，则是营销文化在营销策略中的具体体现，因而要挖掘酒店名称的文化底蕴。例如，香格里拉酒店集团就是借助人们早已熟悉和热爱的詹姆斯·希尔顿的《消失的地平线》一书中描述的世外桃源——“香格里拉”来命名的。传说“香格里拉”是喜马拉雅山脉中的一个人间天堂，在那块乐土上，到处都充满着和平与欢乐的气氛，人们永葆青春。酒店集团以“香格里拉”命名，正是希望集团旗下的所有酒店都体现出这种永恒的优雅、祥和及舒适的特征。再如，雅高集团由法国人保罗杜布吕和杰拉德贝里松于20世纪60年代中期在法国巴黎创立。雅高集团法文原意为“和谐”，雅高集团的文化是遵循主体和谐的。在和谐的背后，雅高集团主要推行法式奢华的酒店文化，雅高集团的顾客都能感受到法式文化的浪漫和法式服务的细致。

（三）提高商标的文化含量

同酒店命名一样，对商标的命名，同样也影响着顾客对酒店的选择，关系着商标在市场上的区别和定位。为了显露商品的特征，酒店要特别注意提高商标的文化含量。首先，商标要能给人以艺术美感，让人在欣赏夸饰巧喻的愉悦中，达到记忆的目的。其次，商标要字音和谐押韵，易于联想，如“茅台”“凤凰”均为叠韵词，读来琅琅悦耳，众口成诵。最后，商标要适应现代经济生活的明快节奏，提高响亮度。产品的商标不仅仅是一个普通的符号，更是酒店形象或服务质量、文化信誉的标志，被喻为“沉默的推销员”，在很大程度上直接决定了酒店的经济效益。例如，悦榕集团的品牌标识是一棵繁茂的大榕树，粗大的树干萌发出的千丝万缕的气根，这是榕树最具标志性的特征。悦榕集团的产业包括酒店、度假村、SPA等，其名称体现了老子“道法自然”的传统文化思想。悦榕集团的名字来源于一个美丽的环保故事。企业创始人发现在泰国普吉岛购买的土地有美丽的钴蓝色潟湖，但美景并非来自大自然，而是以前锡矿开采的污染存留。他们种下7 000多棵树木来净化这块被腐蚀的土壤，并于1994年将这片生态荒地改造建立了首家悦榕庄，与环境融为一体，用以体现悦榕追求浪漫、与自然和谐共处的品牌宗旨。榕树是独木成林，高大雄伟、枝繁叶茂的榕树为身心疲惫的旅人提供荫庇，“悦榕”象征着大自然所赋予的放松与舒适。香格里拉酒店集团也是如此，英文字母“S”是香格里拉酒店集团的象征，反映了典型亚洲式建筑的檐顶和曲线的构思，体现了神话中的“香格里拉人间天堂”的主题；“S”字母的上半部分代表着一座山峰，下半部分是它在水中的倒影，中间的那条连接线则代表着区分二者的地平线，代表了一种人们向往的和谐宁静的生活方式。

（四）争创名牌

名牌的文化内涵主要表现在：第一，名牌积淀着特定的文化精神。名牌从创意策划、工艺设计、商标确立、质量定位到进入市场，都体现出一种文化、一种精神。理念是名牌的灵魂，是酒店力量、效益和管理精华的体现。酒店生产的不仅仅是产品，更重要的是质量和信誉。比资金更重要的是理念，理念确立是经营决策的前提。酒店必须用明确的信念、理想、宗旨和经营哲学，用崇高的目标和价值准则去说服人、凝聚人、鼓舞人，才能最大限度地去发掘、释放、引导、提高员工的潜能，让名牌在任何情况下都能光彩不减。第二，名牌体现着独特的历史文化传统。第三，名牌是在市场上造就的。在名牌文化中，作为沟通、促销最有力的手段——广告，其文化环境、广告心理、广告美学、广告语言等，无一不是有着文化的体现。

为了适应激烈的市场竞争，酒店必须争创名牌。首先，要有浓烈的创牌意识。把创名牌当作一种责任、一种战略、一种追求。其次，创造名品。创名牌的关键是创名品，要利用一流设备，运用一流技术，开发一流产品。再次，坚持以市场为导向。名牌是顾客给酒店的美誉和奖赏，必须把顾客需求看作第一信号，关注市场去开发产品。此外，创名牌要重视名声宣传，通过各种方式向顾客推介产品，提高产品和酒店的知名度、信誉度和美誉度。

世界著名的跨国酒店集团如喜达屋、雅高以及北京的长城、上海的新锦江、广州的白天鹅等国内外知名酒店品牌，无一不是高举“文化兴店”的旗帜，以文化之“窗”扬酒店之美名，树酒店之形象。这些国内外酒店业中响当当的名牌，都是以其高品位、高附加值、高质量、高文化含量、高服务水平而成为广大顾客喜欢的著名品牌，尤为引人注目的是，这些品牌的文化含量远远高于其产品自身的价值。酒店品牌立足于市场，必须依赖于文化，只有文化才能对酒店品牌产品有着巨大的推动力。品牌一经确立，本身便是一种文化，并使品牌的诸多外延作用得以发挥，因此，文化又发展了品牌。

（五）注重细节

文化营销不一定需要很大的投入，一些细微之处的巧妙设计也会尽显酒店人的匠心。国外流行的“菜单文学”就是一个绝佳的例子，通过菜单更好地宣传了酒店的经营理念和特色，在细节处显示酒店的与众不同。例如，美国艾奥瓦州哈兰市的米歇尔酒家，在欢迎顾客光临的菜单上写道："我们高兴，因为我们能为您烹制全市最好的美食；我们感谢，因为您赐予我们机会，让我们展示自己的服务和好客；我们荣幸，因为您挑选我们来满足您的好胃口。感谢您对我们的信赖，我们将永远竭尽全力，不负您的友谊和惠顾。"法国一家餐馆在其菜单中对牛排做了这样的补充描述："如一件跨越时空的艺术品，牛排追求着完美卓越。然而，这种完美唯有训练有素的欧洲名厨，以数十年不懈的成功探索加上质量叫绝的牛肉，才得以创造！结果如何？我们的厨师亲手烹饪的牛排杰作，其中美味，包您品尝之后难以忘怀，直到您再次光临。"

（六）突出特色

不同的酒店在各自的资源方面各有不同，如何利用自身的资源特色做好酒店、搞好经营是每个管理者的责任。在经营中注入文化内涵，可以使得酒店在激烈的竞争中脱颖而出，给顾客留下深刻的影响。例如，以汽车轮子为标志的假日旅游集团，已经形成了其独特的品牌魅力；有些酒店建成轮船式样，让服务员穿上海员服，让产品与船文化结合起来，风格别致，经营奇特，招徕了很多顾客。在意大利水城"威尼斯"，有一座拥有 4 个世纪历史的"斯普列尼"酒店。酒店美丽的拱形窗框里正好映托出世界上最浪漫、最著名的"圣・马可"广场。酒店只有 15 个套间，处处透着私人寓所的高雅气质，在这里，远道而来的顾客充分享受着酒店的豪华与舒适。虽然离喧闹繁华的水岸街区只有几分钟路程，但"斯普列尼"这个回廊式酒店却永远那么高贵、安详和宁静。世界闻名的迪拜帆船酒店（伯瓷酒店），作为全球唯一一家七星级酒店，于2000 年迎客。伯瓷酒店在建设初期就被迪拜酋长赋予了精准的酒店文化：打造阿拉伯式的酒店环境、塑造阿拉伯式的奢华宫殿服务。伯瓷酒店无论是建设方面还是硬件软件方面，都将自身文化打造得淋漓尽致——酒店是一个帆船形状的白色建筑物，主要含义是阿拉伯地区的破浪起航；从 180 米纯白的世界最高酒店中庭到 220 间顶级皇室套房，都展现出阿拉伯酋长级的水准；在服务上，伯瓷酒店从 7 位仆人的客房到劳斯莱斯车队，无不紧贴酒店的阿拉伯王宫文化。

酒店营销文化是酒店长期营销活动的升华，营销文化是发展的，它随着外部客观环境的变化而不断扩大其外延、丰富其内涵。营销文化不仅能影响顾客的购买决策，更为重要的是，营销文化能够整合酒店员工的思想和行为，培养员工的认同感，具有强大的驱动力、感召力和凝聚力。

本章小结

（1）营销文化是企业文化的一个组成部分，是企业在营销过程中创造的价值观、习俗、行为等文化成果，其表现为一系列文化理念、指导思想以及与营销理念相适应的规范制度的总称。营销文化的内涵包括：营销文化是企业在执行一系列营销策略基础上形成的一种文化现象，它服务于企业的价值目标，渗透于企业营销过程的各个环节；企业必须从文化的高度来看待营销活动，营销活动是企业文化与相关文化交流和融合的具体活动；营销文化既包括浅层的商品构思、设计、造型、装潢、包装、广告、商标、款式，又包括对企业营销活动的价值评估、审美评价和道德评价等深层次文化活动。

（2）当酒店把自己独有的文化贯穿于营销活动之中时，就会形成独特的营销文化。酒店营销文化具有独特性、可持续性、导向性、区域性、开放性精神需求性等特点。

（3）构建酒店营销文化具有重要的意义，主要表现为酒店营销文化的形成是酒店营销走向成熟的一个重要标志；酒店营销文化是每个酒店独有的文化，具有难以模仿的特点；酒店营销文化的价值在于构筑企业核心能力。

（4）随着现代经济的日益进步，在酒店营销领域出现了很多的营销理论，其中具有代表性的有交叉销售理论和关系营销理论。交叉销售是指企业借助顾客关系管理数据库，发现现有顾客的多种需求，并通过满足其多种需求而销售多种相关服务或产品，使其成为企业忠实消费者的一种新兴营销方式。关系营销认为营销活动是企业与顾客、竞争对手、供应商、政府机构等相互关系者互动的过程，其核心是正确处理企业与这些相关利益者的关系，旨在通过自身努力以利益交换及履行承诺的方式，使企业的经营目标在与各方的协调关系中得到实现。

（5）酒店营销的对策与方法可以从加强酒店网络营销、加强酒店个性营销、加强酒店内部的营销、加强酒店低碳营销等方面进行筹划和思考。

（6）酒店营销理念的创新主要包括大市场营销、开拓营销、国际营销、战略连锁营销等；酒店营销手段的创新主要包括主题营销、分时营销、机会营销、绿色环保营销、网络营销；酒店营销的途径主要有直接营销渠道和间接营销渠道两种。

（7）酒店营销文化建设的影响因素众多，其中主要的影响因素包括顾客、竞争对手和社会公众。

（8）酒店只有提高酒店营销人员的文化素养、重视酒店命名的文化内涵、提高商标的文化含量、争创名牌、注重细节和突出特色才能切实构建起良好的酒店营销文化。

延伸阅读

曲阜香格里拉大酒店“曲阜之夜”孔文化主题晚宴暨“会宴精粹”及“贵宾金环会会宴奖励计划”启动仪式成功举办

2016 年 6 月 25 日，“曲阜之夜”孔文化主题晚宴暨“会宴精粹”及“贵宾金环会会宴奖励计划”启动仪式在曲阜香格里拉大酒店成功举办。曲阜香格里拉大酒店总经理徐俊，山东大学国际教育学院副院长黄历鸿，曲阜香格里拉大酒店销售总监卢俊以及来自济南、济宁的各旅行社代表、酒店客户代表、各媒体代表等出席了此次启动仪式。

启动仪式上，曲阜香格里拉大酒店发布了专为会议策划及旅行专家而设的“会宴精粹”及“贵宾金环会会宴奖励计划”，这是业内首屈一指的会议及会宴常客奖励计划。会议及旅行专家和贵宾金环会会员均可借此计划在举办会议或活动时获取或兑换积分，于全球各大香格里拉大酒店、嘉里大酒店及今旅酒店享受尊崇礼遇。

“会宴精粹”作为香格里拉为顾客提供个性化体验的重要组成部分，全新的“会宴精粹”对会议和活动服务进行了全面改进升级，为活动策划人提供更加灵活及个性化的选择。香格里拉可为客户策划和推荐具有独特风格的目的地活动体验，情系当地文化特色。活动主办人可将这些特色元素融入会议及活动之中，为与会宾客带来超越会务的精彩体验。曲阜香格里拉大酒店拥有全市最大的五星级会议室以及 3 889 平方米的多功能厅，其中包括全市最大的宴会厅，可容纳 1 250 位宾客，所有会议及多功能厅均配备全国最先进的视听设备。酒店专业厨师为顾客量身定制菜单及美味佳肴，专业的会议及宴会服务团队，全程跟进每一个会议细节，更有精美主题茶歇。酒店外观采用古香古色的设计风格，配以现代化的客房、餐饮、宴会、会议及康乐设施，并融入香格里拉一贯的热情好客服务，是探寻孔子文化遗迹的理想落脚点。

曲阜香格里拉大酒店“会宴精粹”计划的主要内容如下。

1. 3%费用回赠

我们将立即回赠您3%的活动费用，您可凭此兑换更多香格里拉服务，如免费客房、客房升级、机场接送和宴会菜单升级等服务，为您打造更加完美的活动。

2. 活动策划工具包

我们为您量身整合丰富的活动资源，让您尽享轻松惬意的策划体验，保证活动顺畅进行。这个独特的工具包包括全面的现场支持服务、可定制的主题活动，还可将与会者们带出会议室，更加身临其境地感受活动体验。

3. 10%的增值返还

您的每一次活动都为您的下一次活动积累优惠，节约更多经费。您在任一家香格里拉酒店、香格里拉度假酒店、嘉里大酒店或盛贸饭店举行活动，均可减免上次活动费用的10%；最多不可超过5 000美元或相等现金价值的当地货币。

4. 贵宾金环会会宴奖励计划

更多活动，更多积分，更多难忘瞬间！每次组织会议及活动，您都能够获得丰厚奖励，并可使用贵宾金环会奖励积分兑换香格里拉个人体验或抵扣最高达5%的活动费用。

阅读思考

试分析曲阜香格里拉大酒店的营销文化体系构建特色，我国本土酒店集团可以从中学习和借鉴哪些成功经验？

复习思考

1. 简述营销文化与文化营销的异同。
2. 简述酒店营销文化的内涵与特征。
3. 简述交叉销售理论与关系销售理论。
4. 简述酒店营销创新理念。
5. 酒店营销文化构建影响因素有哪些？
6. 酒店营销文化构建举措有哪些？

参考文献

[1] 赵志磊．饭店文化［M］．北京：北京工业大学出版社，2006.
[2] 纪宝成，吕一林．市场营销学教程［M］．第5版．北京：中国人民大学出版社，2012.
[3] 赵伟丽．酒店市场营销［M］．北京：北京大学出版社，2011.
[4] 赵迁远．现代饭店市场营销［M］．第2版．武汉：武汉理工大学出版社，2012.
[5] 李日欣．旅游饭店市场营销［M］．北京：中国轻工业出版社，2012.
[6] 杨东篱．文化市场营销学［M］．福州：福建人民出版社，2014.
[7] 李康化．文化市场营销学［M］．北京：清华大学出版社，2015.

第七章

酒店建筑文化

本章导读

酒店建筑是酒店给顾客的第一印象，其价值既表现在建筑形式上，又深藏于文化内涵中。本章在分析探讨酒店建筑文化的本质与内涵的基础上，重点阐述了酒店建筑风格与文化蕴含、酒店环境营造与装饰文化、酒店建筑文化的理念与发展趋势，旨在完善酒店文化理论体系的同时，对酒店经营与管理有一定启示。

学习目标

1. 理解和掌握酒店建筑文化的本质与内涵。
2. 了解酒店建筑的风格。
3. 理解酒店建筑文化内涵。
4. 掌握酒店环境营造与装饰文化。
5. 分析和理解酒店建筑文化的理念与趋势。

内容结构

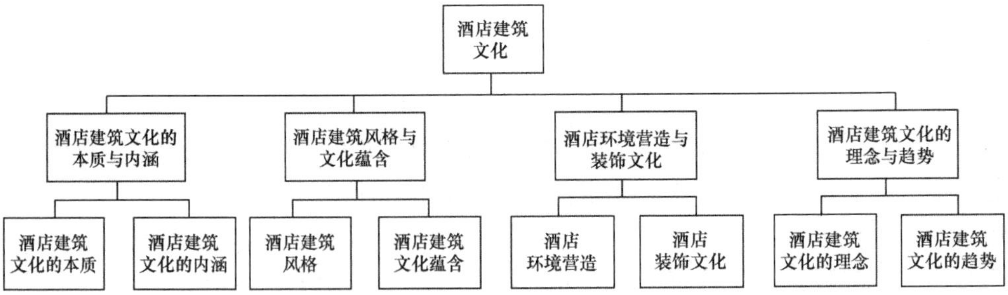

核心概念

酒店建筑文化；建筑风格；环境营造；装饰文化。

第一节　酒店建筑文化的本质与内涵

酒店建筑作为外在实体与内蕴空间的统一体，既要满足顾客对其使用功能的要求，又是酒店文化的载体。酒店建筑不仅以其实体的造型、结构、风格与装饰，向人们传达酒店的某种文化信息，建筑空间也同样具有十分广泛的文化内涵。酒店建筑文化的本质是决定酒店建筑文化的根本属性，是与酒店文化的其他方面相区别的内在根据。因此，要深入认识和理解酒店建筑文化，必须把握其内在本质及文化内涵。

一、酒店建筑文化的本质

酒店建筑具有社会文化意义，而社会文化借由酒店建筑及装饰得以具化。海德格尔曾说："建筑本身并不代表任何事物，而在表达什么，它使某些事物呈现出来。"酒店建筑亦如此。酒店建筑除了具有丰富多彩的外在形体表现外，更具有极为丰富的历史内涵和深刻的文化寓意，是酒店文化的外在表现形式之一，更是酒店文化的重要组成部分。

（一）酒店建筑文化的本质概述

酒店建筑是酒店可见的物质实体，是酒店给人最直观的印象，酒店建筑也总是存在于一定的人文环境中。不同类型的酒店建筑风格差异较大，高星级酒店外观建筑豪华壮观，内部装饰富丽堂皇，以映衬高星级的格调和档次。经济型酒店建筑规模不大，造型较为统一，但能较好地提高品牌辨识度和宣传效应；主题酒店以某一特定的主题来体现酒店建筑风格和装饰艺术，历史、文化、城市、自然、神话、童话、故事等都可成为酒店借以发挥的主题。面对造型迥异、形式多样的酒店建筑风格，想透过现象直接探索酒店建筑文化的本质，显然不是易事。加之，我国旅游产业以异常迅猛的速度发展，学者们对建筑文化的研究起步已较晚，从相关文献检索中可以看出，学者关于酒店建筑文化的成果或观点相对较少，更多是从酒店建筑设计的角度来分析和探讨酒店建筑文化的本质，研究结论也各不相同。

谢浩、朱雪梅认为，优秀的酒店建筑设计必须充分体现五个理念，即人性化、实用性、超前性、经济性和艺术性。胡海英认为，旅游酒店空间的文化性设计主要通过承袭性、地域性、民族性等来体现，以使游客在旅游酒店空间中对当地的建筑特色、民俗风情等都有所感悟，来满足人们对物质和精神生活方面的需要。王春霞、马归民认为，专业的酒店设计师就是要把一直在提倡的绿色设计、环保设计、节能设计、人性化设计渗透到酒店设计中，从而使其获得更多的商业价值。曹巨江、夏攀以酒店装饰风格为出发点，论述其装饰风格所体现的中国文化，包括体现中国的历史文化、中国的地域文化和中国的民族文化。

通过查阅相关文献资料可以发现，学者更多地关注酒店的外部形态、设计理念、酒店功能、技术及文化氛围营造等方面，或者是对地域文化和生态环境的单方面研究。尽管没有大篇幅论述酒店建筑文化的本质表述，但多数学者研究酒店建筑设计理念始终离不开对酒店建筑文化性的探讨，这也在一定层面上对酒店建筑文化的本质有所反映。

鉴于以上认识，本书认为，酒店建筑文化是酒店文化体系中的物质环境所体现出来的精神意识形态，即用建筑设计的理论与方法，按照酒店使用功能和精神需要建立的与大自然分隔开来的无形与有形空间，是酒店建筑所体现的文化。

（二）酒店建筑文化的本质特征

酒店建筑文化属于建筑文化范畴，地域性、民族性、时代性、人文关怀均可以作为酒店建筑文化共同的抽象属性。地域性是指吸收本地的、民族的、民俗的风格以及本区域历史所遗留的种种文化痕迹。地域性是酒店建筑文化最基本的特点。民族性是指不同的国度，不同的民族，酒店建筑文化给人带来不同的住宿体验。时代性是指一个时代有一个时代的文化，现代酒店建筑与近代酒店建筑不同，近代酒店建筑与古代酒店建筑不同。人文关怀可以起到阐释说明酒店理念的效果，好的酒店设计离不开蕴含人文思想精神的装饰和阐述。除此之外，酒店建筑文化还具有功能的限定性和意义的双重性两种关键特征。

1. 功能的限定性

建筑是利用自然界的材料，经过规划、设计、施工修建而造成的供人类物质生产、生活使用和精神文化享用的具有一定形体的地上物。建筑文化是由建筑形态所表达的，观者通过视觉活动直接注意到建筑形体，建筑设计者的意图也是通过形态的建筑语言展示给人们。酒店建筑文化通过酒店的空间来体现。酒店建筑首先要满足顾客的住宿需求，因此酒店建筑的形态既取决于建筑设计者的主观构想，又受制于功能、材料、技术、自然状况、艺术等诸多因素的影响，没有一间间客房的固定形态作为构思基础，设想再好也没有实际意义。所以，酒店建筑文化较之其他建筑来说随意性要小很多，不能有较大的自由度，必须在一定程度上受其功能的约束。

此外，酒店建筑文化是酒店文化的重要组成部分，其本质内涵从属于酒店文化。酒店文化的内容多而复杂，涉及管理学、经济学、建筑学等多个学科，是物质与非物质文化的综合。因不同等级、不同类型、不同地域的酒店文化不同，形成了各自的酒店建筑及其文化。例如，世界著名的希尔顿、凯悦、喜来登、假日酒店等酒店集团都有各自的酒店标准和酒店文化模式，但建筑文化方面不一定一样。尽管酒店的住宿功能以及酒店文化的前提限定了酒店建筑文化的发展，但由于这两者具有相对稳定性，也造成了酒店建筑文化的相对稳定性。

2. 意义的双重性

建筑文化并非指那些可感得、有形的、实际的建设文明成果，而是指那些文明成果中历经沧桑巨变而经久不衰的、稳定的、深层的、无形的东西。建筑文化的复杂性和综合性，使得建筑文化同时具有物质与精神双重意义。酒店建筑文化在这一点上体现得尤为明显。酒店建筑文化一方面是物质表现，由物质材料组成，重在体现酒店的使用功能；另一方面是精神内涵，通过酒店建筑形式可以让人们感知其形成的文化背景、历史传统、民族思想感情和人文风貌。酒店建筑文化的双重性将酒店建筑形式与地方历史文化传统联系起来，这是一种更高层次的美学追求，能给旅客在心灵上带来深沉的震撼，如我国酒店的园林庭院、小桥流水、宫阙楼阁、雕梁画栋，往往会给人耳目一新的感觉。酒店文化的物质形式和精神表现是相辅相成、密不可分的。酒店建筑文化不能离开其建筑形式，酒店建筑的外在形式先于含义直接呈现在人们眼前，被人感受、欣赏，尽管人们可能尚不理解酒店建筑的深刻内涵，但其物质形态可使人们产生审美快感，感到心理的愉悦。

二、酒店建筑文化的内涵

通过分析与解读酒店建筑文化的定义及其本质特征，本书认为，酒店建筑文化是酒店文化体系中的物质环境所体现出来的精神意识形态，即用建筑设计的理论与方法，按照酒店使用功能和精神需要建立的与大自然分隔开来的无形与有形空间，是酒店建筑所体现的文化。本书尝试对酒店建筑文化的内涵进行以下解读。

1. 酒店建筑文化是酒店物质文化的重要内容

酒店文化是酒店硬件与软件相结合的一个系统，由表及里、由浅入深可以分为四个层次：物质文化、行为文化、制度文化和精神文化。酒店建筑文化属于表层物质文化的范畴。酒店物质文化是酒店文化的重要组成要素，并不是简单地指酒店本身的物质构成，而是指酒店内外物质环境与产品的文化特色以及顾客对它们的审美体验与文化感受，是酒店通过可视的一切客观实体所表达和折射出来的文化特点与内涵。酒店建筑文化最先被顾客感知，顾客在很短的时间内可以从酒店的建筑、装饰、摆设等形成对酒店的初步印象，初步印象的好坏成为消费者是否选择酒店的第一关。酒店建筑风格、庭院环境的布置和客房格调等决定了酒店的基调，让顾客就算不了解该酒店的历史意蕴或酒店文化，也能从精心设计的细节中体验到酒店的文化内涵。因此，酒店建筑文化首先应属于酒店物质文化范畴。

2. 酒店建筑文化是功能和精神相统一的文化

大型酒店建筑物常处于城市的重要位置或著名风景区内，因此酒店建筑的造型及风格，总能充分地反映自然环境的美学特征、人文历史的深厚积淀、民族传统文化和现代艺术元素的融合和统一，特别强调意境、格调和气氛的渲染。酒店从大堂到客房、餐厅，从地板到墙壁、天花板，无论是外在的有形装饰，还是酒店的功能布局、环境烘托、灯饰等氛围营造都能体现文化主题和内涵。例如，广州白天鹅宾馆坐落于风光旖旎的白鹅潭，面向天光水色的三江口，主楼采用折线形的造型及微微弯曲向上的形象，犹如展翅腾飞的美丽天鹅，充分体现了酒店建筑文化的功能和精神的融合统一，给人以美的视觉享受和无穷的遐想。

3. 酒店建筑文化服务于酒店经营

酒店建筑围绕酒店经营而展开设计，无论是酒店的空间文化营造还是功能布局，都必须服务于酒店经营。如果说酒店的功能布局是酒店建筑文化的躯体，那么空间文化则是酒店建筑的灵魂。酒店建筑文化应与酒店的经营特点、名称、所处位置的环境及区域文化和谐统一，以更好地服务于酒店经营。具体来说，酒店的功能布局是否合理直接影响酒店的运作效率和方便程度，将酒店功能区域进行明确划分，员工与顾客的流动、人与物的流动、后台与前台的流动必须通畅，不能交叉，有助于酒店经营管理。总之，酒店建筑设计规划是围绕酒店经营进行的，酒店建筑文化自然也是服务于酒店经营的，只有将如何才能满足顾客的需求、提高顾客的满意率，怎样能给顾客留下深刻印象、更多地吸引顾客，怎样能多节约费用等考虑进去，酒店才有生命力，才会成功，酒店建筑文化的价值才能体现出来。

4. 酒店建筑文化是一种综合性文化

酒店建筑文化本身所处的历史环境受到地理自然环境、政治经济状况及建筑设计者与酒店经营者的思想意识等因素的影响。酒店建筑文化已不再是单一的建筑实体，而是各种因素影响下的综合体。酒店建筑除了物质要素之外，还渗入了各种精神与文化意识，反映着物质、精神、文化三方面的内容。此外，酒店建筑文化通过酒店的空间来体现。空间的创造受到材料、技术、艺术、功能、自然状况等诸多因素的影响，因各个地域中因素的不同，形成了各自的酒店建筑及其文化。再者，酒店建筑文化的内涵还需通过历史的延续性、时代的延展性、文化的关联性、民族的习惯性、地域的环境性等方面反映出来。因此，酒店建筑文化是一种综合性文化。

第二节　酒店建筑风格与文化蕴含

酒店建筑应该体现某一国家或某一地区在某一时代的特色，从环境到服务，再到文化都会表现出一种特定的“符号”，把这些“符号”连接起来就形成了一种风格。不同的酒店建筑风格体现不同的文化内涵。

一、酒店建筑风格

在当今社会，越来越多的商务活动和旅游度假使得酒店的作用越来越重要。大多数的中外旅游者十分渴望了解异域文化，而酒店建筑装饰风格为了吸引顾客则呈现出各种不同的状态。

1. 罗马风格

古罗马建筑是古罗马人沿习亚平宁半岛上伊特鲁里亚人的建筑技术，继承古希腊建筑成就，在建筑形制、技术和艺术方面广泛创新的一种建筑风格。古罗马建筑在公元 1 世纪到 3 世纪为极盛时期，达到西方古代建筑的高峰。古罗马建筑的类型很多，有罗马万神庙、维纳斯和罗马庙，以及巴尔贝克太阳神庙等宗教建筑；也有皇宫、剧场、角斗场、浴场以及广场和巴西利卡等公共建筑。古罗马共和制时代，罗马人剽悍骁勇，反映在文化艺术上具有朴素、严谨的特征，表现在建筑装饰上是运用了大量的高档石材、豪华而讲究的石雕柱式，再配以宗教内容的室内浮雕和大型壁画，在昏暗的光线下显得庄重而神秘。例如，位于澳大利亚黄金海岸的范思哲酒店是一家现代化豪华酒店，共有客房 205 间，酒店的外观设计体现了欧洲宫殿和古典罗马建筑风格，酒店门口的鹅卵石全部都是从意大利进口的，铺在门口到大堂之间的道路上，显示出尊贵，却不失自然气息。

2. 欧洲哥特风格

欧洲哥特风格产生于 12 世纪中叶至 13 世纪初。当时的新宗教建筑，室内以竖向排列的柱子和柱间尖形向上的细花格、拱形洞口、火焰形窗口、线脚装饰、卷蔓、亚麻布、螺形等纹样装饰来烘托宗教至高无上的严肃神秘气氛。14 世纪末，欧洲经济飞速发展，富裕者增多，室内装饰追求华美和鲜艳的效果，并常配以带有拱形线脚的家具。哥特式建筑以卓越的建筑技艺表现了神秘、哀婉、崇高的强烈情感，对后世其他艺术有重大影响，其魅力来自比例、光与色彩的美学体验，即通过对光的形而上的沉思，通过对数与色的象征性理解，使灵魂摆脱俗世物质的羁绊。这种建筑虽曾于欧洲全境流行，不过在欧洲文艺复兴时期，一度颇为被藐视。18 世纪，英格兰开始了一连串的哥特复兴，蔓延至 19 世纪的欧洲，并持续至 20 世纪，主要影响教会与大学建筑。例如，德国鲁蒙斯酒店（Roomers）在古堡原来的哥特风格中，加入了现代简约设计，使改造后的酒店一半古典哥特风，一半后现代时尚风，颇有几分时光错乱之感。欧洲哥特风格的建筑除了整体的黑白灰主色调之外，也有红、绿、紫闪烁其中，灯光让充满暗色旋涡的房间呈现出柔和的色调。室内没有饱和度很高的颜色，都是温暖妥帖的，试图营造家的感觉。酒店在自然光线下，静静栖息于湖畔，流转着新艺术感染下法兰克福城堡的感性和浪漫色彩，令怀旧和憧憬微妙碰撞。

3. 欧洲巴洛克风格

17 世纪为欧洲的巴洛克风格盛行时代，是文艺复兴样式的变型时期。这一时期的艺术特征是打破文艺复兴时代整体的造型形式而进行变化，在运用直线的同时也强调线型流动变化的造型特点，具有过多的装饰和华美厚重的效果。在室内，装饰画、雕刻工艺集中于装饰和陈设艺术上，墙面装饰多以精美的法国壁毯为主，或是镶嵌大型镜面或大理石，用线脚重叠的贵重木材镶边板装饰墙面等。欧洲巴洛克风格的建筑色彩华丽且多用金色予以协调，配以直线与曲线协调处理的猫脚家具和其他各种装饰工艺，构成室内庄重、豪华的气氛。例如，建于 1909 年的大连宾馆，原名大和旅馆，由日本著名建筑师太田毅、吉田宗太郎设计，是文艺复兴后期的巴洛克式建筑，现已被列为大连市知名景点和近代保护建筑。大连宾馆共有客房 86 间（套），在世界上特别在日本颇有名望，是世界各地到大连的政界商界名流、旅游观光和住宿顾客的首选之居。

4. 伊斯兰风格

伊斯兰建筑普遍使用拱券结构，富有装饰性。由于信奉伊斯兰教的人们在做礼拜时，要面向位于南方的圣地——麦加，故建筑和廊子三面围合成朝南的中心庭院，中央是水池。伊斯兰建筑有两大特点：一是拱券和穹顶的各种花式，拱券的形式有双圆心尖券、马蹄形券、火焰式券及花瓣形券等；二是大面积表面图案装饰，室外墙面主要用花式砌筑进行装饰，近年来又陆续出现了平浮雕式彩绘和琉璃砖装饰，室内用石膏做大面积浮雕，涂绘装饰，以深蓝和浅蓝两色为主。伊斯兰人喜欢用浓烈的色彩，室内多用华丽的壁毯和地毯；爱好大面积色彩装饰，图案多以花卉为主；装饰均整，结合几何图案，其内常有《古兰经》的经文；装饰图案以纤丽为特征，以蔷薇、风信子、郁金香、菖蒲等植物为题材，具有艳丽、舒展、悠闲的效果。例如，位于阿联酋迪拜海湾的阿拉伯塔酒店，即迪拜帆船酒店，是世界上建筑高度最高的七星级酒店，以金碧辉煌、奢华无比著称。阿拉伯塔酒店最初的创意是由阿联酋国国防部部长、迪拜王储阿勒马克图姆提出的。经过全世界上百名设计师的奇思妙想，加上迪拜人巨大的投资和 5 年的建设时间，终于缔造出一个梦幻般的建筑——将浓烈的伊斯兰风格和极尽奢华的装饰与高科技的工艺、建材完美结合，酒店就凭建筑本身获奖无数。

5. 中式风格

中国古典建筑形式颇多，风格不一，从万里长城、故宫、天坛、承德避暑山庄到曲阜孔庙、苏州园林无不吸引着中外的游客，但从建筑特点上看也有其共性和发展的轨迹。中国古建筑的特点很多，但归纳起来主要表现在以下几个方面。

（1）结构。中国古代建筑主要是木构架结构，即采用木柱、木梁构成房屋的框架，屋顶与房檐的重量通过梁架传递到立柱上，墙壁只起隔断作用，这样门窗和作为分隔室内空间的墙壁所用的材料和具体制作，就有着很大的灵活性。木结构的结合采用榫卯方式，越压越紧，科学合理。另外，高级木构建筑如宫殿、寺庙等都普遍使用斗拱，这种构件既有支撑荷载梁架的作用，又有装饰效果。

（2）布局。中国古建筑在平面布局方面有一种简明的组织规律，无论是住宅还是宫殿、寺庙等，都是由若干单座建筑和围廊、围墙之类环绕成一个个庭院组成的，同时这种组群一般采用均衡对称方式，沿着纵轴线和横轴线设计。与欧洲建筑相比，欧洲建筑往往一目了然，而这种庭院式组群布局的中国建筑则步步深入、移步换景。

（3）艺术。中国古建筑集多种艺术之大成，如建筑形体美、雕饰美、色彩美、园林美、书画美等。中国古建筑的飞檐出翘“大屋顶”是显著的特征，它的形式多样，我国古代匠师充分运用木结构的特点，创造了屋顶举折和屋面起翘、出翘，形成鸟翼伸展式的檐角和屋顶各部分柔和优美的曲线。同时屋脊的脊端都加上适当的雕饰，檐口的砖瓦也加以装饰性处理。色彩的运用又使我国古代建筑更富装饰性，白石台基，黄、绿色琉璃瓦，朱红色的门窗墙柱和以青绿色为主的梁枋彩绘成了宫廷、坛庙最盛行的色调。北方和南方由于气候不同，色彩的表现也有差异，前者浓烈而后者淡雅。另外，镂空花纹的门窗、各种照壁、装饰门等半遮半透的分隔也都充满了艺术性。

国内外华人聚居区的许多酒店都用传统的飞檐翘角大屋顶来体现中式风格。例如，北京王府饭店，琉璃瓦飞檐，与饭店入口处红柱绘画牌楼交相辉映，具有宫廷建筑的典雅，突出了酒店的中式传统文化；中国台湾的圆山大饭店，不仅所有的主楼、裙房、亭台楼阁都采用飞檐翘角、琉璃金瓦，而且整个酒店的构架斗拱重立，七彩画栋与朱红圆柱交相辉映，展示了中国传统文化。

二、酒店建筑文化蕴含

除了上述介绍的几种酒店建筑风格，分布在世界各地的酒店还有很多不同的建筑风格和艺术流派，无论是哪一种风格、流派，都有其特定的建筑理念、表现手法及文化内涵，其文化蕴含主要包括地域文化、历史文化、民族文化和自然文化四种。

1. 地域文化

地域文化主要是由自然环境的不同产生的，地域文化吸收了本地的、民族的、民俗的风格以及本区域历史所遗留的种种文化痕迹。酒店空间营造往往也以地方文化为背景，使装饰充满可持续发展的生命力。地域文化的形成离不开三个主要因素：一是本土的地域环境、自然条件、季节气候；二是历史遗风、先辈祖训及生活方式；三是民俗礼仪、本土文化、风土人情、当地用材。

酒店要想做得有特色，必须紧紧围绕“文化”二字，要因地制宜。所谓因地制宜，从大的方面讲就是地域特点提供的大环境，尤其是人文环境、历史、文化、风土人情；从小的方面讲就是建筑物本身的空间结构特点以及项目功能的要求。例如，著名的古城西安的钟鼓楼大酒店，处于市中心闹中取静的难得地段，西邻鼓楼，南望钟楼，紧邻地方特色夜市饮食街。这个酒店以及周围的建筑不仅体现了地域文化，同时更体现了三秦文化，在外观建筑与装修风格上体现了北方建筑的大气与宏伟。

2. 历史文化

历史文化亦为人文景观、名人文史，是贯穿一个国家数百年、数千年的文化，或探访经济、政治、哲学、艺术等发展的线索。许多游客到某处旅游就是为了追寻文明史，拜访名胜古迹。如果下榻的酒店能让顾客感受到这种文化遗产的氛围，必将留下深刻的印象，酒店也将由于其建筑装饰风格的鲜明而扬名于世。

例如，位于西安大雁塔附近的唐华宾馆，是全国首家唐文化体验式涉外宾馆，始建于20世纪80年代末，占地面积51 000平方米，是唐风建筑的典范之作。唐华宾馆运用了良好的地理与环境，东依时尚名苑大唐芙蓉园，西临千年古刹大雁塔；群体建筑为园林式仿唐建筑，宾馆内亭台楼阁、湖光水榭、绿荫小径，让顾客流恋往返，仿佛置身于中国古文化的中心。唐华宾馆同时展示了西安这个城市古今结合的魅力，让人们能在如此的场景中，回望历史并且奋发向前，足以说明酒店建筑所体现的历史文化内涵。

3. 民族文化

民族是在历史上形成的一个有共同语言、共同地域、共同经济生活以及表现于共同文化上的共同心理素质的稳定的人群共同体，是一种文化现象。民族文化反映不同的国度、不同民族的文化特色与传承，是旅游者旅游体验的重要对象和内容。酒店建筑的民族文化内涵，不仅可以吸引顾客，也使传统民族文化发扬光大，保持纯真的本土民族文化，使得文化艺术在可持续发展方面得到延伸。

例如，坐落于拉萨城东阳城广场的西藏雅鲁藏布大酒店，其博物馆收藏展示了近万件各种类型的文化遗物和艺术品，从西藏的历史、文化、宗教、艺术和民俗等方面，向世人直观地展现出藏民族独具魅力的灿烂文化和悠久历史。在酒店空间的设计装饰中，藏文化也无处不在，尤其是酒店拥有的37间藏式豪华客房，将藏民族的生活元素展现得淋漓尽致。

4. 自然文化

酒店建筑的自然文化内涵不只是以自然景观为依托，在建筑设计过程中还可以利用自身的优势将某个自然景观“搬”进酒店，给顾客营造一个身临其境的场景。例如，金茂三亚丽思卡尔顿酒店，是三亚最豪华的五星级度假酒店之一，酒店建筑设计灵感来源于北京的颐和园，斜尖屋顶、深色实木材、复杂细致的雕刻和马赛克镶嵌装饰等在酒店的设计中随处可见。酒店位于亚龙湾幽静的细白沙滩和红树林保护区之间，酒店客房被环礁湖泳池环抱，结合大型的水景设计充分体现出三亚的热带风情。

第三节　酒店环境营造与装饰文化

酒店环境营造与装饰是酒店建筑文化的重要组成部分，只要存在室内环境，就会有环境烘托和装饰的内容。关注酒店环境营造与装饰文化，有助于对酒店建筑文化更深层的认识。

一、酒店环境营造

酒店建筑在设计上呈现出多元且极具美学观赏性的倾向，环境氛围的营造是关系酒店设计成败的重要一环。高级别酒店的豪华不仅仅来自设备的奢华，而且也包括环境氛围的营造。例如，欧洲许多老酒店的雍容华贵，源于酒店几百年的历史洗练与文化沉淀，豪华感是一种油然而生的美好心理感受，良好的环境营造无疑将对酒店整体感受起到锦上添花的效果。

现代化酒店是由多种功能区域整合而成的，如前厅、客房、餐厅、茶室、商场、多功能厅、酒吧、健身房等。每个区域的功能不同、布置要求不同，环境氛围的营造也不一样。区域布置的基本准则是：第一，体现本区域功能需要，布置上以满足方便为目标；第二，以人为本，不管什么区域的布置，都要以顾客需要为中心，满足顾客的合理要求；第三，各个功能区域的整体布置水平（质量标准、材料选择、工艺水平）应该是一致的，不应该出现区域之间的反差，要有整体性。

1. 大堂

大堂是酒店建筑接待顾客的第一个空间，也是顾客对酒店产生第一印象的地方。大堂的功能包括从入口开始的一系列节点，它不仅是酒店的中心交通枢纽，顾客从这里进入和到达客房或其他功能空间，顾客的行李均由大堂而运往服务电梯；同时，顾客又需要在大堂内休息或进行交流活动，需要有安全舒适的空间。因此，大堂的环境营造不仅要让顾客在视觉上有所享受，还要结合功能空间的设计，提供全面、优良的休息和交流的环境，给顾客创造出更新、更高层次的体验。酒店大堂应为整个酒店建立一个风格主题，其他空间将会延续和发展这个风格主题和因素，其设计可概括为：讲究功能效果，而具有国际式特征；突出当地文化，而具有酒店特征；注意生态环境，而具有自然特征。

2. 中庭

中庭是一个很大的室内共享空间，包括休息、餐饮、售物、娱乐等各种不同功能的小空间。大小空间的交融，给人一种自由感和新奇感。不少酒店的中庭有观光电梯通过，电梯的上下来回使相对处于静态的中庭空间产生动感。由于横向和纵向均有丰富的层次，在中庭内的顾客能感受到如同室外的宏伟气势。中庭之所以被世界各地的现代酒店采纳，其中一个重要原因就是迎合现代旅游者尤其是都市旅游者对重返大自然的渴求。在中庭内，建筑艺术可与园林、工艺、雕塑等很好地结合在一起。

3. 客房

客房是酒店最重要的功能空间之一，是体现酒店特征的功能空间。客房要突出表现亲切舒适的生活气氛以及人性化的工作环境，使顾客有一个美的感受和温馨、舒适、自在的生活体验，真正提供给顾客一种到家的感觉，使顾客能够放松地休息和工作。客房的朝向应当充分利用所在地的景观，同时要避免不愉快的视线干扰。

客房是顾客在酒店中停留时间最久、使用效率最高的空间。因此，酒店的客房环境营造首先要满足装饰形式服从使用功能。其次，对客房的装饰设计、空间布局、家具陈设等都要认真考量，力求给顾客创造一个优雅、安静、舒适的私人空间。客房环境营造的具体要求如下。

（1）单人间：环境要以安静为主要特点，私密性强。房间色调以素雅、柔和最为流行。

（2）标准间：室内色彩选用淡雅的颜色，卧具有些花色，以示祝愿之意。

（3）套间：卧室光线相对要暗一些，色彩相对要淡雅一些；会客室光线相对充足，自然采光好；天棚有吊灯，满足夜晚的充分照明；装饰性的摆件相对多一些。

（4）豪华套间：家具档次高；装饰装修档次高；生活设备更完善。

（5）总统套间：功能齐全；功能标准高；装饰标准高；服务标准高。

4. 餐厅

酒店的餐厅一般分为宴会厅、中餐厅、西餐厅等，主要服务的对象包括以商务会议、酒会为主的团体消费，还有个人婚宴、寿宴和聚会等少量高收入个人消费。酒店餐厅环境可以体现酒店的文化品位以及服务质量，对于酒店的吸引力起着重要的作用。因此，酒店餐厅环境的营造应地域色彩鲜明，布置与装饰的风格一般和菜肴的特色一致，让顾客从视觉、嗅觉、味觉及心理上体验地方风格，感受地方特色文化。例如，南京状元楼酒店中，餐厅的刻漆贴金壁画《秦淮八艳》，注重人物的细部刻画，使就餐者在品茶饮酒中产生几分遐想；大漆贴金工艺与中式家具、餐具和谐统一，八幅画采用苏氏的隔扇处理，似屏风相透，又似古韵重现，意、境、艺达到空间的自然融合。

二、酒店装饰文化

酒店装饰是在酒店开业前和经营过程中的工作，因此，其必须时时刻刻围绕着顾客，体现酒店文化“宾至如归”的服务理念。在这方面酒店业的开创者塞萨·里兹为后人做出了很好的表率。

里兹首先提出了“卫生、高效而优雅”的服务原则，尤其是“优雅”离不开装饰布置工作。今天人们都普遍喜爱间接照明的柔和，这一照明方式正是里兹在酒店管理中开创的，他用雪花石膏罩把电灯光打到有颜色的天花板上，使顾客感到柔和、舒适。里兹也是为女宾考虑最多、最早的酒店管理者，他认为合适的灯光会使女性面容增色，可使她们的衣着、饰物增添光彩。为了新酒店的开业，里兹从灯具安装到窗帘颜色、桌椅高度，一切与顾客舒适有关的内容，事无巨细，一丝不苟。正是这种“宾至如归”见于细微的精神，才使酒店得以飞速发展。

（一）装饰风格

1. 中国传统式

中国传统式在国内也称民族（主要是汉民族）式，体现在酒店的装饰布置中有两种情况：一种是一般性的中国式特点，如以中国画、中国书法、中国民间工艺（扇、风筝等），具有中国传统花纹和造型的家具与摆设来装饰布置室内，这种情况比较普遍；另一种是典型的中国式，即从室内装修到陈设，都严格地按照中国明清时期的传统进行布置，主要体现在酒店的特色套间、风味餐厅或宴会厅等处。北京贵宾楼饭店的装饰风格就以传统中国式装饰而著称。

2. 西方古典式

西方古典式是指代表西方传统文化和习俗的一种装饰布置风格。古典的圆柱装饰、壁炉装饰就是西方传统的装饰风格。有一些现代酒店，即使是已经安装了暖气或空调等现代化冷暖调节设备，仍以壁炉做装饰。同时，这一风格也在不断发生变化，哥特式、文艺复兴式、巴洛克式、洛可可式等许多形式都属于古典的西方古典式装饰风格。西方古典式在不同时期、不同的国家有着不同的特点。一般情况下，西方古典式指“英国式”“法国式”“意大利式”“西班牙式”等。

（二）装饰色彩

色彩通过视觉对人产生心理刺激，人对色彩产生反应，从而引导人的精神状态，或是愉悦，或是冷静，或是厌恶。“宾客至上”的宗旨决定了酒店要让进店的每一位顾客始终处于愉悦的状态。所以，酒店除了在服务项目、服务质量上注意以外，色彩营造的环境是使顾客保持心情愉快的主要因素之一。要让色彩使顾客心理感觉舒适，要让色彩促进顾客的消费欲望。

1. 色彩的感情效果

（1）暖色和冷色。暖色是以红色、黄色为主的色相色；冷色是以蓝色、绿色为主的色相色。

（2）兴奋色和沉稳色。红、橙、黄色的刺激强，给人以兴奋感，因此称为兴奋色；蓝、青绿、蓝紫色的刺激弱，给人以沉稳感，因此称为沉稳色。

（3）华丽色和朴素色。像暖色那样纯度高的色或明度高的色系，给人以华丽感；相对而言，冷色和纯度、明度低的色系有朴素感。

（4）轻色和重色。明亮色感觉轻快，而暗色感觉沉重。

2. 色彩与环境

酒店功能区域不同，环境各异，色彩也不相同。色彩要始终围绕区域的使用功能，营造最适当的气氛，满足顾客的心理需求，服从顾客的精神需要。

3. 色彩与卧具

客房是酒店的主要功能区域之一，卧具是必备的客用品。顾客在客房休息，所以卧具色彩不宜花色过多，以浅色的单色为宜，这些色系有促进睡眠的作用。

4. 色彩与餐具

餐具是顾客进餐的必备品。菜盘、汤碗、骨碟、筷、筷架、勺、勺垫等均以白色或象牙色为宜，以突出洁净的特点。

5. 色彩搭配

酒店里装饰色彩不可能是单色，不同的色彩一定要搭配得当，处理好不同色彩的过渡、对比，才会创造出美。

（三）艺术摆件

艺术摆件在酒店建筑文化中的作用不仅仅是点缀，而且是酒店文化和酒店形象的具体体现，可达到强化主题的作用。艺术摆件在满足功能要求的前提下，应体现各种室内物体的形、色、光、质的最佳组合。这个组合是和谐统一的整体，在整体中每个摆件必须在艺术效果的要求下，充分发挥各自的优势，共同创造一个高舒适、高实用、高精神境界、高文化内涵的室内环境。艺术摆件在视觉形象上最具有完整性，既表达出酒店的主题性，又具有很强的感染力。在酒店室内环境中，主要有以下大类艺术摆件。

（1）装饰织物类：主要有壁挂、窗帘、地毯、家具蒙面织物、靠垫等。

（2）绘画类：主要有国画、油画、山水画、水彩画、书法、壁画等。

（3）民间工艺类：主要有漆器、青铜器等。

（4）瓷器类：主要包括青瓷、黑瓷、白瓷、青白瓷四类工艺品。

（5）盆景类。

第四节　酒店建筑文化的理念与趋势

酒店建筑文化随着经济的发展、社会的进步、行为方式的改变、审美情趣的变化，反映着时代的气息，在满足酒店经营和发展需要等方面具有重要的意义。具有鲜明特色的酒店建筑文化不是在简单的建筑空间中冠以“××风格”，而应该是建立在地域文化、民族文化和历史文化之上，平衡功能化和地域化，实现现实与理想的结合。近年来酒店建筑纷纷改头换面，以一种全新的面貌展示在世人面前，而酒店建筑文化的理念正渐渐呈现出更加多样和时尚的趋势。

一、酒店建筑文化的理念

酒店建筑文化的理念不仅体现了酒店建筑设计者的思路，还代表着酒店经营者的思想，甚至反映着所在城市的经济发展程度，同时也标志着经营和发展的综合实力。酒店建筑文化的理念具体体现在实用功能、人文关怀、生态环保、经济合理和艺术风格等方面。

1. 以实用功能为基本原则

酒店的市场定位不同，服务的顾客群体也会不同，对实用功能要求的适用性也不同。酒店建筑文化的实用性理念要求酒店建筑的功能必须考虑不同顾客的需求特点，同时要方便酒店的经营管理。一方面，酒店建筑的选址应该与当地的城市规划要求相符合，尽可能与车站、码头、航空港等各种交通路线联系方便。无论酒店是何种级别，必须具备齐全的设备，保证基本的供水、供电、供冷、供暖、供饮、供食和消防安全。随着科技的进步，其他配套设施也在不断增多和升级，带工作间的套房越来越多，智能化服务也越来越到位，功能也越来越综合。另一方面，酒店建筑设置应科学合理。门厅的空间应足够大，能满足功能的要求，并合理组织各种人流路线，缩短主要人流路线，避免人流相互交叉和干扰。客房、套房的内部面积设计也应符合标准。在餐饮方面，顾客入座路线与服务员工作路线没有重叠。各大型多功能厅、宴会厅都配有备餐间，大空间的分隔灵活轻便，隔音性能良好，随时满足顾客的各种需求。另外，酒店的配套康乐设施应集中布置，便于管理和使用，避免噪声干扰客房区。各种设备用房、机房等都严格设置防火安全措施，并置于人流较少的地方，如地下室等。

2. 以人文关怀为价值取向

酒店作为服务场所，不仅要豪华气派，而且应该越来越人性化，酒店建筑空间的各个环节都应充分体现“以人为本”和人性化服务。酒店建筑除了要注重其基本使用功能外，必须考虑其最为便利的服务设施。首先，功能布局的人性化。一个酒店的功能布局如果给顾客使用带来不便，给管理增加成本，不能产生良好的经济效益，那么即使再先进，也算不上优秀的建筑。其次，内部配置的人性化。酒店建筑设计要根据酒店的规模，科学合理地进行空间配置，营造优美的内部环境，以及开阔的空间感。如今，无障碍设计越来越受到关注，现已列入强制性规范中，在一些新的酒店设计中，大堂、餐厅等公共区域的无障碍通道、无障碍厕所等已经得到实现，无疑体现了酒店建筑文化的人文关怀。

例如，上海柏悦酒店采用极简主义风格，注重以材料和空间意境表现其高端的品牌定位。酒店从楼层布局直至房间格局都体现了“中国式私人住宅”的设计理念。这个理念由设计师季裕棠提出，他从中国四合院获得了启发，在上海柏悦酒店展现了一种天圆地方的中式格局，设计出能与人生出感情的空间，空间分隔设计中蕴含了“天井”等传统元素。该设计的特点是：由经典的建筑形式为酒店顾客建立了家族关系，因而增加了酒店员工与顾客之间的亲近感，使来到上海柏悦酒店入住的顾客感到温暖、愉悦，使入住酒店的顾客有宾至如归的感觉，吸引许多商务顾客慕名而去。

因此，酒店建筑文化的完美呈现不仅是满足使用功能的需要、设计新颖，更重要的是以人文关怀为价值取向。酒店的设计在功能上要满足使用，这是与国际接轨的，以满足不同国度及不同民族的使用；酒店的精神取向及文化品位则要考虑人文关怀与情感传递，这是一个酒店建筑文化的精髓所在。

3. 以生态环保为技术标准

人类只有一个地球，保护环境、减少污染是人类生存之道。酒店建筑需统筹考虑，既要绿色、环保，又要时尚，不留遗憾。一方面要考虑原材料的绿色环保性，同时也尽可能减少能源消耗。酒店在为顾客提供舒适食宿条件的同时，不能以牺牲环境为代价。从酒店本身来讲，要提高效益，就要节约能耗、减少投入，要体现时尚、引领新潮。酒店应根据预测进行超前的设计，避免今后的重复投入。

当今社会是一个低碳型经济社会，进入 21 世纪以来，我国大力发展节能建筑，建筑装饰材料的节约性与环保性也得到了很大的提高。目前，在我国星级酒店设计中，绿色环保型装饰材料得到了广泛的使用，如保温隔热的墙体建材、无毒无污染的室内装饰涂料与材料等。但仍有许多星级酒店的设计为了追求奢华与气派，大量使用天然石材与木材，虽然在视觉上得到了美的享受，却使我国的自然资源遭到了破坏。有资料显示，建筑是资源消耗最大的行业之一，世界平均建筑能源消耗占总能耗的 37%。因此，酒店作为能源消耗大户，若想不被自然规律淘汰，就要在经营和设计理念中坚持走可持续发展道路，在酒店设计以及对装饰材料的选择和运用方面体现环保理念和生态价值观。以生态环保为技术标准是对酒店建筑发展提出的新要求，也是酒店业坚持可持续发展的必由之路。

4. 以经济合理为主要前提

酒店是企业，要以尽可能少的投入产生最大的效益，这是市场经济的规律。所以，在酒店建筑文化上也要体现这一理念，重装饰、轻装修，既要考虑合理性，又要体现经济性。过去的酒店服务项目主要以住客为主，而今呈现大众化、社会化的趋势。酒店餐饮，健康休闲、娱乐购物等非住客都可参与，因婚庆、高考、会友等光顾酒店也是常事。酒店根据实际需要自主地选择服务功能类别和项目，避免资源的浪费和闲置，使其更好地生存和发展。

我国酒店业发展迅速，但浪费现象却不容忽视，片面追求豪华、忽视投资回报等问题应尽早得以关注处理。澳大利亚、新西兰酒店大堂的装饰、布局，豪华程度虽然与国内同档次酒店无法相比，但其设计讲究实用，以人为本，就算是四五星级酒店，大堂面积也不会太大。在材料上，常选用较环保的仿石材、木材，讲究色调和谐、协调。通常大堂分隔出几个区域：摆放沙发的休闲区域、陈列报刊的阅览区域、供上网的商务区域、供饮食的餐务区域等。房间不设一次性耗用品，减少易耗物品的重复投入所造成的浪费，同时减少环境污染。

5. 以艺术风格为吸引要素

酒店建筑文化是一门艺术，与绘画和雕塑一样，需要创造一种能引起共鸣的形象。但酒店建筑文化与绘画和雕塑又有区别，因为需要顾客有额外的反应：决定在这里住下来并且准备再次光临，这就是酒店建筑文化独特而富有魅力的因素所在。具体来说，酒店建筑的艺术性就是要使顾客从视觉上、心理上产生赏心悦目的感觉。顾客入住酒店，印象最深的往往是酒店建筑的艺术性。如果酒店建筑设计独特、创意新颖、造型别具一格，还可以成为酒店的标志，无形中强化了酒店在顾客心中的形象，增加了酒店的品牌优势，给酒店带来了可观的社会效益和经济效益。如果酒店建筑的外形艺术表现出色，且加以现代手法进行装饰，就有可能成为城市地标，为城市发展出一份力。例如，在意大利罗马、佛罗伦萨，酒店客房内一幅幅装饰画、一尊大理石雕塑，给顾客带来这个国家悠长文化渊源的强烈震撼，使人想起意大利的艺术佳品，想起米开朗琪罗，使人感觉仿佛置身于文艺复兴时期的意大利，从而产生愿意在这里多住几天的冲动。

二、酒店建筑文化的趋势

酒店建筑经历了从当初的单纯住宿功能到现在具有各式各样功能的过程。酒店的装饰设计与社会、顾客需求同步，不同国度、地域、民族，其取向各异，不同时代的社会观念导致思维方式的不同，每个酒店的经营目标和价值理念不同，酒店建筑文化的内涵也不同。未来酒店建筑文化更是酒店业主对精神追求和审美取向的体现。酒店建筑文化的主要发展趋势如下。

1. 地域特征表现明显

地域特征是外来的品牌酒店与当地环境和人文相结合的一种形式或手段，对于酒店来说，地域特征也是同一品牌的酒店在自身系统内创造差异性，让自己的固定客户群体在享受标准化服务的同时，还能体会到新鲜感的一个途径。因此，未来酒店建筑文化的地域特征将越来越鲜明，主要表现在以下几个方面。

（1）酒店建筑体现环境特征，使酒店和环境和谐融合，展现环境地域面貌。

（2）酒店的主题与地域文化达成一致，进而表达出深层次的文化内涵，能给酒店空间创造意境和品味。

（3）酒店在色彩选择上符合当地民俗的传统色彩。色彩具有强烈的视觉吸引力，而一些地域色彩则代表着一种特殊的意义，有效运用当地特有色彩，地域性的表达能起到事半功倍的效果。材料是反映酒店区域特色的重要因素，材料应充分利用地方材料。

（4）应根据当地的条件选取材料，体现材料的合理性和经济性，充分利用乡土材料在艺术表现力的主题，给人一种归属感和情感的认同。

（5）重视陈设在环境中的地位与作用。总体来看，为了争取客源，越来越多的酒店建筑开始在保留自己独有的传统模式、设施特点之外，表现出对所在地区的风土人情、历史文化的尊重，酒店建筑的地域化趋势已经成了一种主动的、必然的趋势。

2. 更加包容多元文化

全球化表现在酒店建筑文化上，就是要综合世界建筑与地区建筑之长，吸取古今中外有利于此时此地建筑的经验，根据实际情况进行酒店建筑的文化交流。自建筑步入多元化发展以来，几千年来的传统建筑观念遭到了空前严峻的挑战，新的建筑风格和流派在不断地涌现，又不断更迭，往往一种新的建筑风格或思想还未站稳，又被更新的建筑流派取而代之了。酒店建筑的多元化格局使当代建筑师失去了共同的遵循路线，这种方向性和共同性的缺乏在给建筑创作和理论带来似乎更大自由的同时，也给其发展带来了一系列挑战。

在多元化的酒店建筑文化格局中，应当首先考虑立足本国，而不是全盘西化；致力于具有时代特色和中国气派的新建筑文化创造。既然是多元吸收，当然就不是拒绝传统，也不是拒绝异域，而是多向选择，然后融会贯通到自己的创作中去；既然是多元创造，就不是一枝独秀，一水独流，而是百技竞秀，九派争流，促成绚丽多彩的全面繁荣。

酒店建筑文化面对全球化和多元化，一方面要有开放、包容的心态和批判的精神，顺应时代的发展，将世界先进的技术运用到建筑创作中；另一方面要有文化自觉的意识、文化自强的态度，求同存异，因地制宜，面对强势文化的挑战，努力保护自己的建筑文化。只有把握好多元化的程度，酒店建筑文化才能得到更好的发展。

3. 主题特色愈加鲜明

如今主题酒店正成为我国酒店业新的发展方向，酒店建筑的主题化趋势亦愈加鲜明。主题酒店建筑外观更能充分体现酒店的战略目标、经营方针和文化，比较容易表达建筑风格和文化内涵。酒店建筑的主题化主要表现为五种。

（1）中式主题酒店建筑造型展示中国传统文化。屋顶、梁柱、斗拱是中国木构架单体建筑三大构成，国内外华人聚居区的许多酒店都用传统的飞檐翘角大屋顶来体现民族风格。

（2）乡村主题酒店风格造型展示主题酒店乡土纯朴文化。这类酒店或取乡土建筑之形式、色彩，或取其材质、结构，目的是体现独具魅力的乡土特色。

（3）欧式主题酒店建筑外观展示酒店欧陆文化。欧式古典风格酒店建筑采用文艺复兴、巴洛克风格及拜占庭风格等主题，表现浓浓的欧洲主题文化。

（4）民族特色主题酒店根据不同民族的建筑风格展示酒店的文化，采用具有代表性、独特性、进步性和渊源性的建筑符号展示其主题酒店的民族文化，体现该民族文化精髓。

（5）现代主题酒店建筑外观造型展示酒店豪华、摩登文化，以简洁的手法，利用钢筋混凝土、钢材的可塑性及玻璃幕墙的轻巧转折等特别的外观造型，展示与众不同的酒店文化。这类酒店在视觉上给顾客很强的冲击力，使顾客产生迫切希望一探究竟的愿望。

概括来说，未来的酒店建筑将更加强化对主题文化氛围的营造，更加注重主题文化的深度挖掘，更加重视顾客对主题文化的体验，也更加重视主题文化的细节把握。需要强调的是，酒店建筑的主题选择应与区域文化相适应，从硬件上看，酒店建筑应是其所在地域的一部分；从文化上看，酒店建筑文化在一定程度上代表其所在地域的文化。未来主题酒店必须把对主题的选择和对文化氛围的设计融入酒店建筑与装潢的每一个细节，才能满足顾客对酒店建筑的主题文化更高层次的要求。

4. 传统与时尚兼容发展

现代酒店建筑应该是时尚的、环保的，并能与传统文化完美融合。时尚不仅仅是豪华，环保不纯粹是用绿色表达，而是需要在原有传统文化的基础上，对时尚元素进行吸取和整合，让传统文化注入新的活力，更好地适应酒店的发展。一个成功的酒店建筑应当研究当地传统文化、地理环境，使得建筑与传统文化自由对话、与大自然互相呼应。酒店作为一个城市或地区展示风貌的窗口，应尽可能表现出该城市或地区建筑地方特色使之成为酒店建筑风格的首选，即使是国际性酒店集团进入一个城市或地区，也要力求将国际潮流时尚元素最大限度地融合到地方传统风情中，并在酒店中予以体现。

未来的酒店在不断拓展和伸延传统文化的同时，将伴随着时代的发展，不断注入某些代表时代发展方向的元素。例如，当前整个国际社会所提倡的低碳理念、环保理念、健康养生理念等，都会被未来酒店建筑文化接受，这些元素在表现上可以与传统文化融合。中国是一个多民族的国家，每一个少数民族都有特有的建筑风格，民族特色建筑也是吸引游客的重要资源。如果能够合理而巧妙地运用这些风格元素，就会给酒店带来很多与众不同的特色。酒店要想得到长足的发展，求变和包容是必不可少的，也正是因为有了不断融入创新元素的思想，酒店建筑文化才能得以提高和升华。

本章小结

（1）酒店建筑文化是酒店文化体系中的物质环境所体现出来的精神意识形态，即用建筑设计的理论与方法，按照酒店使用功能和精神需要建立的与大自然分隔开来的无形与有形空间，是酒店建筑所体现的文化。

（2）酒店建筑文化属于建筑文化范畴，地域性、民族性、时代性、人文关怀均可以作为酒店建筑文化共同的抽象属性。除此之外，酒店建筑文化还具有功能的限定性和意义的双重性两种关键特征。

（3）通过分析与解读酒店建筑文化的定义及其本质特征，本书认为，酒店建筑文化的内涵包括：酒店建筑文化是酒店物质文化的重要内容，酒店建筑文化是功能和精神相统一的文化，酒店建筑文化服务于酒店经营，酒店建筑文化是一种综合性文化。

（4）酒店建筑风格主要包括罗马风格、欧洲哥特风格、欧洲巴洛克风格、伊斯兰风格和中式风格。无论是哪一种风格、流派，都有其特定的建筑理念、表现手法及文化内涵，其文化蕴含主要包括地域文化、历史文化、民族文化和自然文化。

（5）酒店环境营造的基本准则是：第一，体现本区域功能需要，布置上以满足方便为目标；第二，以人为本，不管什么区域的布置，都要以消费者需要为中心，满足消费者的合理要求；第三，各个功能区域的整体布置水平应该是一致的，不应该出现区域之间的反差，要有整体性。

（6）酒店装饰文化主要从装饰风格、装饰色彩和艺术摆件三个方面来体现。

（7）酒店建筑文化的理念主要表现在：以实用功能为基本原则、以人文关怀为价值取向、以生态环保为技术标准、以经济合理为主要前提、以艺术风格为吸引要素。

（8）酒店建筑文化的发展趋势为：地域特征表现明显、更加包容多元文化、主题特色愈加鲜明、传统与时尚兼容发展。

延伸阅读

时间从旋转门中流逝：旅馆和酒店建筑

酒店建设的投资往往按照以下模式计算：酒店管理层的税务顾问在夏季快结束时建议，如果在下一个财政年度进行一笔数额为 X 的投资款项，将会大有收益。业主和施工队（很少是建筑师）商量建造的可能性：加建一个冲浪浴池，加大露台，用滴水池装点日式花园，按健康需求设置绿色食品餐厅。整个设计必须在 2016 年 10 月底完成，因为 11 月要开始动工。在 12 月 8 日将完成翻新，一个颇具吸引力的酒店将重新开张。新的旅游旺季又开始了。

对于酒店建筑而言，很少留有创造性发挥的余地。酒店不停地翻新和扩建，好像永远建不完。文物工作者很痛苦地认识到这一问题：建于 20 世纪初的颇具历史意义的格兰酒店

(Grand Hotel) 很难让人找到其“原貌”。改了2次的塔楼、3次的宴会厅、4次的电梯，酒店需要不停地翻修使档次提升，档次提升意味着利润。就像20世纪30年代时那样，人们没有钱去湖边或是山中待上较长的一段时间，他们将会选择短期旅途的快速服务——有着巨大的宴会厅和提供咖啡甜点的露台。每一家酒店的动机都是尽可能满足每位客人的要求。

这种不确定性导致的反感使得酒店建筑被排除在建筑史之外。迈克尔·施米特（Michael Schmitt）在他关于皇宫酒店（Palast Hotel）的书中这样说过，酒店“充其量可以作为建筑学的反例而被提及”。同时代的人责怪古典主义者或是乡土保护主义者的虚伪而忽视关键问题：格兰酒店的品质与其氛围相呼应，并与其表现元素和艺术品相得益彰。几乎没有其他的公共建筑能够这样地展示财富、地位和生活格调。

酒店过去是（现在仍是）充满引诱的场所，而非进行激进改革之处。只有两位现代建筑的先驱极具雄心地设计了酒店作品——阿道夫·路斯为塞默灵设计的封闭式山区酒店和彼得·贝伦斯为圣雷莫设计的里维埃拉大酒店（Riviera Majestic Place Hotel），值得注意的是，这两个酒店都未得以兴建。

最初，随着对功能性建筑（如火车站、厂房、疗养院等）进行新的评估，人们开始了对老式的酒店孵化器的小心谨慎的兴趣。社会历史的日常好奇心和对世俗生活表面下细节的洞察往往要超前于建筑分析。这种怀旧的转变往往使沉寂了的标准模式如同歌剧中的女高音重新登场。人们往往忽视了这种在比亚里茨（Biarritz）和玛丽亚温泉市（Marienbad）之间，从波罗的海（Ostsee）到里维埃拉（Riviera）都相当普遍，也在格兰酒店发生了使“典雅生活”规范化的举动。

不同寻常的是，在酒店建筑中可以轻而易举地在社会现实中体现出“品质”。对典型设计过程（如彼得·洛伦茨与约瑟夫·普吕格尔）的研究说明，设计师必须在极端情况下工作：只在6个月内完成设计、提交和招标工作。每两个项目（新建或改建）中就有一个是在建造过程中按照业主的意见对设计进行调整。那些追求创意的建筑师在这样带有巨大压力又毫无实现意义的酒店建筑设计条件下很难适应，而相比之下，以实用为目标的“设计公司”往往更能胜任。这也是为何如此雄伟壮丽、极具代表性的酒店建筑不是由建筑艺术大师设计，而是由以高效而特别的“国际化设计公司”类似费尔纳和赫尔默以及当地的按图集进行设计的工匠们来完成的原因。我们观察20世纪50和20世纪80年代的酒店建设浪潮可以看到：在佛罗里达、阿卡普尔科、牙买加建造的，可以和丽塔·海华斯（20世纪40年代好莱坞电影女明星）的精致发型相配的梦幻宫殿，远远背离了学院派的“现代风格”，而今天的连锁酒店，如凯悦、万豪或希尔顿也没有将它们的巨型酒店超越梦幻特效工场，而是委托给独具个性的建筑师来设计。这并不是说酒店的品质并不重要，而是品质被赋予其他定义并被利润和整体可掌控性的意图驱动。

很多旅游业经营者不再请别人来设计酒店，而是自己开发了“专有技术包”，然后采用类似度假俱乐部的形式进行表格式更换。具备国际识别性的图片标准（标识、太阳伞、动画）在这一领域远比建筑设计的独特性更受重视。成功推广“原生态”度假村的奥地利建造师和企业家罗伯特·罗格纳经营着一家140名员工的建筑公司（其中5名设计人员），他说道：“实际上，在建筑公司内包括了整个企业，也包括我们以前建立的一个旅游公司。”即便如此，当罗格纳向外委托设计任务时，建筑师也只有很小的用武之地：“我们找到了一位建筑师，可以很好地实现我们的想法。他负责那些我们做不来的事情；我们和他坐在一起，聊着聊着——他采纳了我们的路线。”

只有很短的、差不多在两战之间的时期，可以捕捉到建筑前卫和酒店发展的步调一致。例如，切尔维尼亚（Celvinia）的较为激进风格的现代塔式酒店，或者西格弗里德·玛查格（Siegfried Mazagg）的阿尔卑斯高山酒店，正是这些以木头和石材建造的建筑——带有蒂罗尔（Tirol）风格的建筑、曾在过去那些华而不实的年代被忽略、排挤并被改造得面目全非。位于莱希（Lech）的酒店“高处等待”，带有单坡顶的木建筑，是阿尔卑斯的典型实例，最终的下场是由于不再符合时代的舒适标准而被拆除了。

那些先锋派的积极分子建造的旅馆和汽车旅馆，如理查德·诺伊特拉斯（Richard J. Neutras）在马利布（Malibu）建造的有20间客房的假日酒店，外墙采用了大面积的玻璃，或者像维克托·格伦在阿纳海姆（Anaheim）的“包房汽车旅馆”，同样是一种优雅的珍藏品——这些充其量不过是为酒店建筑历史添加的注脚。

出自莫里斯·拉皮德斯在1965年为阿拉贝的著作《度假酒店》所写的序言中提到，“对建筑师而言，酒店是最为复杂的问题之一，与其同样复杂的只有医院”。这是因为在医院和酒店中都要考虑同样复杂的功能组合（睡觉、吃饭、处理及休闲活动）。当然这两类建筑也有两点重要不同之处：（1）医院是公共服务设施，而酒店必须盈利；（2）病人即使在医院中感觉不适也必须留下，而客人可以在任何时间离开酒店。

拉皮德斯暗示到，建筑师只有以这样的心态进行酒店建筑的设计才能成功：他不担心别人对其作品的“反馈”。即使市场情况、位置和管理在一个酒店的商业成功中起到重要作用，设计者也应该通过建筑设计降低造价，同时也使客人的舒适感最大化。无论如何，建筑不可以粗野到让人觉得是商业的交换工具，因为没有任何政府或是个人指手画脚，操心酒店墙壁的保护功能妨碍了其美学价值。当然，每个建筑师都应该为其所建造的房屋的使用者提供最大限度的舒适感。这意味着，设计的结果对未来的委托同样重要，酒店的每个住客都是潜在的抱怨的第一用户。

酒店是与大众口味和消费趋势密不可分的。这意味着，要提供平均水平是非常棘手的，往往反倒被当作“特殊”。酒店建筑师与电视连续剧的导演有类似的经历，他的设计快速移动并每时每刻都可更换。对那些将辉煌建筑作品的不可改变性当作非常重要的（文化）价值的建筑师来说，他们将永远不会来建造一个酒店，顶级建筑师越来越多地抱怨，他们的设计后来被修改，或是被淡化了，在这背后的原因是不断出现的各种标新立异的主题更替。

在酒店里没有跨越时间段的历史岁月，只有无固定居所的相互没有联系的存在。唯一持续不变的是，从恢宏的皇宫酒店到今天的平房都承担着为顾客服务的义务。

这种矛盾的要求对纯粹主义者而言，显得虚伪和缺乏深度。以莫里斯·拉皮德斯为例，他是从新建筑史中通过酒店和商铺的设计获得名誉（或者至少是争议）的为数不多的明星之一。拉皮德斯曾是一个“国际式”的叛离者，他在20世纪50年代设计了一系列宏伟靡然的巨大酒店（如迈阿密海滩的Fontainebleau酒店，位于巴尔港的“American Hotel”，位于波多黎各的San Juan Americana酒店和纽约的Summit酒店）。“我在这些最新的建筑中取消了直角。为什么我们总是考虑直角？我们可以建造任何形式，而这基本上就是我的哲学。”拉皮德斯很喜欢欢快的曲线，他设计的酒店看上去体型庞大，但体形没有走样。

值得一提的是，莫里斯·拉皮德斯接到他在迈阿密海滩的第一个酒店设计的委托，并不是因为他是设计专业领域的一个“优秀”建筑师，而是因为他在曼哈顿的充满设计感的商店。“那个老板听说我具备能力，有天赋、激情，我设计的东西都令人激动，能让人们驻足观赏。”拉皮德斯感觉到，在1945年的经典的华尔道夫酒店没能获得令人惊叹的效果，是因为遵循了“一般的模式”：大堂、接待等所有的设计都是直角构造的，虽然很美，但无法令人兴奋。

当我们翻阅20世纪五六十年代初的酒店书籍时，看到的是形式多样和电气化趋势。有高跷的混凝土兰花形状的酒店，像山上的棚子一样建造的（夏威夷毛伊岛）或者宝塔形半球状的位于科罗拉多的山上酒店（由保罗·E·拉什设计）；也有采用新式的框架结构的方盒子（希尔顿类型），带有玻璃和铝的外挂立面和蜂窝状混凝土建筑；还有气势宏大的弧形空间分隔墙，如“米兰宫殿”（乔治·兰波尼设计）；有从天棚悬下的水晶丝和悬挂式的无支撑楼梯；有花朵形状的巨大吊灯，通过弧线和椭圆获得了狂放的动感。

恰恰是酒店建筑，这种现代功能主义的体现，通过其室内装修去强调错觉。著名的伊斯坦布尔希尔顿酒店巨大的白色体量，对外是“一种进步的象征”，并向西方世界表达土耳其意识形态——这在内部空间更为强化，由土耳其建筑师塞达特·埃尔代姆根据童话《一千零一夜》创作。为建造泉水庭院、凉亭和圆顶覆盖的巴萨尔街道，采用了来自14个国家的昂贵材料。类似的歌剧旋律般的手法也被应用在了很多中性的方盒子酒店：柏林希尔顿的“金色城市熊”是紫罗兰色和夜空蓝颜色，而“玻璃棱镜意味着星空”。法兰克福的Intercontinental餐厅，有巨大的威尼斯风格的水晶吊灯，其在内部设计上采用了米兰的Scala作为壁画。还有酒店采用端庄典雅的大师作品，位于哥本哈根的SAS酒店被设计为一个完整的艺术品：两个20世纪50年代的经典座椅——“天鹅”和“蛋”是雅各布森为SAS酒店特意设计的——雕塑作为家具。

20世纪70年代曾轰动一时的中庭酒店完善了这样一种想法：从一个演出开始，最终将人们吸引到内部的睡房中。这是一个完整的环境的结果：外面是敌对的环境，而进入里面，在玻璃屋顶下面，仿制出一种林荫步道的效果。亚特兰大的马奎斯万豪酒店中庭有46层高，客人会有被压制和“降级为蚂蚁”的感觉，如同布丽奇特·谢尔勒在FAZ旅游手册中描述的：“他惊讶地看向上面的光，那里不知何处，用长长的玫瑰色丝带固定着一个空中秋千，让人感觉在它旁边的两层高的钢琴酒吧也在空中晃来晃去。带着常春藤镶边的挑台让透视完全陷入混乱，其弧线在顶部曲折变化为扁长方形，塑造了建筑的收尾造型。弯曲的桥通向电梯塔，其外侧是闪亮的玻璃舱，上下穿梭，简直像个活动雕塑。”按照建筑师约翰·波特曼的想法，客人应该同时成为观赏者和拥有者——就像威尼斯的圣马可广场那样的一个“城市起居室”。

酒店具备城市绿洲般的整体环境，包括树木和瀑布。这不仅仅是造型的问题，也是酒店住客经常对紊乱市中心危险的恐惧感的可视表现。波特曼有一个天才想法：将电梯从建筑的角落里移出来，作为外立面的主要元素得以展现（首次使用在亚特兰大的凯悦摄政酒店）。这一想法带来了这一领域的新发展：大规模酒店将自己的形象从巨大畸形转变为带有一种奇异而梦幻的情调。借此，酒店又重新成了自我形象的代言人——就像19世纪的过度兴奋的“皇宫酒店”那样。

今天，酒店和度假建筑已经不能作为一种非现实的幻觉来进行设计（他们当然有权成为“非严肃的”)，而是设定为一种“期望的、全能的”吸引人的气氛，所谓独特的体态和真正的怪异造型不再流行。例如，在一个销售窗帘和地毯的商店里，各种心理平衡效果会被问及：经验决策将选择合成的制成品，以使客人感觉“舒适”。

酒店的体验是通过大量的模块积累而成的。对此，很好的例子是阿尔卑斯山区的乡村特色的城堡。

提洛尔的设计事务所在杂志上面进行自我介绍，用以下概念模块介绍了其核心构成：“业主优先希望的是……和谐，功能……与夸张的木雕花保持距离……有勇气发展自我意识的建筑……色彩的协调是非常重要的……富有创造性的活力……不单调。”在瑟尔的一个酒店，一个巨大的农庄外观建筑，在广场中间（与当地风貌和谐），展示一种纯粹的风格。作为大胆的外观决定，安装了一个两层多高的露台，同时也以一种委婉的方式强调建筑的乡村特色。在埃尔毛的一个酒店（只用 8 个月建成的），同样装配了两层高的给人深刻印象的阳台（欢快的欢迎气氛，给人以深刻印象的细部），谨慎地并明确体现出建筑风格中的传统。对这一时期而言，有标准化的外观形式——人们从巨大的哥特式的带玻璃镜和沉重把手的入口大门可以辨别出“纯正”；“雄壮的舒适”意味着厚重的云杉木、开敞的壁炉和粗糙的农庄墙面；“亲密无间”意味着猎人屋；“领主的”意味着画着风景画的箱子和锻造工匠的狂欢。

位于莱希河谷的规划设计事务所为两个奥运会冠军（“理想夫妇”）建造的酒店是一个超大尺度的宽盒子（“木头和石头以和谐的规模”），这一建筑的目标是“居家，居家，还是居家”。

人们喜欢从主流酒店的深奥的风格交汇中解读不由自主的特征、后现代的拼贴，确实没有外部空间是出于讽刺或意味的不明确。每个星形装饰和每个房间分隔墙都和功能相结合并具备精确的心理指导目的。那些试图通过各自独立的“陈述”而获得多种形式的公众评价的人，将会在“普通”酒店业务的狭窄区间内经历他的蓝色奇迹。

在将来，必然会在酒店市场的顶级区间内出现对建筑设计质量的关注。过去几年转向那些“第一”品牌（LV、米索尼、范思哲等）的豪华消费，强烈地建议着对这样的特殊需求的持续可利用性，也就是说，高品质氛围的提供者，如酒店经营者，应该也来考虑跟随这一趋势。

文丘里和劳奇通过一个（也是未建成的）点式理想酒店项目而成名。为了对在亚特兰大城的“Marlborough - Blenheim”酒店进行扩建，他们的设计只保留建于 1905 年的老建筑的中间铜制穹顶部分，而 1 500 个新客房相对在一个 35 层高的独立的部分，像是位于老酒店和海滩间的一片怪异的隔墙。传统的大酒店的一个重要意义在于演示权利：富人购买通透的视野并同时享受所有最先进的服务。

阅读思考

1. 如何理解酒店建筑很少有创造性发挥的余地？
2. 文中酒店建筑是利用哪些装饰方式给顾客提供高品质体验的？

复习思考

1. 如何理解酒店建筑文化的概念、本质及内涵？

2. 酒店建筑有哪些风格？其包括哪些文化蕴含？
3. 酒店环境营造与装饰文化是如何体现的？
4. 酒店建筑文化理念有哪些？
5. 试分析理解酒店建筑文化的发展趋势。

参考文献

[1] 谢浩，朱雪梅．对酒店建筑设计理念的认识［J］．中国勘察设计，2008（9）：59－62.
[2] 胡海英．旅游酒店室内空间文化性设计研究［D］．长沙：中南林业科技大学，2013.
[3] 王春霞，马归民．酒店文化空间的营造［J］．山西建筑，2009，35（22）：63－64.
[4] 曹巨江，夏攀．体现中国文化的酒店建筑装饰风格浅析［J］．艺术与设计（理论），2009，2（8）：153－155.
[5] 吐尔洪白克．基于文化与生态策略的旅游酒店空间研究［D］．乌鲁木齐：新疆大学，2011.
[6] 吴萍，苏勤．饭店文化的构成特征及其管理功效［J］．中山大学学报论丛，2005（4）：331－336.
[7] 梁进宇．当代酒店的空间文化与设计［J］．广西轻工业，2009，25（9）：123－124.
[8] 齐春霞．论主题酒店设计中酒店文化的展示［J］．牡丹江大学学报，2011，20（3）：139－141.
[9] 美达麦斯国际建筑．走向优良的酒店规划与设计（二）［J］．饭店现代化，2007（7）：36－37.
[10] 和一星．建筑·装修·艺术品——由星级酒店艺术品设计所引发的话题［J］．艺术与设计（理论），2009，2（10）：165－166.
[11] 邝欣．略论现代酒店空间设计的人文关怀［J］．广东技术师范学院学报，2012，33（11）：60－63.
[12] 王小溪．装饰材料的文化表现和运用［D］．西安：西安建筑科技大学，2011.
[13] 潘文婷．浅谈地域文化在酒店设计中的运用［J］．科技资讯，2017，15（1）：209－210.
[14] 毛磊．酒店建筑设计的地域性［J］．内江科技，2009，30（6）：105，162.
[15] 白永忠，刘莉．时尚元素与传统文化基因的完美融合——酒店建筑风格随想录［J］．旅游纵览（下半月），2014（2）：345－346.
[16] 赵志磊，李华．饭店文化［M］．北京：北京工业大学出版社，2006.
[17] 陈乾康．饭店文化概论［M］．北京：中国人民大学出版社，2008.
[18] 徐萍，邓泽民．饭店文化［M］．北京：中国铁道出版社，2010.

第八章

酒店礼仪文化

本章导读

中华民族素有“礼仪之邦”的美誉，礼仪文明贯穿中华民族发展的始终。礼仪在人们的社会生活中具有重要的位置，被应用于现代社会的各个领域。本章从酒店服务行业角度探讨礼仪文化的内涵与特征，礼仪文化的理念与宗旨，礼仪的种类与文化蕴涵及文化建设，使学生在酒店服务的过程中知礼、懂礼、守礼。

学习目标

1. 认识和理解酒店礼仪文化的内涵与特征。
2. 理解和掌握酒店礼仪的功能与体系。
3. 分析和理解酒店文化的理念与宗旨。
4. 理解和掌握酒店文化建设。

内容结构

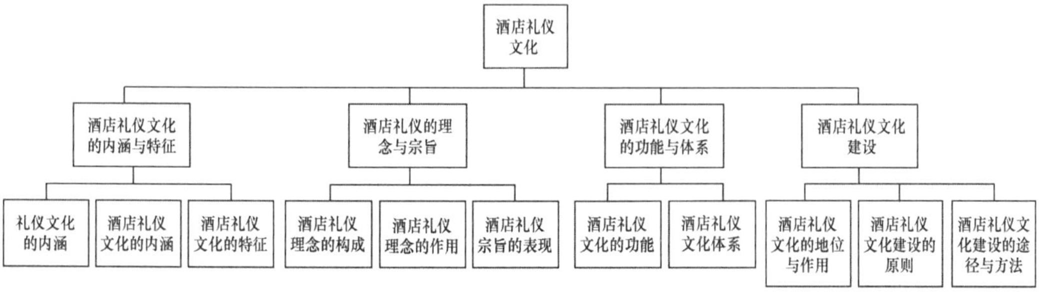

核心概念

酒店礼仪文化；礼仪理念文化；礼仪行为文化；礼仪制度文化。

第一节　酒店礼仪文化的内涵与特征

孔子曰："不学礼，无以立。"荀子有云："人无礼不生，事无礼不成，国无礼不宁。"礼是中国传统文化的核心，是中华民族宝贵的文化遗产。因此，从传统文化中提炼和吸取礼仪之精华有助于理解、归纳酒店礼仪文化的内涵与特征。

一、礼仪文化的内涵

我国礼的产生起源于原始宗教的祭祀活动，称为礼俗。随着国家和阶级的产生，礼也就逐渐演变成为社会的行为规范，有了"礼制"的含义。伴随着人类社会的发展，人们对古代典章制度中一些合理的东西进行了改造，逐步形成了今天的"礼仪"。

清代学者淩廷堪说过："上古圣王所以治民者，后世圣贤之所以教民者，一礼字而已。"意思是说，上古圣王治理民众的方针，以及后世圣贤教育民众的方法，都可以最终归纳为"礼"这一个字。礼几乎成为一种无所不包的社会生活的总规范。

国内学者对礼仪的定义众说纷纭。胡锐认为，所谓礼仪，指的是人们在社会交往中由于受历史传统、风俗习惯、宗教信仰、时代潮流等因素的影响而形成，既为人们所认同，又为人们所遵守，以建立和谐关系为目的的各种符合礼的精神、要求的行为准则或规范的总和。李欣认为，礼仪是行礼的过程和仪式，是指在日常交往中人们所认同和必须遵循的行为准则和规范。胡静认为，礼仪就是指人们在各种社会交往中所形成的用以美化自身，敬重他人的行为规范和准则。

西方礼仪萌芽于中古世纪的古希腊，是以宫廷贵族礼仪为基础，经英国改造，美国的社会化、生活化，发展为今天世界公认的礼仪规范。"礼"一词最早见于法语的"etiquette"，其原意是"法庭上的通行证"。法国的法庭通过给每个进法庭的人发一张长方形的"etiquette"，作为其入庭后必须遵守的规矩或行为准则。当这个单词进入英语后，便演变成"人际交往的通行证"。后来，又经过不断的演化，英语中"礼仪"一词的含义逐渐明确起来。在日语中"礼仪"一词是"以诚相见，以心贴心"的意思。日本学者松平靖彦说："礼仪是人们在日常生活中为保持社会正常秩序所需要的一种生活规范。"礼仪本身包含了人们在社会生活中应予遵守的道德和公德，人们只有不拘泥于表面的形式，真正使自己具备这种应有的道德观念，正确的礼仪才得以确立。

虽然古今中外对礼仪内涵的理解各不相同，但随着各种文明的不断交融碰撞，不同的礼仪规范在不断地整合，各民族对现代社会的礼仪的认识、定位也逐渐趋同。礼仪已经成为人们在社会交往中形成的，以建立和谐关系为目标，符合"礼"的精神的行为规范、准则和仪式的总和。礼仪文化作为人类社会的发展进程中、在历史变流中不断地磨砺、加工、完善逐渐形成的一种文化现象，是人与人之间交往交流的行为、语言方式或规则。

二、酒店礼仪文化的内涵

酒店文化属于旅游文化范畴，归属企业文化之中，其核心是在充分汲取和借鉴中外传统文化和现代文化精神的基础上，结合先进的经营管理理念，在酒店建立起独具一格的精神文化，营造一个宜人的特色文化氛围，并运用有效的经营管理，达到培养高素质员工，实现高质量服务之目的的物质形态和精神形态的统一体。

从酒店的发展历史来看，酒店业依次经历了古代客栈时期、大饭店时期、商业饭店时期、现代新型饭店时期。酒店礼仪兴起于19世纪初的大饭店时期，当时饭店主要面向王公贵族、上层阶级、公务旅行者等市场，特点是规模大、设施豪华，所以讲究一定的接待仪式和礼貌礼节。尤其是瑞士人塞萨·里兹开班的饭店可以说是最具代表性的。

国外学者对酒店行业礼仪文化的关注表现在，肯定了礼仪服务在酒店业乃至旅游业中的重要作用，并且认为礼仪规范是从业者必备的职业素质。潘莱恩·J·谢尔顿和查克·Y·吉认为，旅游行业的成功来源于从业者的高素质，因此对旅游业从业者的培训非常重要。他在对美国夏威夷州的整个旅游行业（包括旅游酒店）的调查中发现，旅游行业的雇主和雇员普遍认为人际关系、沟通和礼仪规范等技能培训是最需要的。罗伊·C·伍德则从社会学角度来研究酒店，他认为旅游酒店要想使顾客有受关注的感受和印象，必须建立一种包含了空间的、有秩序的、相互作用的，以及有礼有节的控制机制。米凯利在对丽思卡尔顿酒店进行研究时认为，该酒店之所以拥有悠久历史，关键在于其卓越的服务，其服务理念就是“用彬彬有礼的人，为彬彬有礼的人服务”（Gentlemen and ladies serving gentlemen and ladies），这句精辟的话语可以为所有服务行业受用。可见，培养酒店从业者的文明礼仪素养是创造经营佳绩的良药。国外学者还注重从细节方面提升礼仪对酒店行业的贡献。如霍华德认为，很多旅游酒店在接受顾客电话询问时，由于电话沟通礼仪的欠缺，导致处理不当，引起很多商机的丧失，建议要进行相关的培训，完善电话礼仪规范。

国内学者对酒店礼仪文化的研究，都集中在对酒店从业者礼仪素质培养方面。曲军认为，酒店员工素质对酒店服务水平有重要影响，要对员工进行服务礼仪的专门培训，并且提出酒店服务礼仪的培训对象不只限于服务接待人员，应该扩大到对各级管理人员的全员培训，将服务礼仪落实到接待服务工作的每一个环节中。吴铀生认为，我国西部旅游企业在人力资源等方面与东部地区存在较大的差距，并从知识结构、道德涵养、礼仪举止三方面对东西部旅游营销管理人员的素质知识结构进行了比较，认为西部旅游企业员工必须提高道德涵养，注意礼仪举止，同时建议将西部少数民族风俗融入旅游企业文化。禄俭认为，当前在培养旅游业管理人才方面，缺少对文明礼仪的讲授与训练，提出加强对未来旅游管理人才举止习惯、语言文明的训练和教育。

总体看来，国内外对酒店礼仪文化的研究主要从酒店和顾客两个角度展开分析，主要体现在以下几个方面：第一，学者们充分肯定礼仪服务在酒店业乃至旅游业中的重要地位，并强调礼仪规范是从业者必备的职业素质；第二，提高酒店员工的礼仪素质是创造酒店经营佳绩的良药，酒店应该为员工提供礼仪方面的培训，重视对员工礼仪素质方面的培养；第三，从顾客心理角度出发，酒店要想使顾客有受关注的感受和印象，就必须建立一种有礼有节的服务体质；第四，从细节方面为顾客提供无微不至的服务，如电话服务礼仪服务，酒店员工通过悦耳的声音为顾客传递贴心、周到的问候。从上述可见，国内外对酒店礼仪文化研究主要局限在通过对员工礼仪服务规范的培养和建立相关服务体制来提高顾客满意度，这些都是酒店礼仪的范畴，而对于酒店礼仪文化和人文素质建设略显忽视。即使酒店对员工进行礼仪培训，也仅限于基本技能的操练，没有把礼仪理念渗透到每个员工心中。正是因为人们对酒店礼仪文化的认知还处在浅层次的状态，所以在酒店礼仪文化研究方面还须进一步努力。

酒店礼仪文化是酒店经营过程中，尤其在员工为顾客服务过程中，为建立良好的顾客关系和工作氛围，依照相应的礼仪准则或规范，创造出来的一种和谐的企业文化形式。酒店内涵包括五个方面。第一，酒店礼仪文化是一种具有规范性、指导性的企业文化。礼仪是一种行为准则或规范，酒店是这种规范的制定者和指导者，员工则是当中的执行者。第二，酒店礼仪文化是员工为顾客服务过程中产生的，是一种动态的文化。员工将酒店礼仪文化理念、宗旨在服务过程中通过自身行为表现出来，向顾客提供一项无形的、动态的产品。第三，酒店礼仪文化是物质和精神相统一的文化。酒店礼仪文化既包括物质层面的行为、服饰，也包括精神层面的理念、宗旨，是精神内涵和物质外显的统一。第四，酒店礼仪文化是情感互动的文化。在礼仪的实施过程中，既有员工的礼仪行为，也有顾客的反馈行为。礼是施礼者与受礼者的尊重互换、情感互动的过程。第五，酒店礼仪文化是一种服务文化。酒店礼仪文化的前提是为他人利益或为某种事业而服务。酒店礼仪文化的基础是对顾客的尊重和服从；目的是提供完美的服务方案，为顾客创造价值，和谐内外关系，实现价值多赢；本质是人与人之间文化的沟通、价值的确认、情感的互动、信任的确立。

三、酒店礼仪文化的特征

特征是一事物异于其他事物的标志。把握酒店礼仪文化的特征，不但有利于深入分析和理解酒店礼仪文化的内涵，更有利于发挥礼仪文化在酒店行业发展的作用。

近年来，学者们在酒店礼仪文化和礼仪文化特征的探讨少之又少，但是在礼仪方面和酒店企业文化方面却有许多颇有见地的观点，可谓众说纷纭，诸如礼仪的特点包括共同性、传承性、多样性、规范性、自律性、兼容性、差异性、平等性、普遍性、继承性、等级性、实践性等；酒店企业文化的特点包括务实性、群体性、有形性与无形性、独特性、规范性与服务性、地域性与民族性、个性和共性统一、稳定和发展的统一等。应当说，上述对礼仪和酒店礼仪文化特点的观点都是积极有益的，尤其对酒店礼仪文化特征的探索有一定的启示作用。因此，在探讨酒店礼仪文化特征的时候，可以遵循三个标准：一是酒店礼仪文化是礼仪要素在酒店行业的全方位展示，既有一般礼仪的常规性，又带有酒店行业的特殊性；二是尽量通过礼仪的特征找出酒店礼仪文化的特殊性，即纯粹意义上的酒店礼仪文化特征；三是尽量找出礼仪特征中与酒店礼仪文化联系最紧密的部分，将其视为酒店礼仪文化的特征。沿着此思路考察和分析，酒店礼仪文化的特点包括五个方面。

1. 规范性

规范性是社会生活中提供的是一种公认的约定俗成的尺度，这种尺度既吸收了人类在发展过程中积累的经验，同时又因社会生活条件的不断变化而经常改变，体现的是社会行为的模范程式，供人们效仿，因此说礼仪是实现社会有序生活的行为控制。酒店礼仪的标准与规范，包括员工的仪容仪表、言谈举止、服务流程等，决定了员工的工作行为模式，是员工在为顾客服务过程中必须使用的“通行证”。

2. 灵活性

规范性是酒店礼仪服务的基准，而灵活性则是酒店礼仪服务的升华。由于酒店行业的特殊性，员工不仅要熟练掌握酒店各项服务章程，而且要能够灵活巧妙地使用礼仪技巧，使顾客享受到贴心和周到的服务，这也是对礼仪规范性的完善和补充。这种灵活的礼仪服务形式打破了常规的模式，是标准化服务的升华，是规范化服务的提高。同时，这种服务也更深得人心，让顾客切实体会到家一般的亲切、自然、温暖，使顾客成为酒店忠实、永久的家人。

3. 共同性

礼仪是在人类共同生活的基础上形成的，无论是社交礼仪、商务礼仪还是服务礼仪，都是人们在社会交往过程中逐步融合并得到共同认可的行为规范，包括融合不同国家、民族、地区的道德水准、社会风尚等软实力规范，以及融合人与人之间思想觉悟、文化修养、精神风貌等方面的规范。以酒店业为例，来自五湖四海的顾客必然会在同一场所发生不同程度的摩擦与碰撞，这就更需要员工应遵循着共同性的原则服务，保持尊重、平等、友善的基本理念面对每一位顾客。

4. 差异性

酒店服务礼仪存在共同性，但是由于其应用的现实条件不同，又不可避免地存在着差异性。俗话说：“十里不同风、百里不同俗。”礼仪在不同的国家、民族、地域因文化背景、自然条件、历史传统不同而导致其内容和形式也多种多样，具有鲜明的文化差异性。例如，中西方在餐饮、见面礼仪等方面也有明显的区别，这都体现了不同时期、不同的文化背景下礼仪的差异。因此需要尊重不同地区、不同民族、不同国家的风俗习惯，为顾客提供个性化、差异性的服务。

5. 丰富性

酒店礼仪的丰富性，是由其差异性造成的，主要通过两个方面体现出来。一方面，世界各地民俗礼仪千奇百怪，而酒店属于一个开放性的社会，汇聚了四面八方的人们，他们拥有着不同的饮食习惯、不同的民俗习惯、不同的沟通习惯等，这一切都为酒店带来了丰富的外来文化；另一方面，由于酒店所在地的民俗文化直接影响酒店文化的建设与发展，从外影响酒店的建筑风格与装潢设计，从内影响员工的思想与理念。

第二节 酒店礼仪的理念与宗旨

企业理念是保证酒店能否有序运行的润滑剂，而内生于这种企业理念之中的礼仪理念与宗旨则是保证酒店集团这一庞大机体稳定发展的核心。因此，酒店的经营与发展需要建立和形成明确的文化理念，确保在竞争中获得经营的成功。

一、酒店礼仪理念的构成

企业理念是指企业的意识或思想，由一组各具特点但又互相联系、相互作用的概念组成。企业理念按其内在特性和作用划分，可以分为经营性企业理念和管理性企业理念两个方面。经营性企业理念是指企业在处理其与外部的关系所持有的价值理念；管理性企业理念，是指企业在处理内部管理的各种关系时，所形成的一种价值理念，或者说是企业管理中所使用的一种价值理念。酒店正是通过酒店管理理念和酒店经营理念两个方面体现出酒店的礼仪精神。

酒店的管理理念作为酒店进行决策的一系列根本指导思想，是酒店工作的最高原则和基本规律，而在酒店管理理念中体现出的礼仪理念则是酒店文化的核心。酒店管理层对礼仪文化的高度重视通过酒店对员工和对顾客两个层面展现出来。首先，酒店管理中倡导对待员工要以人为本，表现出对员工的尊重。在服务行业中，员工是酒店能够稳定发展、保持盈利的主导者，酒店尊重员工，为员工谋福利才能使员工更好地为顾客服务。员工感受到酒店的温暖自然也会把这份热情、这份感动回馈给酒店，回馈给顾客。其次，酒店管理中倡导顾客至上的理念，为顾客提供优质、贴心的服务，将顾客利益放在首位，也表现出对顾客的尊重。用心去为每位顾客服务，让顾客感受到家一样的温暖，将礼仪理念融入对客服务中，提高顾客满意度，提升酒店的经济和社会效益，是酒店最终追求的目标。

酒店除了追求经济利益之外，还把追求社会效益作为自身的经营理念，体现对社会的责任和关爱。现代大多数企业都坚持企业与社会互利的价值观，倾向于在确定的利润水平上，把职工、企业、社会的利润统筹考虑，即把社会责任看作企业价值体系中不可缺少的部分。酒店是现代社会的成员，肩负着强烈的社会使命和责任。酒店必须坚持企业与社会互利的价值观，遵守社会规范，在和睦友好的环境中谋求双方共同发展。例如，酒店提倡“一切为了顾客”，就是要对顾客负责，对本酒店的产品、服务质量等认真把关，这是履行社会责任的表现。那种把企业凌驾于社会之上，只要求社会为企业提供服务，而不讲企业对社会负责任的价值观已不为社会公众所认可，也有悖于现代社会的发展。

二、酒店礼仪理念的作用

当今酒店集团经历了100多年的发展，酒店经营模式、管理模式、发展战略随着市场形式的变换也不断进行变革，不断推陈出新。但一个不争的事实是，酒店的发展始终围绕着企业经营理念和文化哲学进行。酒店礼仪理念是企业文化的核心价值，决定着企业与员工、员工与顾客、企业与顾客的关系以及企业的基本形象。酒店管理理念和经营理念的完善归根结底以礼仪理念为准绳。由此可见，酒店礼仪理念在酒店行业起着至关重要的作用，包括以下几方面。

1. 酒店礼仪理念有助于规范员工的礼仪行为

酒店礼仪理念具有很强的软约束力，这种软约束力是通过礼仪理念对员工思想、行为的导向作用来实现的。主要体现在以下两个方面：第一，酒店对员工的礼仪培训会告诉员工需要做什么、为什么要这么做，员工应该如何去做才能提高顾客的满意度，从而使员工自身的认知与酒店的文化达成共识，形成统一的行为；第二，酒店礼仪理念可以方便各部门之间、上下级之间、员工与员工之间的理解与沟通，促进酒店员工之间的情感交融，完善酒店内部的人文关怀。

2. 酒店礼仪理念有助于提高员工的精神理念

酒店礼仪理念在酒店具体表现在员工的规范意识、合作意识、服务意识、和谐意识等方面，是员工共享的精神理念。酒店礼仪理念一旦形成，通过传播、传承被员工认同、接受，就会扎根于员工的心灵深处，从而使员工将酒店的文化、目标、发展与自身的价值观念、奋斗目标、发展方向相互融合，形成精神共同体。这样员工在行为和精神方面都有了归属感，将自己视为酒店的主人翁，以强烈的责任心和高度的责任感与酒店共发展。

3. 酒店礼仪理念有助于完善企业管理理念

酒店礼仪理念的形成有助于完善企业经营管理理念。例如，香格里拉酒店集团的服务理念是“殷勤好客香格里拉情”，其独特之处是将亚洲殷勤好客的传统礼仪纳入酒店的经营管理中，使员工在对客服务过程中展现出尊重备至、真诚质朴、乐于助人、彬彬有礼、温良谦恭的人本理念。同样，四季酒店也提出了类似的服务理念，“在四季，我们以期望员工对待顾客的方式来对待员工——热情、彬彬有礼和尊重。”这都突出酒店礼仪理念以人为本的理念，即倡导宾客至上和尊重员工。

4. 酒店礼仪理念“变”与“不变”是企业经营成败的关键

酒店集团经营中的“不变”往往是核心的价值观，是企业创建以来成功的基石。万豪酒店集团长期以来一直坚信员工是最大的资产，“以人为本”是万豪不变的成功基石。“变”则是在某种经营环境、类型、市场以及创新等条件发生变化情况下的产物，“变”不一定是推翻原先已有理念，可以是一种新的理解，可以是既有认知的延伸。一般在企业并购组合的情况下体现得较为明显，如洲际酒店集团拥有很多世界知名品牌：Inter Continental，Crowne Plaza，Holiday Inn Express 以及 Staybridge Suite by Holiday Inn，这些品牌都有不同的发展历史，在不同发展历史背景下也形成了不同的文化哲学和经营理念，因此经营中又面临着文化理念整合的问题，为酒店集团的发展带来更大挑战。

三、酒店礼仪宗旨的表现

美国管理大师彼得·德鲁克认为，企业宗旨陈述必须能够回答“本企业是个什么企业？应该是个什么企业？将来是个什么企业”这三个经典问题。它代表着组织中的某种共同抱负和最基本的认同感。彼得·圣吉认为，对企业宗旨陈述最合理的解释就是“意图，存在的理由”，这是企业从事一切活动的根本原因，也是企业核心价值的最重要维度。

酒店的宗旨，意在阐明或标示酒店认可的自身“应该怎么做，奉行什么原则，采用什么方法去实现酒店使命”的理念或途径，这是酒店精神文化的一个组成要素，是酒店管理者和员工共同价值判断的结果，是酒店主观态度的反映。总之，酒店的宗旨重在为每位顾客提供满意的服务，让每位员工能够实现自身的岗位价值，这是一种行业承诺的体现。礼仪理念是酒店礼仪文化的核心，酒店礼仪的宗旨是礼仪理念细分的产物，是酒店礼仪文化的内在具体表现，主要表现为：企业对顾客的承诺、企业对员工的承诺、员工对顾客的承诺。最后，酒店的经营理念表现为：企业为员工创造价值、员工为顾客创造价值、顾客为企业创造价值，这构成了一个循环的价值链（见图 8.1）。通过这种价值链的转换，酒店礼仪文化在运行过程中被落到实处，具有实际可操作意义。文化不再是一种空泛的概念，而是调节企业、顾客、员工关系和规范消费行为、管理行为和服务行为的指导性原则。

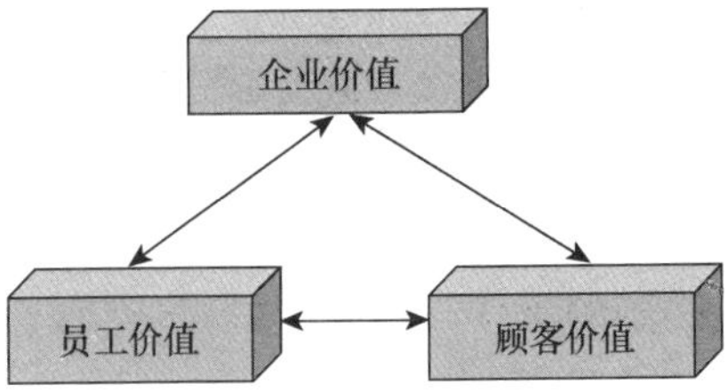

图 8.1　酒店文化价值链的经济模型

1. 企业对顾客的承诺

顾客关系以承诺和信任为基础，以互利互惠为原则，以顾客认同、情感联系为纽带，以建立顾客忠诚为目标，在双向沟通中形成“相互依存”的感觉。顾客价值的创新之处在于企业从顾客的视角来看待产品和服务的价值，这种价值不是由企业决定的，而是由顾客决定的。在日趋激烈的市场环境中，企业如果不真心关心顾客的现实和潜在的需求，这个企业相对于其他企业就不可能有竞争力，尤其是在消费需求多样化、个性化的时代，酒店业的竞争性又为顾客提供了更多选择机会。

基于此，酒店对顾客的承诺就是决定酒店竞争力的关键。顾客购买的不单单是美味的菜肴和舒适的床位，而是一种综合性的消费体验。酒店经营者应当将市场上的竞争压力转化为对顾客的承诺，让顾客体会到酒店的与众不同。在成功的酒店集团可以找到对顾客价值的实践运用。例如，希尔顿酒店集团“顾客是企业的生命，为了保持顾客高水平的满意度，我们不断地听取顾客的评估意见，在我们所在的各个国家实行公平的制度来处理顾客投诉并尊重消费者权利”；香格里拉酒店集团“我们要把赢得客人忠实感作为事业发展的主要驱动力，始终如一地为客人提供优质服务；在每一次同客人接触时，令客人喜出望外；行政管理人员与客人直接接触。”

2. 企业对员工的承诺

企业对员工的承诺决定了企业未来的可持续性发展。巴纳德对组织与员工关系的研究强调企业与员工目标的共同性、相互之间的协作性，这种协作的前提是企业和员工双方都必须为了共同的目标而付出努力。企业要付出的努力是充分关注人的需要，个人则必须服从企业的管理规则，两者的协作建立在个人的贡献与企业所给的诱因相对等的基础上。

在酒店行业亦是如此，酒店对员工的承诺需要通过其自身的行为表现得以实现，这正是服务行业的一种特性：产品质量直接决定于服务者向服务对象提供的产品。因此，酒店业比较流行的一个观念是，没有满意的员工就没有满意的顾客。酒店如何才能激发出员工无穷的创造力一直是酒店管理的主题。例如，四季酒店对待员工的方式就体现了酒店对员工的尊重与关怀，“我们相信，无论所做何事，每个人都需要拥有尊严、自豪及满足感。若要满足顾客的需求，必须携手同心。我们的信念就是上下一心，重视每个人的贡献和重要性，彼此尊重，达至最大的利益。在四季，我们以期望员工对待顾客的方式来对待员工——热情、彬彬有礼和尊重。我们知道只有员工的高效和满意，顾客才能满意和不断光临。”作为对待员工责任的一部分，四季酒店以提供补偿和利益计划而感到自豪，包括竞争性的收入和奖励。

3. 员工对顾客的承诺

员工对顾客的承诺决定了服务质量和顾客的满意度。顾客在消费过程中能否获得心理上的愉悦和精神上的享受取决于员工的服务礼仪及服务效率。在提及员工与顾客之间的关系方面，每个酒店都各有侧重，有的酒店将顾客视为其重要资产，并且认为坚持以顾客需求为中心是获取市场成功的关键，这促使“顾客第一”成为指导酒店市场活动的价值观与行为准则。同时，伴随人本主义管理思想和内部营销研究的兴起，“员工第一”的组织导向逻辑逐渐受到关注，员工作为酒店的关键内部顾客，对其需求和利益的关注是员工导向的核心诉求。但这两种说法都是把员工与顾客的关系建立在不平等的基础之上的，而我们更愿意将员工与顾客位于平等的地位，共同建立和谐的服务环境与消费环境。服务是一种互相沟通、互动情感的过程，需要双方的共同参与，相互理解，彼此尊重。如丽思卡尔顿酒店倡导的酒店礼仪宗旨——“我们是绅士淑女给绅士淑女服务”就体现了员工与顾客之间平等的关系。

第三节　酒店礼仪文化的功能与体系

一、酒店礼仪文化的功能

酒店礼仪文化是企业文化建设的重要组成部分，是关于企业礼仪的观念及其行为方式的总和，象征着酒店的价值观和道德要求，塑造着酒店形象。在酒店，一旦建立起高度信任、理解、互尊的群体关系，形成员工主体共有的礼仪责任集体意识和奋发进取的精神，就能成为激励员工勤奋工作、勇于竞争的强大动力。酒店礼仪文化的功能，主要体现四个方面：

1. 形象塑造

良好的酒店形象是酒店的无形价值，酒店各个部门的员工所呈现的仪容、仪表、仪态都影响着企业的形象，同时这种非凡的魅力和气质也成为企业不可取代的象征。许多顾客就是被服务人员的职业魅力吸引，而使顾客选择酒店产品。礼仪是塑造形象的重要手段，若每位酒店成员均能做到热情礼貌、语言文明、行为规范，就能在顾客及社会公众心中留下良好的印象，酒店形象自然而立，其产品或服务就能受到顾客的信任和肯定，同时也可以为酒店吸引人才、集中人才创造优越条件。

2. 教化激励

酒店文化是酒店员工的价值观、酒店精神、经营哲学等的一系列渗透在企业活动中的东西，是企业存在的灵魂，是一种具有正向激励作用的正能量。酒店文化对酒店的每个人都有教化作用，可以唤起和激励员工的自豪感、荣誉感和责任感，激发酒店员工的进取心、参与意识和主人翁意识，自觉地爱护酒店、关心酒店，把自己的命运与酒店的发展紧密联系在一起，不断释放自己的潜能，竭尽全力为酒店的发展做贡献，使酒店充满无限活力，这是一个现代酒店发展不可缺少的原动力。

3. 仪式传播

社会是离不开仪式的，因为“仪式可以维护物质和精神的秩序，施与人类的生命健康以及他们所敬重的所有品格”。在人类学意义上，仪式通常被界定为象征性的、表演性的、由文化传统规定的一整套行为方式。海尔工厂每天要召集一次 6S 班前会，让工作表现优异的员工站在两只大脚印上面向同事们介绍经验；日本松下电器公司全体员工每天早上八点钟诵读松下精神，高唱公司歌曲……这些强有力的、适宜的仪式文化正日益被众多企业看重，并成为实施发展战略、应对更高层次竞争的基本要素。仪式传播过程中产生的认同感及其英雄意识促使员工内心得到极大的展示和满足。

4. 行为规范

礼仪规范不可缺失，礼仪能够通过认知的方式，帮助酒店员工理解礼仪的价值及在塑造理想人格中的作用，从而自觉地培养道德精神和礼仪素质。同时，规范的礼仪行为还能够通过评价、劝阻、示范等方式，纠正酒店员工不正确的行为习惯，倡导员工按礼仪规范的要求协调人际关系。因此，培养员工良好的工作行为、言谈举止、社交礼仪有助于形成积极向上的酒店文化。

二、酒店礼仪文化体系

依据礼仪文化的内涵，结合酒店礼仪文化的功能，可以将酒店礼仪文化由内而外划分为酒店礼仪理念文化、酒店礼仪制度文化、酒店礼仪行为文化三大结构，三者共同搭建起酒店礼仪文化理论体系（见图 8.2）。

按照文化的性质来划分，酒店礼仪文化体系的三大结构各自起着重要的作用。酒店理念文化作为酒店礼仪文化发展的精神动力和源泉，指引酒店礼仪行为的发展方向，处在最核心的深层次；酒店制度文化作为酒店礼仪文化发展的保障，规范礼仪行为，处在较外层；酒店礼仪行为是酒店礼仪文化的主体，是酒店礼仪文化最显著、最集中的表现形式，因此处在最外层。酒店礼仪文化中的礼仪理念、礼仪制度都是促进礼仪行为改善和提高的重要因素，三者缺一不可。

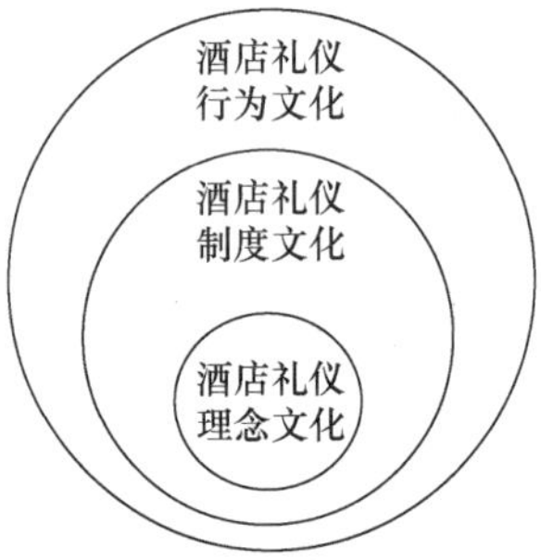

图 8.2　酒店礼仪文化体系

（一）酒店礼仪理念文化

酒店礼仪理念作为意识形态上的礼仪文化，是酒店在长期的经营和管理中进行礼仪文化建设所依据的指导思想，是得到管理者和员工认可的、体现酒店自身特性的、对酒店发展具有指导意义的价值观和经营理念。酒店礼仪理念是酒店礼仪文化发展的思想基础和来源，是酒店礼仪文化的精髓和核心，是酒店礼仪文化的灵魂。酒店礼仪理念反映了酒店特有文明的内在价值体系，是涵盖酒店长期发展的精神动力支持系统，囊括了酒店运行的各个环节的礼仪思想观念。包括酒店的管理理念、经营原则、规则意识、和谐意识、求美意识、守则意识、协作意识、自觉意识、从善意识、尊重意识等。下面主要阐释尊重意识、从善意识、求美意识三个方面。

1. 尊重意识

“礼仪在多数时候是用来表达敬意的，其基点就是尊敬”。学会在日常生活中使用合理恰当的礼仪不仅是对他人的尊重，更是对自我的尊重。尊重往往是依托于普遍的行为准则，许多人所呈现的优雅的举止、得体的仪态都是一项生活中日常的仪式。同样，酒店员工对自我、对酒店、对工作、对顾客尊重意识的培养更是让顾客提高满意度的关键因素。

2. 从善意识

“一般来说，善是指符合社会历史进步集体和个人的行为和品质”。古希腊思想家亚里士多德曾说过，人生追求的目的是至善，善就是人的心灵合乎德性的活动。如果一个人在社会中始终能坚持做人做事的基本底线和标准，那这个人肯定是可以依托、信赖之人。员工是酒店重要的组成成分与生产要素，员工的思想与行为直接影响酒店今后的发展。因此，招聘并培养有正确道德标准的人，才能保证对客的礼仪之心，将善良与美好留在顾客的心间。

3. 求美意识

世界上美的事物千姿百态，异彩纷呈。“美的本质，就是以宜人的形式呈现出对人的本质力量的确认与肯定；美的东西可以陶冶情操、美化人格、规范行为，虽然礼仪的制定与践行并不是审美的活动，但它的确又蕴含着美的因素。”在酒店，员工的言行举止、仪容仪态实际上就体现了对美的追求。这种从内而外的美，不仅为顾客留下了美好的画面，创造和谐氛围，更是员工自我认可、自我欣赏、自我提高的过程。因此，酒店员工只有始终保持礼仪服务理念，在不断追求卓越服务的过程中，才能创造美的思想和行为。

（二）酒店礼仪制度文化

酒店礼仪制度是为了维系酒店内外部良好关系，创建和谐有序的酒店秩序，提升酒店文明程度的规定和章程，属于酒店管理制度中的一种。酒店礼仪制度将酒店礼仪理念与礼仪行为有机地结合在一起，既反映了员工的礼仪意识，也规范了员工的礼仪行为。从产生的途径上看，酒店礼仪制度是在礼仪理念的指导下形成的，是由抽象的礼仪观念向具体的礼仪行为转化的重要环节。从规范行为的角度，酒店礼仪制度对酒店礼仪现象进行系统的归纳和总结，是将具体的礼仪行为整合成为指导守则，是礼仪文化规则层面的体现。

1. 礼仪制度制定的科学性

礼仪规范是酒店制度体系中重要的组成部分。制定礼仪规范是一项严谨、科学的工作，需由人力资源部门负责，并在其他部门的配合下，结合行业人士和专业人士的意见而形成。首先，礼仪制度制定要有一定的依据，借鉴行业已有的优秀礼仪规范守则进行重构，其内容包括个人礼仪、社交礼仪以及公务礼仪、商务礼仪。其次，考虑酒店自身的经营及当地的特色文化对原有固定的制度模式变革。再次，将员工在日常发生的实践案例融入各个礼仪行为中，使其作为条文规定的实践说明。

2. 礼仪内容规范的全面性与针对性

礼仪规范包含酒店服务的各个方面，在制定礼仪规范的过程中要考虑到包含内容的全面性，需详细分类，按照类别规范礼仪行为，主要包括基本礼仪类、酒店服务礼仪类、习俗礼仪类等。依照此思路继续细化，基本礼仪类又包括仪容仪表礼仪、仪态礼仪、语言礼仪；酒店服务礼仪类又包括客房礼仪、前厅礼仪、餐厅礼仪等。酒店不同的部门要有对应的礼仪规范要求，如餐厅员工需要掌握摆台技能、上菜礼仪、服务礼仪等；前厅部员工需要极强的沟通技能和语言礼仪，并对入住、离店的服务流程了如指掌，熟练掌握电脑操作技能。因此，酒店在追求礼仪规范的全面原则上，还必须针对不同部门和岗位的特点，制定不同类型的礼仪规范。

（三）酒店礼仪行为文化

礼仪从本质来说，是将“礼”的精神“内化于心，外践于行”。无论是深层的理念文化，还是浅层的制度文化，最终都体现在礼仪行为上。在酒店行业，员工是礼仪行为的主体，是礼仪服务的实施者和参与者。因此，酒店员工在与顾客的交往中，应该把握交往的主动权，以礼貌的工作态度，有理有节的工作行为换取顾客的满意，以此来营造和谐氛围。礼仪行为主要包括仪容、服饰、谈吐、举止等方面。

1. 整洁的仪容

仪容主要指人的容貌，是个人发式、面容以及人体所有未被服饰遮掩的肌肤等的统称。对客服务过程中，员工的仪容会引起服务对象的特别关注，从而影响到顾客对酒店的整体评价。仪容是员工精神状态、朝气与活力最直接的表现，更是员工自身美的展现。良好的妆容与容貌使人看上去精神焕发、神采飞扬；而容貌不整则会使人看上去萎靡、疲倦、无精打采。因此，员工要创造良好的形象，首先应当考虑的是仪容，通过清洁、保养、修饰等方式使人赏心悦目。

2. 得体的服饰

服饰是服装和饰物的总称，有着丰富而深刻的文化内涵。一方面，服饰表现为有形的器物，即具有物质形态和使用价值，是人类社会物质进步的体现；另一方面，服饰表现为无形的文化，如人类的信仰、风俗、习惯、审美等，具有非物质化和隐形的价值，是人类社会精神文明的结果。服务行业的服饰属于职业服饰，不仅是自身审美的需要，而且是被服务者审美的需求，更是酒店提高知名度、塑造良好形象、突显文化特色的需要。因此，对于不同的工作岗位员工要配不同款式的职业服装，忌服装样式和色彩搭配杂乱，忌色彩过于鲜艳，忌质地过于粗糙。

3. 礼貌的谈吐

谈吐即语言，是人们用来表达意愿、交流思想感情的交际工具，人与人之间的联系交流绝大多数要借助语言这一工具。对于服务行业而言，语言是一种表达美、传递美的沟通方式，灵活运用语言的技巧可以有效调节顾客焦急、躁动的心理状态，提高酒店服务质量，完善顾客体验满意度。酒店服务语言种类很多，如欢迎语、问候语、告别语、称呼语、祝贺语、道歉语、道谢语、应答语、征询语等。酒店员工在使用各种礼貌用语时，要做到谈吐文雅、语调轻柔、语气亲切、讲究艺术；要根据不同的接待对象，用好各种礼貌语言；要熟记和掌握所在部门的专业用语和常用的服务用语。

4. 优雅的举止

在形象塑造中，姿态美作为外表的一个重要组成部分，是指人体的空间变化、活动样式所形成的美。从某种意义上讲，人的行为举止也是一种语言，是无声的，但这种无声的语言有时比有声语言更丰富、更有表现力、更有吸引力。酒店员工的举止包括基本的仪态和体态语言。酒店员工基本的举止仪态主要表现在站、坐、行等方面，在工作中要注意站姿要挺拔、走姿要端庄、坐姿要优美、手势要自然、蹲姿要优雅。酒店员工的体态语言主要包括肢体语言和表情语言等，如引导方向、鼓掌欢迎顾客、投以友好的眼神、投以会心的微笑等。

第四节 酒店礼仪文化建设

酒店礼仪文化不仅仅指员工对客服务的理念和规范员工礼仪行为的范式，而且指为推动酒店良好形象传播，通过文化的渗入，将以往平凡的服务上升为一种艺术。只有通过强化酒店礼仪文化建设，使员工从内心深处和潜意识中认识到自己在岗位上的一言一行不是在进行简单重复性的体力劳作，而是对顾客的一种艺术展示时，才意味着酒店服务进入了一个新的高度与层次。

一、酒店礼仪文化的地位与作用

1. 酒店礼仪文化是反映酒店精神的必要形式

酒店的经营理念和价值观，通过礼仪变成酒店工作者具体的行为规范，成为指导员工的行为准则。礼仪使抽象的酒店哲理、信念、价值观、规范等，变得具体、形象、可读可解，有利于酒店价值观向员工个人精神世界的转化。礼仪也使那些抽象、枯燥、呆板的文化概念和文化式样，变为员工活生生的经验和感受。从这个意义上说，礼仪是酒店文化“活”的要素。

2. 酒店礼仪文化是提高酒店服务质量的重要手段

随着社会的进步，顾客的消费品位越来越高，服务也越来越倾向于个性化，服务个性化是21世纪酒店业成功的关键。酒店引入企业文化管理理念中礼仪理念重要的原因就是要提高服务质量，服务质量的提高有赖于员工素质，因此，提高服务质量的关键首先在于培养员工的个人礼仪行为及建立互相尊重、和谐共处、以人为本的礼仪理念。酒店可以将礼仪文化注入员工的价值观念、敬业精神、职业道德等个体精神中，进而使这些礼仪文化通过仪态形象自然而然地展现给顾客。正由于酒店员工扮演直接与顾客接触的角色，所以其所提供的服务直接影响到顾客对酒店的印象以及本次体验的满意度。由此可见，酒店礼仪文化对顾客感知服务质量起到决定性的作用。

3. 礼仪文化具有美化酒店形象的功用

当今社会已进入了形象和品牌消费时代，良好的企业形象一旦形成，就会成为企业的无价之宝，不仅会产生巨大的经济效益，而且会产生巨大的社会效益。在市场经济条件下，尤其是处在同等档次和水平的企业之间，塑造良好的企业形象，如同抢占制高点，是企业竞争的法宝。酒店形象的打造，离不开酒店礼仪文化建设这个基础，离不开酒店礼仪要素在员工对客服务中的外部显现。通过员工优质的礼仪服务，通过酒店的仪式典礼，可以塑造酒店形象，提升酒店的美誉度。可见，酒店礼仪文化能增强酒店对员工的吸引力、凝聚力，在顾客和竞争伙伴的心中留下美好而深刻的形象。

4. 酒店礼仪文化是创造酒店特色的需要

一个酒店是否有生命力，关键在于有没有优于对手而对手难以模仿或不能模仿的特色，而这些特色，归根结底来源于酒店组织自身的行为观念及领悟能力，来源于酒店创造的文化氛围、礼仪理念、礼仪宗旨。酒店礼仪文化是酒店文化的一个核心内容，是酒店文化的灵魂。一个酒店想要生存、发展、壮大，在激烈的市场竞争中处于优势，就必须有一种精神。当然，各个酒店对礼仪文化的理解不尽相同，有的视其为服务顾客的无形产品；有的视其为一种规范化的个体行为；也有的视其为酒店的向心力、凝聚力。由于酒店对礼仪文化的理解各不同，进而对其外化的礼仪行为也不尽一致，因而就会形成不同的礼仪理念，也就形成了这个酒店不同于那个酒店的特色，而鲜明的酒店特色是吸引顾客的一个很重要的因素。

二、酒店礼仪文化建设的原则

1. 尊重原则

尊重是礼仪的本质。古人说："敬人者，人恒敬之。"就是说，尊敬别人的人，别人才会永远尊敬他。尊重他人是一种美德，意味着超越种种偏见、虚荣、敌意，客观公正地认识、评估对方。在酒店工作过程中，酒店员工对顾客的尊重，是自身良好品质和素养的体现，也是建立良好人际关系的基础，不尊敬顾客则是失礼甚至失职的表现。掌握了尊重原则，就等于掌握了酒店礼仪文化的要领。

2. 和谐原则

和谐是古人所讲的中庸之道，万事万物都要把握一个度，达到一个平衡就是最佳的状态。建设具有和谐氛围的酒店，是所有酒店员工共同追求的目标，也是酒店礼仪文化的核心理念之一。酒店员工在对客服务过程中，要以和谐相处为目的，根据自身的工作性质，将行为规范约束在一定的礼仪范畴中，各就其位、各尽其职，努力为顾客提供优质的服务，以融洽主客之间的关系，建立酒店和谐的氛围，促进酒店健康持续地发展。

3. 宽容原则

酒店员工在与顾客交流的过程中，要秉承"严于律己，宽以待人"的理念，为不同国家、不同地区、不同民俗的顾客提供如"家"一般温馨的服务。在对客服务中，面对性情急躁的顾客，员工须按酒店礼仪规范自己的行为，用柔中带刚、思圆行方的处事原则抚慰顾客，尽量满足顾客的需求，达到和谐的服务过程。

4. 审美原则

礼仪具有美的属性。酒店礼仪文化意在达到一种内在的精神、心灵美的统一。酒店礼仪文化秉承了礼仪中一贯对美的追求，要求酒店员工在工作过程中，做到举止优雅、服饰得体、仪容整洁、语言礼貌等。这些礼仪行为规范，不仅体现了员工的审美情趣，更重要的是让顾客感受到一种美的享受和服务。因此，酒店礼仪文化必须坚持审美原则，才能为顾客带来心灵和精神的满足。

三、酒店礼仪文化建设的途径与方法

1. 坚持"用心服务"，做到"诚实守信"

酒店服务贵在"用心、诚实守信"。"用心"可以使企业发现客户、了解并把握客户的所思、所想、所求，热情周到地接待顾客，为顾客排忧解难，使顾客感到方便、舒适和满意；“诚实守信”可以赢得和留住顾客。酒店经营者永远都会记得，丢失一个老顾客比发展一位新顾客的损失要大得多，尤其在供求的天平已经倾向顾客这样一个市场经济氛围之下，更要知晓拥有客户市场的意义。“诚实守信”既是中华民族的传统美德，是立世之本，同时也是酒店的发展之基。“用心”是实实在在的“服务文化”，只要酒店做到并做好，顾客就会乐意接受酒店的产品，就会成为酒店的忠实客户。“诚信”作为一种文化，亦是推行“服务文化”、增强酒店核心竞争力的根本。多年来，希尔顿酒店的员工将《宾至如归》一书视为“圣经”，而书中的核心内容就是“你今天对顾客微笑了吗”，通过“微笑”这个行为，让顾客感受到希尔顿酒店的用心服务。微笑已经成为最基本的礼仪规范，包括酒店的待客礼仪、经营理念、员工风度、环境布置风格以及内部的资讯沟通方式等内容。微笑通过点点滴滴的工作，赋予酒店这块顾客的“家外之家”以浓厚的人情味；这个简简单单的服务手段，包含着深刻的服务文化理念，吸引着消费者，也有效地促进了顾客对酒店的忠诚度。

2. 酒店礼仪文化的实质仍然是“以人为本”

重视员工的作用，以人为本，使员工自觉参与到酒店礼仪文化建设中来。酒店文化的核心精神最终会通过全体员工的行为表现出来并为顾客所认知，因此，没有满意的员工，就不可能有满意的顾客。酒店与员工、员工与员工之间的关系树立了集体价值高于个人价值，协作价值高于单体价值、人的价值高于物的价值的价值观。关心员工、尊重员工，给员工以安全感、受尊重感和成就感，使得员工真正体会到工作的意义，从而使他们能够在各种制度的约束下最大限度地发挥自己的才能，服务好酒店的每一位顾客。根据马斯洛的需求层次理论，人都有社交、尊重和自我实现的需求。以人为本就是要最大限度地重视员工和尊重员工，以发挥员工的积极性和创造性，树立和培养员工的主人翁意识和强烈的酒店归属感，使之做到爱店如家、以店为家。这就需要酒店能真正形成民主气氛，建立自下而上的沟通渠道，把员工的意见和建议及时反馈到酒店管理者手中，并能对其中中肯及有效可行的意见和建议付诸实施，肯定员工的价值。同时，酒店要给员工提供培训和成长的机会，提高员工素质，要及时地表彰员工的成绩与贡献，鼓励员工参与管理，树立用人唯贤的科学用人观。

3. 强化企业凝聚力，建设“和谐一家”

美国管理学家西蒙和马奇提出的提高企业凝聚力的有效方法是，树立良好的企业形象，强化企业目标的共享意识，扩大企业内部信息沟通与交流的渠道，加强企业内部人与人之间的理解与信任等。由此可知，亲密情感、价值共识与目标认同是强化企业凝聚力的关键因素，因此，许多具有优秀礼仪文化的企业特别重视企业内部的情感投资，不断地满足企业员工的情感需求，加强企业对员工的吸引力。同时，企业礼仪文化又为企业内部员工提供统一的礼仪行为规范与准则，建立起在企业价值观基础上的行为模式，从而把员工的行为吸引到实现企业目标的轨道上来。酒店礼仪理念引导员工追求的崇高目标中除了要充分体现酒店的经营理念与经营宗旨外，还要广泛地采纳员工的利益要求，使酒店员工能够感觉到企业目标的实现也意味着个人利益需求的实现，这样员工就会同心同德，齐心协力，对酒店产生一种向心力。

4. 建立学习型企业文化，打造文化创新机制

酒店没有一般意义上的生产活动，其生产经营活动都是以服务为中心，以文化理念为载体。在日趋激烈的文化竞争时代，酒店业要想在膨胀的经营对手中不断崛起，丰富酒店文化内涵、建立学习型机制、传承创新传统礼仪文化是促进酒店发展的重要途径与方法。首先，通过改善员工个人和酒店整体的心智模式，开辟新的心灵境界，使得服务意识得到进一步的提升；其次，将学习活动和酒店的文化创新联系起来，引导和培养酒店员工在共同的酒店发展目标下形成学习和创新的共享意识，建立适应于学习型团队创新的管理机制。酒店通过倡导学习型酒店文化不断地创造与时俱进的服务理念，不仅能够丰富员工的服务礼仪内涵、激发员工的服务意识，而且更能改善员工的对客服务质量，提高酒店知名度，为酒店发展创造无限生机。

本章小结

(1) 酒店礼仪文化是酒店经营过程中，尤其在员工为顾客服务过程中，为建立良好的宾客关系和工作氛围，依照相应的礼仪准则或规范，创造出来的一种和谐的企业文化形式。

(2) 酒店礼仪文化是酒店经营过程中创造出来的一种和谐的企业文化形式。其内涵包括：酒店礼仪文化是一种具有规范性、指导性的企业文化；酒店礼仪文化是员工为顾客服务过程中产生的，是一种动态的文化；酒店礼仪文化是物质和精神相统一的文化；酒店礼仪文化是情感互动的文化；酒店礼仪文化是一种服务文化。

(3) 深入分析和理解酒店礼仪文化的内涵，酒店礼仪文化的特点主要包括规范性、灵活性、共同性、差异性、丰富性。

(4) 企业理念是保证企业能否有序运行的润滑剂，而内生于这种企业理念之中的礼仪理念与宗旨则是保证酒店集团这一庞大机体稳定发展的核心。酒店是通过酒店管理理念和酒店经营理念两大方面体现出酒店的礼仪精神。

(5) 酒店管理理念和经营理念的完善归根结底以礼仪理念为准绳。酒店礼仪理念有助于规范员工的礼仪行为，有助于提高员工的精神理念，有助于完善企业管理理念，决定企业经营成败的关键。

(6) 礼仪理念是酒店文化的核心，酒店礼仪的宗旨是礼仪理念细分的产物，是酒店文化的内在具体表现，主要表现为企业对顾客的承诺、企业对员工的承诺、员工对顾客的承诺三方面内容。

(7) 酒店礼仪文化的功能主要体现在酒店形象塑造、教化激励、仪式传播、行为规范四方面。

(8) 依据礼仪文化的内涵，结合酒店礼仪文化的功能，可以将酒店礼仪文化由内而外划分为酒店礼仪理念文化、酒店礼仪制度文化、酒店礼仪行为文化三大结构，三者共同搭建起酒店礼仪文化理论体系。酒店礼仪理念文化包括尊重意识、求美意识、从善意识等；酒店礼仪制度文化包括礼仪制度制定的科学性、礼仪内容规范的全面性与针对性；酒店礼仪行为文化包括整洁的仪容、得体的服饰、礼貌的谈吐、优雅的举止等。

(9) 酒店礼仪文化的地位与作用主要表现为：酒店礼仪文化是反映酒店精神的必要形式；酒店礼仪文化是提高酒店服务质量的重要手段；礼仪文化具有美化酒店形象的功用；酒店礼仪文化是创造酒店特色的需要。

(10) 酒店礼仪文化建设的原则为尊重原则、和谐原则、宽容原则、审美原则。

（11）酒店礼仪文化建设的途径与方法为坚持“用心服务”，做到“诚实守信”；酒店礼仪文化的实质仍然是“以人为本”；强化企业凝聚力，建设“和谐一家”；建立学习型企业文化，打造文化创新机制。

延伸阅读

酒店企业管理中礼仪文化的构想

礼仪文化是酒店企业管理中一个重要的组成部分，起着至关重要的作用。本文从酒店管理中的礼仪服务现状谈谈建立酒店礼仪文化的途径。

古人云：“人无礼则不生，事无礼则不成，国无礼则不宁。”礼仪发展到今天，已经成为中国文化的一个重要组成部分，影响着社会生活的方方面面。礼仪文化对企业经营也有重要影响。近年来随着星级酒店服务领域的逐渐增大，业务范围增多，尤其是涉外服务的逐年递增，酒店除了具备优质精良的硬件设施、幽雅别致的舒心环境、专业的服务水准，还必须了解与服务对象相处的规范。这就要求酒店重视礼仪文化建设，从而更好地适应市场经济交往的需要。

一、酒店礼仪文化的内涵

礼仪存在于社会一切交往活动中，在《辞海》中对“礼”的解释是本谓敬神，引申表示为敬意。礼既表示敬意和隆重而举行的仪式，也泛指社会交往中的礼貌礼节；对“仪”的解释为“法度标准”。礼仪是人们在长期共同生活和交往中逐渐形成，以风俗、习惯和传统等方式固定下来的行为准则和规范。礼仪是一个人内在修养和素质的外在表现；礼仪是一种交际方式和交际方法，是人际交往中的适用艺术；礼仪是在人际交往中进行沟通的技巧；礼仪是示人以尊重友好的习惯做法，是待人接物的一种惯例；礼仪同时也是一种形式美，是人心灵美的必然外化。

最初的酒店始于古罗马时期，此后酒店行业经历了古代客栈时期、大饭店时期、商业饭店时期等阶段，随着世界各国各地旅游业迅速发展，酒店业进入了现代新型饭店时期。伴随着酒店业管理制度的完善，酒店礼仪文化也应运而生，酒店管理体系中的礼仪规范也逐步确立和发展起来。按照礼仪文化的性质划分，酒店礼仪文化可以从四个方面来表现：其一，酒店企业礼仪文化的核心价值观念，这是每个酒店固有的特色；其二，酒店企业礼仪文化的制度化形成，即对客服务的惯性形成，这是每个酒店的刚性要求；其三，酒店企业礼仪文化的行为方式，这是每个酒店的外在表现；其四，酒店企业礼仪文化的形象塑造，这是每个酒店的标志性体现。酒店企业最核心的精神动力是礼仪文化核心价值观，这也是指引礼仪行为发展的方向，是最深层次的东西；酒店的制度文化则为酒店文化的发展起着保驾护航的作用，属于行为举止规范，是较外层的东西；礼仪表现行为是酒店企业礼仪文化的主体，是礼仪文化最显著、最集中的表现形式，是外层次的东西；酒店文化的形象塑造是体现当代酒店企业的精神风貌和人文素养的表现，是酒店企业礼仪文化的最外层次的表现。酒店礼仪文化的价值观、制度文化是促进礼仪行为、形象礼仪塑造的改善和提高的重要因素，四者相辅相成，缺一不可。

二、酒店管理中礼仪文化的现状分析

对于酒店企业来讲，质量好坏主要是服务竞争，服务竞争的核心是人员素质的竞争。酒店业人员的敬业精神、技术水平、职业心理素质、高级管理人才和技术人才的组合效应，以及一支训练有素的人才队伍等，都影响酒店的竞争力。中国内资酒店竞争力不强，关键因素不是技术问题，而是人员素质问题。

1. 酒店服务人员礼仪知识的缺失

酒店行业是劳动密集型产业，酒店员工的流动性较大，酒店员工多数学历、文凭不高，这就导致酒店行业人员整体水平基本素质较低、文化底蕴较差。在实际工作中，由于员工不了解国外宾客的风俗习性，尤其是外宾的忌讳，所以宾客不满意的事情时有发生。“100－1＝0”的服务理念已经成为酒店业不争的理念。

2. 酒店员工对客服务行为不当

员工在为顾客服务过程中应遵守的服务理念、服务语言、服务态度、服务仪表、服务技能、服务质量、服务效率、服务纪律及站、走、坐等基本素质不到位。从礼仪文化的角度分析，员工的外在表现形式只有“仪”，而没有“礼”，员工职业培训学到的只是形式和表面，并没有深入理解企业礼仪文化所包含的内容。学习和运用礼仪，不仅仅是员工提高自身素质修养的需要，更是提高企业效益、提升核心竞争力的需要。

3. 酒店礼仪文化的渗透性不强

酒店员工每年都需要进行培训，但是在培训中发现，很多酒店流于形式，对酒店的历史、未来发展、特色及优势讲解都很短浅，再加上酒店员工的流动性较大，员工培训反反复复，因此，很多酒店的培训没有计划性，对员工的职业生涯没有规划性，导致酒店企业文化传承不畅，礼仪文化就仅限于模仿动作，但都不知其所以然，这必将导致酒店的企业文化无法真正地体现出来。

4. 酒店企业自身的礼仪文化定位不清晰

酒店企业在推行相同的礼仪文化模式时，并没有仔细去研究其礼仪文化的情况、具体发展战略与特色。酒店推出的礼仪文化产品与服务也仅仅局限于“头脑风暴法”的构想。这样显然是重复建设的一种表现，长期持续下去必然会导致恶性竞争，不利于整个礼仪文化产业的发展。调查发现，大部分酒店礼仪文化在形成礼仪文化特色前没有展开全面的市场调研，对消费者的消费心理、消费需求掌握不够，以致酒店的产品、提供的服务不能有效结合消费需求的情况，这使企业很容易在激烈的市场竞争中落败。

三、酒店礼仪文化的构建途径研究

1. 加强礼文化的思想教育，构建酒店礼仪文化体系

（1）酒店管理层在礼仪文化上的观念的改变是最为重要的。作为酒店的管理者首先要充分认识并接受酒店礼仪价值观，把礼仪文化的价值标准和准则运用到酒店的日常管理行政化标准中去，融企业常规战略管理与文化管理于一体。只有酒店管理者的礼仪观念根深蒂固、通达明白，才能高效传达酒店的礼仪文化精髓，才能有效地建立执行酒店礼仪文化。因此，酒店管理者需要放眼未来，不断接受新的管理理念，倡导文明有效的礼仪新思维，管理层才能武装正确的礼仪文化理念，并不断培养酒店员工的思想意识。

（2）酒店服务人员从心理上接受并形成酒店礼仪文化的理念。一般而言，提高酒店员工的礼仪文化理念，可从以下几点入手：第一，培养礼仪文化理念要有选择性，侧重强调青年人的道德观念、法律意识、遵守规章制度意识；第二，在实际工作中切实解决员工的问题，加强员工礼仪服务的意识，科学合理地传授礼仪文化理念，从心理学的角度对待礼仪观念的形成；第三，礼仪观念需要润物细无声地逐步形成，借助酒店的内刊、酒店的文化网站、酒店的微信和QQ等平台构建员工自主学习的氛围，使员工在有爱、有序的工作环境之余，自觉提高礼仪文化观念；第四，酒店应出台一些科学有效的激励方法和制度，对员工的礼仪行为和文化表现实施奖惩，赏罚严明是管理的巨大动力。

2. 制定酒店礼仪文化的规章制度

酒店作为员工工作的一个大环境，是酒店员工的大家庭，员工的言行举止与日常的工作是水乳相容的，对客服务的过程就是实施礼仪行为的过程。在员工明确了礼仪文化的核心价值观后，其礼仪行为的载体是通过员工的言、行、表情等一一传达给酒店的顾客，顾客成为礼仪客体的受礼者。酒店礼仪文化的体现与实施都是由人来完成并传达给客体，因此，酒店必须提升其信息技术水平，强化内部各种信息的及时沟通，提高服务礼仪文化生产软实力。

（1）在切实保障酒店制度的正常运行中，一般由酒店的人力资源部门制定相关的酒店礼仪制度，再聘请相关的礼仪培训师向员工传授礼仪的外在行为规范，并且人力资源部门派专人担任具体执行礼仪制度的责任人。管理过程中，管理者还需把酒店的礼仪制度纳入监督范围内，由质监部门监督制度的执行。管理者的高层应定期监督和检查全员执行力度，这才会切实把酒店礼仪制度落实到位。

（2）酒店各有不同，每个酒店礼仪文化也各具特色。当前酒店行业的制度规章基本相同，没有各自的特色体现，细化到各个不同酒店中应能体现自己的特色为宜，因此，酒店之间需要相互学习总结，通过参加大型的文化比赛与技能大赛等活动相互取长补短，尽快找出适合自己酒店运行的礼仪文化规章制度，让酒店员工的行为有所依凭、有所约束，让酒店员工在实际的执行中呈现最佳状态。

（3）酒店必须拥有良好的社会效应与强有力的好口碑，在社会公众心中建立好的信誉比任何制度都重要。例如，很多高星级酒店都有易于理解和使用的酒店企业文化宣传手册和针对员工制作的员工手册，建立起乐于遵从、公认的、适用性强、操作性强的礼仪文化氛围。又如万达酒店及度假村在品牌中充分展现具有中华礼仪特色的“迎宾天使”以及“茶之旅”等款客之道，不仅设计上传递了豪华酒店的特色礼仪文化，更在服务上体现了中国人的待客之道，把“文质彬彬，然后君子”的礼仪文化贯彻到对每一个细节服务上去。

3. 全社会的关注和支持是实现酒店礼仪文化的体现

在社会经济文化发展的多元化，尤其是市场的利益化倾向和市场多样化的今天，酒店企业之间的竞争还必将更多地展示出企业所特有的文化理念和礼仪内涵的竞争。酒店企业的核心是注重文化内涵，创造自身特色。企业礼仪文化是企业的精神风貌。以希尔顿酒店为例，酒店礼仪文化赋予企业浓厚的人情味，对培育企业精神和塑造企业形象起着潜移默化的作用。希尔顿酒店创始人希尔顿先生十分注重员工的文明礼仪教育，倡导员工的微笑服务。他每天至少到一家希尔顿饭店与饭店的服务人员接触，向各级人员（从总经理到服务员）问得最多的一句话是：“你今天对客人微笑了没有?”这是希尔顿酒店的成功秘诀：牢牢确立自己的企业理念并把这个理念贯彻到每一个员工的思想和行为之中，为饭店创造“宾至如归”的文化氛围，注重企业员工礼仪的培养，并通过服务人员的“微笑服务”体现出来。

阅读思考

1. 你认为是什么原因导致中国内资酒店竞争力不强?
2. 上文中通过几方面来建构酒店礼仪文化?

复习思考

1. 如何理解酒店礼仪文化的概念、内涵及特点?
2. 酒店礼仪文化的特点包括哪些?
3. 酒店通过哪些方面体现酒店的礼仪精神?
4. 酒店礼仪宗旨表现在哪些方面?
5. 酒店礼仪文化有哪些功能? 礼仪文化体系包括几大结构?
6. 试分析酒店礼仪文化建设的途径与方法。

参考文献

[1] 顾希佳. 礼仪与中国文化 [M]. 北京：人民出版社，2001.

[2] 世界著名酒店集团比较研究 [M]. 第2版. 北京：中国旅游出版社，2012.

[3] 王桂萍. 企业声誉对顾客关系的影响机制研究——基于消费者视角 [D]. 济南：山东大学，2012.

[4] 李巍，许晖. 服务型企业组织导向的整合机制研究——兼论员工与顾客的价值统一性 [J]. 商业经济与管理，2012 (12)：33.

[5] 徐爱华. 强化礼仪文化功能构建 [J]. 浙江经济，2010 (24)：50－51.

[6] 游富相. 酒店管理文化中的激励机制策略 [J]. 知识经济，2013 (14)：19－20.

[7] 李刚. 员工企业理念认同与企业理念文化研究 [D]. 重庆：重庆大学，2006.

[8] 黎永泰，黎勇. 企业管理的文化阶梯 [M]. 成都：四川人民出版社，2003.

[9] 熊锦. 酒店礼仪文化体系构建与应用研究 [J]. 湖南师范大学，2009：17.

[10] 严小燕. 论酒店企业文化的建设 [J]. 企业经营与管理，2012 (12)：267.

[11] 王宗源. 中华礼文化与大学生礼仪教育研究 [D]. 北京：首都师范大学，2008.

[12] 王秀芝. 酒店文化的基本内涵建设 [J]. 沈阳大学学报，2003，12 (4)：6－7.

[13] 周丽洁. 饭店管理概论 [M]. 长沙：中南大学出版社，2005，(7)：19.

[14] 禄俭. 培养旅游业管理人才的思考 [J]. 中国水运，2003，(10)：45.

[15] 刘裔远. 新编旅游饭店管理概论 [M]. 重庆：立信会计出版社，2003.

[16] 绕远立，邵冲. 46 家国内企业使命陈述的实证分析 [J]. 南开管理评论，2005，8 (1)：64－68.

[17] 牟春兰，王巍，高自立．基于企业与顾客关系的顾客价值提升策略研究［J］．价值工程，2009（2）：46.
[18] 徐彦．公共关系视角下的企业生态化管理初探［J］．浙江工商大学学报，2008（6）：59－63.
[19] 张兵娟．仪式 传播 文化［J］．中国广播电视学刊，2007（3）：85.
[20] 黎永泰，黎勇．企业管理的文化阶梯［M］．成都：四川人民出版社，2003.
[21] 王伟伟．礼仪形象学［M］．北京：人民出版社，2005.
[22] 岳培宇．系统思考现代旅游企业文化创新之应用［J］．市场论坛，2005（12）.

第九章

酒店康乐文化

本章导读

酒店康乐文化是凝聚在酒店康乐部中的物质文化、行为文化、制度文化和精神文化的总和，具体体现在康体项目、保健休闲项目、娱乐项目三个领域中。本章系统介绍了酒店康乐的理念及宗旨、酒店康乐文化的内涵及特征、酒店康乐项目的文化溯源以及酒店康乐文化建设等相关知识。

学习目标

1. 了解酒店康乐文化的内涵与特征。
2. 熟悉酒店康乐项目的文化起源与发展。
3. 掌握酒店康乐文化建设的意义、原则、步骤及内容。
4. 能够灵活运用酒店康乐文化相关理论与方法对酒店康乐项目及产品进行有效设置及管理，进行酒店康乐文化建设。

内容结构

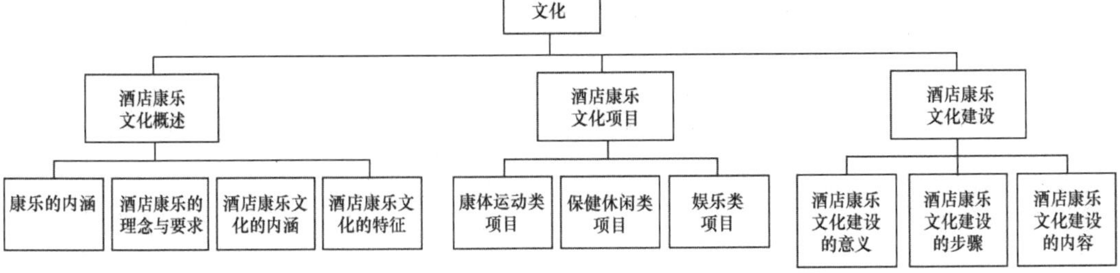

核心概念

康乐；康乐文化；酒店康乐行为文化；酒店康乐制度文化。

第一节　酒店康乐文化概述

一、康乐的内涵

“康乐”一词的含义可以在字面上得到直接的解答，即健康与娱乐，这是没有歧义的。酒店的康乐内容主要包含运动与娱乐两类。运动包含着健身及一般运动，而这种健身与运动，大多数宜在酒店室内进行，以现代化器械替代室外的运动器具，如室内跑步机、动感单车等，室外高尔夫球场和游泳池也是酒店常见的运动项目。娱乐包含的内容则更多，如歌舞厅、电子游戏房、文艺演出等。许多国外旅游业将美容类也纳入康乐的范畴。这样，可以大致确定“康乐”的基本含义及其范畴：康乐是健康与娱乐，即非工作性的、借助一定的器械、设施或环境满足人们健康和娱乐需要的一系列活动，包括健身活动、娱乐活动、保健美容活动等。

二、酒店康乐的理念与要求

（一）酒店康乐的理念

1. 市场理念

酒店康乐理念主要包括市场意识、竞争意识和危机意识三个层面。

（1）市场意识层面。目前，酒店康乐部已成为继客房、餐饮等部门之后的重要营业部门，其运行情况将直接影响到酒店的整体服务质量、管理水平、经济效益及市场形象。调查研究表明，很多顾客即便并不使用酒店的康乐设施，但在决定是否投宿之前，还是期望酒店有康乐项目。因此，酒店必须密切关注市场变化的方向，使酒店康乐产品与市场需求相适应，从而达到满足顾客需求和企业获利的双重目的。

（2）竞争意识层面。现代大多数酒店均有康乐部，彼此之间也存在着较为激烈的竞争，这些竞争常常体现在服务特色、产品质量、管理水平、创新意识等非价格竞争领域，酒店康乐部要想持久发展下去，就必须强化竞争意识。

（3）危机意识层面。在酒店的经营管理过程中，流行病、火灾、食物中毒、偷盗抢劫、劳资纠纷等都可能发展，并形成影响酒店正常运转的危机。因此，康乐部作为酒店的组成部门之一必须树立危机意识，研究和制定危机管理方案，才能在市场经济条件下成功应对危机，实现酒店的可持续发展。

2. 法制理念

市场经济有着许多自然经济和计划经济所缺乏的积极因素，但也有其消极因素和局限性。为了调节市场中相互作用的各种关系，必须运用法律权威。酒店康乐是一个休闲娱乐场所，容易发生违法、违规的事情，所以作为经营者应具有很强的法制观念，如依法经营意识、守信意识、公平竞争意识等。酒店从满足顾客的吃、住、行、购等基本需要，向娱乐及绿色健康生活发展，国家相关部门的政策、法律、法规的制定，健全了对企业经营和消费者权益的保护，使康乐行业健康发展，真正给宾客带来生活的乐趣。

3. 以人为本理念

康乐部的商品价值是借助一定的设施设备，通过康乐部服务人员的服务而最终实现的。所以，康乐部工作人员的思想素质、工作态度、专业技术、服务技能等将直接影响康乐消费的质量，关系到康乐部的经济效益和社会效益。所以，在康乐部的管理过程中，要把以人为本的思想作为经营管理的基本指导思想。

4. 服务理念

酒店康乐产品是一种组合产品，由康乐设施设备、食品饮料等实物和员工提供的非实物形态的各种劳务组成。酒店康乐产品构成中劳动服务占较大的比重，起主导作用。这要求员工均要有强烈的服务意识，才能够使得酒店康乐部长久兴旺。员工应该树立主动服务的意识，宾客至上、礼貌待客，处处为顾客着想；服务中应该着装整洁、体态优雅，体现出良好的文化修养和对顾客的尊重。除此之外，员工还要有时间意识、专业化意识等。

5. 绿色理念

经济发展与生态环境危机是当今世界最引人关注的突出问题之一。酒店康乐作为新兴产业，也加入了环保的行列。“绿色康乐”就是将环境保护和可持续发展理念，运用于酒店康乐管理中的一种模式。“绿色康乐”的建设不仅仅是节能降耗的问题，还包括高科技支撑，采用新材料、新技术的数字酒店是“绿色康乐”的重要内容。

6. 康乐理念

酒店康乐部最应具备的基本理念就是康乐理念，通过为顾客提供娱乐健身等服务增加酒店的功能，方便顾客，满足顾客需求，并借以吸引顾客，提高酒店声誉和营业额。满足顾客追求健康、娱乐、休闲的需求是酒店康乐部最基本的经营理念，所以酒店康乐无论是从经营管理上还是项目选择上都要时刻秉持着康乐理念。

（二）酒店康乐的要求

1.“顾客第一”与“员工第一”

酒店在日常管理中对员工的教育是“顾客是上帝”，宾客至上是酒店生存的宗旨。但要贯彻这一思想，必须依靠员工，因为员工是对顾客服务的提供者，“只有有满意的员工，才会有满意的顾客”，这就需要管理者除了要树立“顾客第一”的宗旨还要树立“员工第一”的宗旨。首先，酒店的管理者要创造出一个有利于员工忠诚于酒店的环境，管理者的工作作风要使员工感到酒店是可以信赖的，是值得为之而努力工作的；其次，酒店管理者要引入各种竞争机制，使酒店的优秀员工在自己的工作岗位上带动其他员工积极努力地为酒店创造价值。

2.“个性服务”与“超常服务”

酒店的一切服务和管理工作都是以最大限度地满足顾客的需求、最大限度地获取利润为宗旨，服务中讲究灵活性，多为顾客提供“个性化服务”和“超常服务”，这是实现“宾客至上”的重要途径。服务人员要了解顾客的需求，观察顾客的表情和动作，把服务做到位。

3. 最大限度地满足顾客康乐需求

酒店康乐部主要是为顾客提供健身、保健、娱乐等服务项目，顾客是因为想获得全身心的放松或者是想增强体质等才会来酒店康乐部，那么酒店康乐部就应该尽最大的努力满足顾客康乐的需求，这也是酒店康乐部存在的根本宗旨。

4. 为酒店创造更多的利润

随着人们对休闲、健身、娱乐等更高层次的精神消费需求的增加，社会康乐消费意识也在不断提高，酒店康乐部已成为继客房、餐饮等部门之后的重要营业部门，因而加强对酒店康乐部的建设，最终的目标就是吸引、留住更多的顾客，创造更多的利润。

三、酒店康乐文化的内涵

关于酒店文化的内涵或结构，目前存在三分法和四分法两种观点：三分法认为，酒店文化由表层的物质文化、浅层的制度文化和深层的精神文化构成；四分法认为，酒店文化由表层的物质文化、浅层的行为文化、中层的制度文化和深层的精神文化构成。

综上所述，本书认为，所谓“酒店康乐文化”就是凝聚在酒店康乐部中的物质文化、行为文化、制度文化和精神文化的总和，具体体现在康体项目、保健休闲项目、娱乐项目三个领域中。酒店康乐文化的内涵有五个方面的内容。

（1）酒店康乐文化是凝聚在酒店康乐部中的物质文化、行为文化、制度文化和精神文化的总和。酒店康乐部在酒店中属于一个个体，有自己的空间、管理模式与理念、部门的制度要求，因而酒店康乐文化也该由表层的物质文化、浅层的行为文化、中层的制度文化和深层的精神文化构成。

（2）酒店康乐文化具体体现在康体项目、保健休闲项目、娱乐项目三个领域中。酒店康乐项目分为康体、保健、娱乐三类。康体项目内容主要包括游泳运动、球类运动、户外运动、健身器械运动等；保健项目内容目前主要包括洗浴桑拿、保健按摩、美容美发等；娱乐项目内容主要包括的范围比较广泛，有歌舞类、游戏类、视听阅览类、表演类、附属类等。各类项目在不同的场所和部门进行，因而员工的经营理念和价值观等略微有不同。

（3）酒店康乐文化是物质和精神相统一的文化。酒店康乐文化既包括物质层面的产品、景观、器物等有形的客观存在，也包括精神层面的价值观念、兴趣爱好、道德情感、思维方式等无形的意识形态，是一个精神内涵与物质外显的统一体。

（4）酒店康乐文化是理念和活动相统一的文化。酒店康乐文化是静态的康乐文化理念和动态的康乐文化活动相统一的文化，二者不能截然分为两个独立的部分，笼统地说，酒店康乐文化既可能指酒店康乐文化理念，也可能指酒店康乐文化活动。

（5）酒店康乐文化是一个完整的文化。酒店康乐文化包括物质文化、行为文化、制度文化和精神文化四个方面，四者共同组合为一个完整的酒店康乐文化。

四、酒店康乐文化的特征

1. 自娱性

酒店康乐文化的自娱性特点从酒店康乐活动主体的角度来说是相当明显的。康乐文化从本质上讲是一种和谐欢乐的文化，是一种满足人类的求健康、求愉悦、求享乐本能的文化。

心理学家指出，人类的本能不仅是行为的天然趋势或倾向，而且是在人的知、情、意心理过程中出现并起作用的人体内部力量，是人类共有的、不变的内驱力。在一定情况下这种内驱力表现为“集体无意识”，持久地存在于人类的每一个社会个体的深层心理中。求休闲、求健康、求享乐是人类的本能，酒店康乐活动能直接唤起这些人类本能，使活动者感到一种赏心悦目的愉快，产生一种神清气爽的舒适感、怡然感。

2. 大众性

现代康乐项目向大众化发展，收费水平趋于合理。大多数康乐企业都能从我国消费者的实际收入情况出发，采取降低收费的经营策略，制定合理的收费标准，为广大中、低收入的顾客提供了享受现代生活、感受现代康乐项目的机会和条件。这样，一些原来属于“贵族”的康乐项目开始大规模地走向寻常百姓。例如台球，中国的百姓在改革开放以前只能在外国电影里看见，在其传入中国的初期也只是在高档酒店里才有。当时，有许多经营者看到了发展契机，大规模地拓展台球经营，使台球活动很快普及，其经营场所也从高档酒店走向普通小店，收费也从每小时 50 元降到 5 元甚至更低。然而康乐文化的大众性并不意味着俗文化，而意味着面向社会大众，是适应时代和社会发展需要的大众文化。

3. 时效性

流行性决定酒店康乐文化必须受一定时间的限制，如果能把握住康乐市场的脉搏，抓住商机，那么由此带来的经济效益将是巨大的。人们唱厌了卡拉 OK，跳累了迪斯科，厌倦了酒吧、茶馆之后，什么是新的康乐休闲活动潮流？卡拉 OK 厅变成了电影厅，普通电影院变成了立体电影院，甚至发展到全景电影院、四维动感电影院，酒吧变成了氧吧，高尔夫等室外项目搬到室内。因此，酒店康乐文化要依据酒店康乐项目的改变而更改不同的文化理念，这也就是所谓的酒店康乐文化的时效性。

4. 独特性

现代企业管理制度是没有国界的，但企业文化却存在着较强烈的个性化色彩，酒店康乐文化更是如此。由于酒店康乐项目的选择及经营容易受地区、民族文化的影响，同时容易受最高决策集团或决策者个人的影响，而康乐部管理者和员工个人容易受传统习俗和思维定式的影响，因此酒店康乐文化往往会在价值观念、思维模式和工作作风方面烙上深深的个性化印迹，形成难以完全模仿的企业文化现象。

5. 休闲性

提供健康休闲服务是酒店康乐部的基本职能，所以酒店康乐文化最基本的特征就是休闲娱乐性。酒店康乐部设置的康体类项目就是向顾客提供放松、休闲的运动场所，旨在向顾客传达追求健康的理念；酒店康乐部设置的保健类项目就是向顾客提供享受、放松的桑拿沐浴场所，旨在向顾客传达享乐、舒适的理念；酒店康乐部设置的娱乐类项目旨在带给顾客欢乐、愉悦的精神享受，即酒店康乐部想要传达的休闲娱乐性的理念。

6. 服务性

对客服务是酒店康乐部的基本职能，酒店康乐文化建设无论在目的上还是途径上，都离不开“服务”二字。酒店文化建设的目的之一是满足顾客的基本文化需求。酒店康乐部提高了服务的水准，满足了顾客求新、求奇、求美的文化需求和追求高档、体现人生价值的消费心理。酒店康乐文化建设的核心是培育良好的市场形象，而良好的市场形象只有通过优质服务来体现。

第二节　酒店康乐文化项目

酒店康乐文化项目大致可分为三类，即康体运动类、保健休闲类、娱乐类，具体项目视酒店的规模、等级而定，高星级酒店的康乐项目可达几十项。

一、康体运动类项目

康体运动是指人们借助一定的运动设备或设施、场地，通过顾客主动参与活动，在愉快的气氛中调节心情、促进身心健康，以达到休闲、交友目的的具有健身功能的活动项目。康体运动内容主要包括游泳运动、球类运动、户外运动、健身器械运动等项目，设施有游泳池、台球房、保龄球馆、乒乓球室、壁球室、网球场、高尔夫球场、健身房等。

（一）康体运动类项目的特点

康体运动类项目不同于专业的体育项目，如田径运动、体操、足球运动等，其只是体育项目中的一小部分，是一些具有代表性的、易于接受的、趣味性很强的项目。康体运动类项目的特点如下。

（1）借助现代化的场所、设施或设备，且设备科学、设施完善、场馆豪华，如游泳池、运动馆、健身器械等。

（2）具有较轻松的锻炼目的。有的以力量训练为主，有的以健美为主，有的以锻炼心肺功能为主。

（3）运动量适中，以身体承受能力为限，以增强体质为主要功能，而非强化训练或参加比赛。

（4）运动的娱乐性、趣味性较强，能提高参与者的兴致。

（二）康体运动类项目的设施设备要求

1. 游泳

游泳是一项古老的运动，目前已经成为深受人们喜欢和青睐的体育运动项目和休闲运动项目。

酒店康乐部的水上运动是指在不同形式的游泳池或各种戏水设施内进行游泳、戏水娱乐的运动方式。我国规定，四星级酒店、五星级酒店都必须建游泳池，实际上许多三星级酒店和度假村都建有游泳池。由于通常不作比赛用，游泳池的大小、形状、深度根据客流多寡的实际情况来确定。根据酒店场地和经营需要设计，游泳池可分为室内游泳池、室外游泳池、儿童戏水池等。一般游泳池的标准为：标准游泳池长 50 米、宽 25 米，浅端水深 1.3 米、深端水深 1.7 米，池底设低压防爆照明灯，底部满铺瓷砖，四周设防溢排水槽，配备游泳梯、游泳板、水循环系统、水过滤系统、水消毒系统、池底清洁系统、更衣室、沐浴室等。特别需要强调的是，虽然酒店游泳池不设专人救生，但服务人员须保证顾客的安全。冬天，游泳池的室温和水温保持在 25℃左右。

2. 保龄球

保龄球要求球场面积宽敞、空间高大；球道、自动回球设施、记分显示、球路显示等设施符合国际保龄球比赛场地标准；球道及其四周木质地板高档、豪华，墙面、天花建筑装修美观、舒适，照明充足、光线柔和。

保龄球主要设备有：①球道和助跑道。球道是为球滚动、滑动和旋转而设置的设施，它的长度、宽度和质地都有具体要求。②保龄球。保龄球由球核、重量堡垒和外壳三部分组成。③球瓶。球瓶是保龄球投掷的目标，每条球道备有两组球瓶，每组 10 个。球瓶以枫木为主要材料。④自动化控制系统。⑤附属设备设施。⑥着装。⑦护腕。⑧专用粉。

3. 台球

台球是一种脑力与体力相结合的康乐活动，能陶冶情操，培养意志力、耐力、自控力，既是一种娱乐活动，也是一种交际活动。

台球按球台结构可分为两大类，即无袋式台球和有袋式台球，无袋式台球叫开伦台球，也叫撞击式台球；有袋式台球也叫落袋式台球。台球可分为英式斯诺克、美式落袋等；还有落袋与控击相结合的形式。目前在我国主要流行英式斯诺克台球和美式落袋台球。

酒店台球主要设备有法式球台或英式球台、球、球杆、架杆、三脚架、定位器、三角框等。

4. 乒乓球

乒乓球源自 1900 年，因其打击时发出“Ping Pong”的声音而得名。有的地区也称乒乓球为桌球，意旨球桌上的球类运动。现在，乒乓球已发展成为各国人民喜爱的运动项目之一。

虽然乒乓球运动对光线要求比较严格，却是一种只需—张桌子、一张网、一副球拍、一个乒乓球就可以进行的运动健身活动。

5. 壁球

壁球，顾名思义就是在墙壁上打球，又被称为“软式网球”。因球在猛烈触及墙壁时发出类似英文“Squash”的声音而得名。

壁球房天花板离地面很高，窗户开在墙的上部，墙壁是白色的，上面画着线条。

6. 高尔夫球

“Golf”一词来自葡萄牙语“kolf”，它与德语的“kolbe”和丹麦语的“holbe”意思相近，但一般认为现代高尔夫球运动诞生于苏格兰的圣·安德鲁斯。高尔夫球运动的名称 Golf 便是来自苏格兰的方言 Gouf，意为“击、打”。第二次世界大战后，这项被称为贵族运动的体育与休闲活动逐步走入现代普通人的生活，深受世界各国人们的喜欢。

高尔夫球场一般设在风景优美的草坪上，中间需要有一些天然或人工设置的障碍，如高地、沙地、树木、灌丛、水坑、小溪等，球场的形状没有统一的标准。所需的设备有球、球杆、球座、鞋、手套、标记、修钗、球杆袋等。除了以上设备，高尔夫球运动需要的设备还包括推车、球道车、沙袋和沙子、分球器、拾球器、手动贮球设备、大型球杆架、球洞挖掘器、出球器、发球坐垫、高尔夫球篮、区域分隔器、洗球器、球场灯光设备、围网、高尔夫球车、球穴（洞穴）、球穴钩、多用途拖刷、练习场球杆清洁器、钻洞机、多用途泥耙、球场距离标记、清洁器、百宝架、球场指示牌等。

由于受客观条件的限制，高尔夫球运动较难推广。为满足人们对这一运动的需求，在星级酒店内一般设室内模拟高尔夫球场、微型高尔夫球场。在近郊场地条件好的星级酒店、度假村则建高尔夫球练习场。

7. 网球

网球运动是一项逐渐兴起的健身运动。网球与高尔夫球、保龄球、桌球并称为世界四大绅士运动。网球运动中的奔跑、挥拍、跳跃等动作使全身各部分都得到适当的活动，同时也能训练判断力和反应能力，是一项老少皆宜的活动。

网球场地整体呈一个长方形，标准尺寸是36.56米（长）×18.28米（宽），这个尺寸是网球场地整体标准，其中比赛场地尺寸是23.77米（长）×10.97米（宽），半场对角线长16.17米；如果是两片或两片以上相连而建的并行网球场地，相邻场地边线之间的距离不小于4米；如果是室内网球场，端线6.4米以外的上空净高不小于6.4米，室内屋顶在球网上空的净高不低于11.5米。球场种类分为草地、沙土地、硬地三种。

网球运动的设施或设备除了球场之外还包括球、球拍、服装，其中场上用球外部需要由纺织材料统一包裹，颜色为白色或黄色，接缝处需无缝线痕迹；服装为白色上衣，下身男性多穿短裤，女性多穿短裙。

8. 健身康体项目

健身房是国内外星级酒店必备的配套设施，是适合酒店开设的运动项目之一。通常健身房内的各种器械都具有模拟自然运动的特点，且综合了田径、体操、骑车等模拟功能，具有显著的健身、健美功能。

现代人的生活节奏加快、压力大，而健身房通过提供设备齐全、安全的健身场所，使顾客在汗水中释放压力、恢复活力。因而酒店康乐部的健身房深受顾客的喜爱。

一般来说，健身房主要包括体能测试中心，拥有肺功能分析仪、脂肪测量仪、电子心率显示仪、血压及重量组合仪等仪器；器械健身房，拥有跑步机、自行车练习器、划船模拟机、台阶练习器（登山机）、健骑机等器械；健美体操房，拥有哑铃、踏板、软垫、按摩器等器械，并可进行各种徒手健美操运动等；配套设备设施主要包括体重秤、四壁挂立镜，以及休息区、更衣室、沐浴室、卫生间等。

二、保健休闲类项目

保健休闲是指通过提供相应的设施、设备或服务作用于人体，使顾客享受既有利于身体健康又可以放松精神、陶冶情操、促进循环、消除疲劳、恢复体力、养护皮肤、改善容颜的轻松愉快的被动的休闲方式。保健休闲类项目主要包括洗浴桑拿、保健按摩、理疗、美容美发等，场所有桑拿浴室、日光浴室、按摩室、美发美容室等。

保健休闲类项目的被动参与性较强，主要功能是使参与者达到放松肌体、消除疲劳、焕发精神、保容养颜的目的。保健休闲类项目大致可分为三类，具体内容如表9.1所示。

表9.1　保健休闲类项目

项　目	类　别
桑拿洗浴	桑拿浴、蒸气浴、冲浪浴、光波浴、药浴、矿泥浴
按摩	人工按摩：中式按摩、泰式按摩、足底按摩 机器按摩：身体机能调节运动器、电动按摩椅、热能震荡按摩器、水疗美容按摩床
美容美发	美容：敷面、洁面、化妆、按摩 美发：洗头、剪发、烫发、染发

1. 桑拿洗浴

桑拿洗浴是在特制的小木屋中通过特殊设备将室温迅速升至45度以上，使浴者大量出汗，以改善人体血液循环、调节生理机能、促进新陈代谢，从而达到消除疲劳、恢复体力、振作精神的效果，桑拿浴有利于将体内垃圾充排出体外，保持身体健康。

随着经济和社会的发展，桑拿洗浴在中国逐渐成为一种新兴产业，成为都市人缓解精神压力的一种有效方式。桑拿洗浴有六种主要类型（见表9.2）。

表9.2　桑拿洗浴的主要类型

名称	定义	设备	效用
桑拿浴	略	木质桑拿房、桑拿炉和其他用具	清洁皮肤和治疗疾病；缓解疼痛、松弛关节，排除体内废物，治疗皮肤病
蒸汽浴	指在一间具有特殊结构的房屋里将蒸气加热，人在弥漫的蒸气里沐浴	候浴厅、更衣室、淋浴室、木质结构的蒸气浴室，含有冷水池的降温室、休息室、盥洗室，按摩室、人工日光浴室等	促进机体新陈代谢，加快血液循环，改善呼吸功能和心血管系统功能，有利于损伤组织的修复，对神经系统功能起调节作用
冲浪浴	在特殊设计的水力按摩浴缸、按摩池中进行洗浴的方式	调式喷嘴、按摩水泵、消毒和加热机组系统	促进血液循环，加速新陈代谢，治疗因剧烈运动引起的肌肉或关节疼痛
光波浴	采用人工方法，主要以波长在5.6～15微米的远红外线照射人体，使人们能尽享阳光的温暖和能量，同时又不受有害光线侵扰	沐浴房、靠椅、板架、排气窗、音响系统、照明灯、杀菌装置	解除疲劳，排除人体内的垃圾，提高免疫力，健肤，美容
药浴	用药液或含药液水洗浴全身或局部的一种方法	药物	疏通经络、活血化瘀、祛风散寒、清热解毒、消肿止痛、调整阴阳、协调脏腑、通行气血、濡养全身等，还能增强肌肤弹性和活力
矿泥浴	用含有对人体有益的矿物质的泥浆敷于人体的各个部位，或在泥浆里浸泡以达到健身祛病的保健法	矿泥浴池、矿泥	杀菌，促进血液循环，加速新陈代谢，治疗骨关节炎、类风湿性关节炎等，美容

2. 按摩

一般来说，按摩分为中式按摩、泰式保健按摩、足底按摩等形式。中式按摩是我国传统医学的重要组成部分，已有几千年的历史，深受世界各国人民的欢迎。泰式保健按摩是流行于泰国的一种按摩方式，以活动关节为主，无穴位之说，简便易学，难易适中，实用性强。足底按摩起源于中国，是属于中国古代传统医学的一部分，和同样是传统医学的“针灸”属于相同原理的治疗方法。

酒店按摩室可独立存在，也可设在桑拿浴室中。酒店按摩主要包括人工按摩和机器按摩两类。其中，人工按摩由受过专业训练的按摩人员运用各种手法技巧，作用于人体体表的特定部位，从而达到放松肌肉、促进血液循环的目的。人工按摩又分为中式按摩、泰式按摩、足底按摩三类。机器按摩则通过专门设备产生振动效果作用于人体，达到按摩效果。机器按摩又分为身体机能调理运动器按摩、电动按摩椅按摩、热能震荡按摩器按摩、水疗美容按摩床按摩四类。

3. 美容美发

酒店美容美发是通过美容美发设施、设备和美容美发工具，由技艺高超的美容美发师为顾客提供化妆、美发、皮肤养护、修手指甲等服务。除了审美功能外，美容美发还能达到消除疲惫、享受情趣、愉悦身心的目的。

现代美容的观念在审美方面、科学性方面都远远超过了传统的美容观。现代美容师需经过严格的培训，才能掌握现代美容的审美观和新技术。美容美发必须配备现代化的设施、设备，如专用的美容椅、离子导入器、真空吸面机、蒸面机、磨面机等，另外还需配备紫外线消毒设施、设备，烫发设备，洗发设备，高级化妆品等。

三、娱乐类项目

酒店康乐部的娱乐项目是指康乐部为顾客提供一定的环境、设施、设备和服务，顾客通过一定的形式全身心投入，在轻松的气氛中获得快乐、增长知识并有益于精神、心理及生理健康的活动。娱乐活动要求康乐部门创设优雅的环境氛围，设置高级的视听和电子游艺设施、设备。娱乐项目往往由多人一起或一个人独自完成，是一项娱乐性、趣味性、智力对抗性较强的活动项目。

一般来说，康体运动类项目多为体育运动项目移植转化而来，娱乐类项目则是以娱乐功能为主的游戏活动。娱乐项目有以下特点：①有良好的环境氛围，如通过灯光、高级音像设施创设的轻松或热烈的舞厅环境；高级游艺机设备所表现的激烈紧张气氛；棋牌室的平和宁静等；②主体参与性强，要有一定的文化修养、审美情趣和智力技巧得到精神上的放松；③能培养顽强的意志力，陶冶情操。

娱乐类项目主要包括歌舞、游戏、视听阅览、表演、附属类等，具体的场所有夜总会、舞厅、卡拉 OK 厅、游艺室、电子游戏室、飞镖室、多功能咖啡厅、大型游乐场、激光电影厅等。

1. 歌舞

歌舞类娱乐活动是指顾客在具有舞台、灯光、音像设施条件的环境中，借助于一定的音响效果来唱歌或跳舞，从而得到精神放松、得到娱乐。根据娱乐的方式不同，歌舞可分为跳舞、KTV、PTV 等多种娱乐方式。其中，歌舞的种类及特点如表 9. 3 所示。

2. 游戏

游戏类娱乐主要是顾客借助一定的场地、设施条件，在一定规则的约束下运用智力和技巧进行比赛或游戏，获得精神享受，包括棋牌类、电子游戏类等。

表 9.3　歌舞的种类及特点

名称	特点（风格）
布鲁斯	节奏和旋律缓慢，舞步平稳，放松，抒情
华尔兹	欢快、热烈，男女对舞，音乐优美、舞姿潇洒
福克斯	速度快，舞姿活泼优雅，情绪轻柔，风格幽默、洒脱
伦　巴	动作舒展，舞姿优美，音乐缠绵委婉、浪漫
桑　巴	节奏热烈、欢快而兴奋，舞步变化复杂
恰　恰	曲调欢快有趣，诙谐
探　戈	速度缓慢，节奏清晰，不用拖步

3. 表演

与正规舞台表演相比，酒店康乐项目中的表演形式较为随便，气氛更轻松，演出内容通俗易懂，娱乐性强。

4. 附属类

顾客的娱乐是一种享乐活动，顾客要求在娱乐的过程中既舒适又方便，因此其还需要娱乐项目本身以外的其他配套服务，其中最常见的是在娱乐活动中对酒、饮料及小食品服务的需求。随着时代的发展，酒吧除传统类型外，出现了氧吧、网吧、茶吧等新的类型。酒店康乐部这类附属的娱乐场所是绝不能少的，茶吧、酒吧、咖啡厅等场所的设置无不体现现代人对休闲娱乐的追求。

第三节　酒店康乐文化建设

一、酒店康乐文化建设的意义

酒店康乐文化为酒店康乐部注入了活力，是酒店康乐部经营管理的核心要素，可以强化酒店康乐部内部管理，稳定员工队伍，使酒店康乐部在纷繁复杂的市场环境中取得良好的口碑和经营业绩。可以说，酒店康乐部的经营，很大程度上取决于自身的文化建设水平。

1. 酒店康乐文化影响着酒店康乐管理

管理是人们管理意识的活动，受人的价值观念、伦理道德、行为规范和社会习俗的影响。因此，酒店康乐管理和酒店康乐文化紧密相关，管理活动与不同酒店康乐文化相结合形成不同的管理哲学和管理风格。

2. 酒店康乐文化建设有助于提高酒店的经营能力

酒店康乐文化的核心是酒店康乐经营哲学和酒店康乐价值观念，决定着酒店康乐经营的目标和宗旨。

3. 酒店康乐文化建设有助于增强酒店康乐部的凝聚力

酒店康乐部通过共同的价值观和员工认可的共同观念，使得酒店上下层有着共同的信念和目标，从而上下同心协力，产生强大的凝聚力。

二、酒店康乐文化建设的步骤

1. 通过分析与诊断确立康乐文化建设目标

建设酒店康乐文化，首先要对酒店现存的康乐文化进行自我诊断、系统分析，分析传统模式的特点，总结现有酒店康乐文化的积极因素与消极因素。根据对酒店康乐部当前经营状况进行综合分析，提出适合的文化建设目标。

2. 通过归纳和总结设计酒店康乐文化体系

将酒店康乐文化中最优秀的内容加以完善和条理化，用富有哲理的语言表达出来，形成制度规范、口号和守则。在现有酒店康乐文化的基础上，根据本酒店的经营特色，发动员工参与酒店康乐文化设计，通过各种方案的归纳、比较、融合、提炼，集经营信条和行为准则于一体，融部门目标、社会责任和职业道德为一体，设计出实用的和有特色的酒店康乐文化体系。

3. 通过传播与渗透优化酒店康乐文化内容

通过各种酒店康乐活动，有效地传播酒店康乐文化，使新观念深入人心。同时，管理人员用各种方法将新的价值观渗透到经营管理的全过程，使之约定成俗，为员工所认同和接受。用新的价值观指导经营实践，进一步将实践变成理论，不断地提高酒店康乐文化的层次。在部门不同的发展阶段，酒店康乐文化应有不同的内容和风格，酒店康乐文化应不断地更新和优化以适应市场环境的需要，使酒店康乐部永远充满活力。

三、酒店康乐文化建设的内容

酒店康乐文化的建设由酒店康乐文化的内涵所决定。由于酒店康乐文化包含物质文化、行为文化、制度文化和精神文化四个层面，因此也决定了酒店康乐文化建设必须通过物质文化建设、行为文化建设、制度文化建设和精神文化建设四个层面来实现。但需要注意的是，酒店文化的四个层面是一个有机统一的文化主体，互相包容、互相补充、互相彰显，共同形成酒店康乐的文化内涵。

1. 酒店康乐物质文化建设

将酒店康乐部的装饰装修等物质内容纳入酒店康乐物质文化范畴的原因是装饰装修既是顾客审美的对象，也代表了酒店康乐部的文化品位，是构成酒店康乐部重要的文化因素。酒店康乐物质文化包括局部装饰、酒店康乐产品文化规划与开发、酒店康乐招牌、酒店康乐标准字体、色彩设计、员工服装设计、酒店康乐部办公用品的设计等，这些都能反映酒店康乐部的文化品位。

2. 酒店康乐行为文化建设

酒店康乐行为文化是酒店康乐部员工在经营和人际关系中产生的文化，是以动态的形式存在的精神文化和物质文化。酒店康乐行为文化建设首先要明确酒店康乐部的经营目标，加强民主建设和开展文化活动，建立良好的人际关系。酒店康乐行为文化具体包括优化酒店康乐部工作环境、确定经营目标、建设好酒店康乐部制度、建立民主管理制度、重视员工的培训、规范服务标准以及注重广告文化的构建等。

3. 酒店康乐制度文化建设

酒店康乐制度文化体现了酒店康乐部的组织形式和管理者的意志，包括管理制度、安全制度、员工手册、服务程序和标准等内容，是酒店康乐部正常运行的基础，也是酒店康乐部服务质量的基本保证。酒店康乐制度的完整性和连续性，不仅能为酒店康乐经营管理提供规范的标准，也有利于酒店康乐部的可持续发展。自觉遵守酒店康乐部的管理制度，是每一位员工应尽的责任，也是判断员工合格与否的标尺。

4. 酒店康乐精神文化建设

要做好酒店康乐精神文化建设，既要培养酒店康乐精神，也要树立正确的酒店康乐价值观念。

（1）酒店康乐精神培养方面。优秀的酒店康乐部从来不是消极地等待酒店康乐精神自然形成，而是积极寻找，全力以赴、坚持不懈地培养和构建。酒店康乐精神的构建至少要完成三个程序：寻找最适合本酒店康乐部发展或最有价值的精神；将酒店康乐精神变成全体员工的精神财富；以酒店康乐精神从事酒店康乐经营并在实践中丰富和发展。酒店康乐精神的表达方式可以是简短的口号或富有寓意的箴言，优秀的酒店康乐精神表达应简练明确、容易记忆、富于个性、形象生动。

（2）酒店康乐价值观树立方面。酒店康乐价值观是企业康乐共同价值观或群体价值观。在酒店康乐经营中，技术力量、销售力量、资金力量及人才力量等都是重要因素，但支撑酒店发展最根本的因素是正确的价值观，即服务的价值高于利润的价值。

本章小结

（1）康乐，是健康与娱乐，即非工作性的、借助一定的器械、设施或环境满足人们健康和娱乐需要的一系列活动，包括健身、娱乐和保健美容等活动。

（2）酒店康乐的理念包括市场理念、法制理念、以人为本理念、服务理念、绿色理念、康乐理念；酒店康乐的要求包括“顾客第一”与“员工第一”“个性化服务”与“超常服务”、最大限度地满足顾客的康乐需求、为酒店创造更多的利润。

（3）酒店康乐文化是凝聚在酒店康乐部中的物质文化、行为文化、制度文化和精神文化的总和，具体体现在康体项目、保健休闲项目、娱乐项目三个领域中。

（4）酒店康乐文化具有自娱性、大众性、时效性、独特性、休闲性和服务性特点。

（5）酒店康乐项目大致可分康体运动类项目、保健休闲类项目和娱乐类项目，其中，康体运动类项目包括游泳、保龄球、台球、乒乓球、壁球、高尔夫球、网球和其他健身康体项目等，保健休闲类项目包括桑拿洗浴、按摩、美容美发，娱乐类项目包括歌舞、游戏、表演及附属类等不同类别的活动。酒店康乐项目的设置视酒店的规模、等级而定，高星级酒店的康乐项目可达几十项。

（6）酒店康乐文化建设具有重要的意义，主要表现为：酒店康乐文化影响着酒店康乐管理；酒店康乐文化建设有助于提高酒店的经营能力，酒店康乐文化建设有助于增强酒店康乐部的凝聚力。

（7）酒店康乐文化建设的步骤为：通过分析与诊断确立文化建设目标，通过归纳和总结设计酒店康乐文化体系，通过传播与渗透优化酒店康乐文化内容。

（8）酒店康乐文化建设的内容主要包括酒店康乐物质文化建设、酒店康乐行为文化建设、酒店康乐制度文化建设和酒店康乐精神文化建设四个层面，这四个层面互相包容、互相补充、互相彰显，共同形成有机的酒店康乐文化统一体。

延伸阅读

酒店康乐文化建设论析

一、问题的提出

现代康乐是人类健康物质文明和精神文明高度发展的结果，也是人们精神文化水平提高的必然追求，现代康乐活动已成为人们日常生活中不可或缺的组成部分。整体来看，现代康乐活动不仅能够强身健体，而且这种轻松、和谐的非激烈和文明性活动使得康乐场所成为一个文化交流聚集地，这使酒店康乐部成为继客房、餐饮等部门之后的重要营业部门，其运行情况将直接影响酒店的整体服务质量、市场形象及经济效益等，因此，重视酒店康乐的建设与发展对高星级酒店可持续发展十分重要。然而，目前酒店康乐部在装饰装潢、器材配备等物质层面上相差几乎不大，在这样一个快速发展的经济时代与酒店市场竞争激烈的环境下，高星级酒店如何在不采取外包经营策略的前提下，使本酒店的康乐项目独树一帜、脱颖而出，为本酒店招徕更多的客源，带动经济效益的提高呢？显然，这就要从文化软实力方面着手，从文化的视角来思考和分析酒店康乐这个经济组织该如何建设与运转，把管理从技术、经济层面上升到文化层面。

酒店康乐文化的建设是酒店康乐部可持续发展的基本保证，是提高酒店康乐竞争优势、实现自身发展的关键环节。关注酒店康乐文化建设，不仅是为了从理论上系统梳理和阐述康乐文化建设对酒店竞争和发展的积极作用，同时还希望为新形势下国内康乐业的发展提供一套有效的借鉴模式，以期缓解当下高星级酒店康乐业建设雷同化、发展不景气等问题，从本质上推进国内康乐业发展水平的全面提升。

二、酒店康乐文化建设的作用与意义

酒店康乐文化作为酒店康乐部存在价值、管理制度、经营理念、服务宗旨等内容的集中体现，其建设成功与否，将直接或间接地影响着酒店康乐部的经营与发展。

1. 酒店康乐文化建设有利于酒店康乐管理

管理是人们管理意识的活动，受人的价值观念、伦理道德、行为规范和社会习俗的影响，将形成不同的管理哲学与管理风格。酒店康乐文化管理就是把酒店康乐文化渗透到酒店康乐部的日常管理当中，用其价值观、经营目标、企业精神等去影响与支配员工的行为。通过良好的企业形象、温馨的人际关系、融洽的工作环境、优秀的企业精神等使员工在这里工作感到荣誉感和自豪感，发自内心地认同本酒店的康乐文化，视酒店康乐的发展为己任，将自己的发展与酒店的发展捆绑为一体，进而提高了员工的工作热情，也为酒店减少了不必要的管理开支。此外，酒店康乐内部，各个部门之间因分工不同，工作内容和工作形式将有很大的差异。为了酒店康乐业的运转，应该建设统一的酒店康乐文化，促使部门与部门、部门与员工、员工与员工之间的配合更为完善，进而利于形成较强的凝聚力，这种凝聚作用尤其在康乐部门开拓之时和面临危难之际更能显示出其巨大的力量。

2. 酒店康乐文化建设有利于获得顾客认可

21 世纪的酒店行业将从拼价格、比服务、争客源的单一竞争，进入高层次、宽领域、多手段竞争的新阶段，酒店康乐作为酒店的一部分，自然亦如此。寻找、创造酒店康乐部的

核心竞争力显然成为酒店获得生存与发展的必要条件，而品牌恰是能够保证酒店康乐部长期获得竞争优势的关键因素。众所周知，品牌具有提升酒店康乐价值的作用，品牌特色越鲜明，就越容易获得顾客认知，同时，品牌还表达着酒店康乐的营销理念和经营思想，实质上代表着企业或部门向顾客做出的某些承诺。文化作为品牌的重要组成部分，文化建设是否显著、是否优秀，将在很大程度上影响着品牌的建立是否成功。优秀的文化往往是向社会展示着其成功的管理风格、良好的经营状况和高尚的精神风貌，从而为酒店康乐塑造良好的整体形象，扩大酒店的美誉度和社会信任度。因此，以文化为内核、品牌为外显，重视康乐文化建设，着手品牌的打造，将为酒店招徕顾客，进而促进酒店康乐的经营与发展。

三、酒店康乐文化建设原则

酒店康乐文化作为酒店康乐部生存与发展的灵魂，其建设必须遵循一定的原则。

1. 坚持社会主义精神文明的原则

在建设酒店康乐文化时应考虑到酒店康乐文化的娱乐性和服务性，但决不能伤风败俗，绝不涉及有伤社会主义文明的色情文化、赌场文化等。中华民族有着几千年的文明史，有着自己灿烂的文化遗产，这是应当继承和发扬的，同时不能因此而排斥外来文化中的正确文化，因此，应在坚持社会主义精神文明的前提下，将中西文化合理结合，建设具有时代气息、适应顾客需求、符合酒店发展的酒店康乐文化。

2. 发挥本企业、本部门优势的原则

任何一个酒店康乐部都有自己的优势，有的体现在规模宏伟上，有的体现在项目种类丰富上，有的体现在价格实惠上，有的体现在服务细致周到上，有的体现在设备现代化上。因此，在建设酒店康乐文化时，首先要发现自己的优势，取长补短，不能随波逐流，否则建设的酒店康乐文化将毫无特色，结果不容乐观。

3. 适应社会发展趋势的原则

酒店康乐文化的建设要适应社会发展趋势，根据社会发展潮流，确定大众的喜好与需求，从而构建紧跟潮流的康乐新理念、打造符合顾客口味的康乐产品。例如，人们唱够了卡拉 OK，喜欢上了 3D 影院；人们泡够了酒吧，希望在氧吧、茶吧获得精神上的放松等，这时，酒店所营造的康乐产品和康乐文化就应跟随社会发展的潮流而改变，如此才不被社会淘汰，获得可持续性发展。

四、酒店康乐文化建设内容

酒店康乐文化建设内容由酒店康乐文化的内涵与结构决定。由于酒店康乐文化包括康体运动文化、保健休闲文化、娱乐活动文化三个层面，这就决定了酒店康乐文化的建设要从这三个方面展开。但需注意的是，酒店康乐文化的三个层面是一个有机的统一体，互相包容、互相补充、互相彰显，共同构成酒店康乐文化。

1. 酒店康体运动文化的建设

酒店康体运动文化是融入酒店康体运动场所的文化，它涵盖了游泳池、球馆、球场、健身房等康体运动场所的文化，具体体现在活动场所的装饰装潢、运动项目的服务标准、酒店康体的经营理念以及酒店康体运动项目正常运转所遵循的各项规章制度等方面，这些都能反映出酒店康体部的文化品位。

酒店康体运动文化的建设在一定程度上能够起到向顾客传达康体文化理念的作用，从而引导人们意识到运动锻炼、强身健体的重要性。当人们都深刻领会到康体文化时，自然会参与各种康体运动项目，酒店康体部的顾客自然会日益增多。依此来看，酒店康体文化的建设不仅能反映酒店康体部的文化品位，提高竞争力，也能达到吸引顾客、为酒店创收的作用。

2. 酒店保健休闲文化的建设

酒店保健休闲文化主要是在桑拿洗浴室、按摩保健室以及美容美发室等保健休闲场所形成的文化。酒店保健休闲文化首先体现在这些活动场所的物质形态上，如装饰装潢、员工服饰等物质文化；其次体现在这些保健休闲活动进行时的行为文化上，如员工的服务标准、定期举办的各种活动等；还体现在保健休闲部正常运转所需的各种规章制度上，如员工的服务规范、各项规章制度等；最后，保健休闲文化还体现在酒店保健休闲部的经营理念、经营宗旨等精神文化上。

提供保健休闲服务是实现酒店"全方位服务于客人"这一宗旨的必要项目，而酒店若想在保健休闲服务类项目经营上获得健康与可持续性发展，就必须建设适合的保健休闲文化，通过将经营理念、规章制度、行为举止等方面打造成文化，时时刻刻督促员工积极向上、奋发图强，进而保证员工为顾客提供最好的保健休闲服务，促进酒店保健休闲项目的稳健发展。

3. 酒店娱乐活动文化的建设

酒店娱乐活动文化是酒店为满足客人娱乐需求而建立的文化，主要体现在歌舞厅、游戏厅、视听阅览室、电影院等娱乐活动场所的文化。当下，人们已经习惯了在娱乐场所放松身心，处理人际关系，因此，为迎合现代顾客的文化需求和精神享受，推进酒店娱乐场所的发展，建设健康、合理的酒店娱乐活动文化十分重要。

酒店娱乐中心应建设正确的文化理念，坚决杜绝不良娱乐文化进入，如黄色文化、暴力文化等，这也是酒店娱乐项目健康、合理、稳定经营的重要保障。具体可从酒店娱乐活动场所的装饰装潢、服务标准、经营理念以及各项规章制度等具体细节展开酒店娱乐文化的建设。通过建立适宜的酒店娱乐活动文化促使员工在欢快的活动氛围中工作，把最好的一面展示给客人，以此提高服务质量。

五、酒店康乐文化建设步骤

1. 分析与诊断，提出文化建设目标

建设酒店康乐文化，首先要对酒店现存的康乐文化进行自我诊断与系统分析。其中主要是分析传统的作风模式和行为模式的特点，总结现有酒店康乐文化的积极因素与消极因素。其次，根据对酒店康乐部当前经营状况的综合分析，提出合适的文化建设目标。

2. 归纳和总结，设计酒店康乐文化体系

在对酒店康乐文化分析诊断之后，将酒店康乐文化中最优秀的内容加以完善化和条理化，并用富有哲理的语言表达出来，形成制度规范、口号或守则。然后根据本企业的经营特色，在现有酒店康乐文化的基础上，发动职工参与酒店康乐文化设计，通过各种方案的归纳、比较、融合和提炼，集经营理念和行为准则于一体，融部门目标、社会责任和职业道德为一体，设计出实用的、有特色的酒店康乐文化体系。

3. 传播与渗透，不断优化酒店康乐文化

通过各种酒店康乐活动，有效地传播酒店康乐文化，使新观念深入人心。同时，管理人员用各种方法将新的价值观渗透到经营管理的全过程，使之约定成俗，为广大职工所认同和接受，并用新的价值观指导经营实践，进一步将实践变成理论，不断提高酒店康乐文化的层次。在不同的发展阶段，酒店康乐文化应有不同的内容和风格，所以说，酒店康乐文化应不断地更新和优化，以适应市场环境的需要，使酒店康乐部永葆活力。

六、酒店康乐文化建设对策探析

酒店康乐文化不是一朝一夕建成的，而是几代人长期培育、辛勤耕耘的结果，是酒店康乐部长期参与市场竞争形成的管理文化结晶。因此，创建酒店康乐文化是一项长期艰巨的任务，应讲究一定的方法技巧，避免误入歧途。

1. 管理者必须高度重视酒店康乐文化的建设

首先，管理者是优秀酒店康乐文化的倡导者、酒店康乐文化建设的第一责任人，主要管理者对酒店康乐文化建设的重视程度，在很大程度上决定着酒店康乐文化建设的成效。若没有主要管理者的支持，酒店康乐文化建设就是一句空话，就只能流于形式、浮于表面，顶多用几场文体比赛来应付了事，不会触及酒店康乐管理的灵魂。其次，主要管理者是优秀酒店康乐文化的践行者。酒店康乐文化最终要付诸实施才有价值，而主要管理者能否践行酒店康乐文化，是否接受制度约束，将在很大程度上影响酒店康乐文化的效力。

2. 注重核心文化的营造

酒店康乐文化需要营造和提炼，并通过规章制度、服务规范向员工灌输，因此，酒店康乐文化的营造应由专门的机构、专业的人士来完成，通过对酒店康乐的历史和经营管理的思想行为进行总结、归纳，提炼出经营目标、价值理念、部门精神、部门形象等核心文化内涵，形成书面的《酒店康乐文化手册》或《员工手册》，在员工中广泛宣传，增强员工自觉性，进一步促进酒店康乐文化的建设。

3. 注重外围文化的建设

外围文化是酒店康乐核心文化的外在体现，包括酒店常见的各种文化活动，如创办店刊、店报，举办文体活动，表彰优秀员工，举办店史展等。相比而言，外围文化具有有形性，员工参与度高，是酒店康乐文化建设的重要形式。酒店应该注重外围文化的建设，多开展有益的群众性活动，以此激发员工的参与意识和团队意识，培育员工的集体荣誉感，通过外围文化建设达到促进酒店康乐核心文化建设的目的。

4. 帮助新员工融入酒店康乐文化

无论是新员工还是老员工，只有认同酒店康乐文化，才可能与酒店康乐休戚与共。因此，酒店康乐文化的建设应注意帮助新员工尽快融入酒店康乐文化。对新入职员工进行文化培训，具体可从以下三个方面着手：第一，要明确岗位服务程序和员工责任；第二，要解读企业的制度和规范；第三，要灌输酒店康乐的价值观和精神文化，为员工树立正确的经营理念、价值观念、服务意识、效率意识、岗位意识和团队意识。

阅读思考

1. 如何认识和理解酒店康乐文化建设应遵循的原则和要求？

2. 如何科学地做好酒店康乐文化建设？

复习思考

1. 简述酒店康乐的理念。
2. 酒店康乐文化的内涵是什么？
3. 酒店康乐文化的特征是什么？
4. 简述酒店康乐文化建设的意义。
5. 简述酒店康乐文化建设的原则。
6. 简述酒店康乐文化建设的步骤。
7. 酒店康乐文化建设的内容有哪些？

参考文献

[1] 赵莹雪．康乐服务与管理［M］．北京：旅游教育出版社，2016.
[2] 李明宇．饭店康乐服务与管理［M］．第2版．北京：清华大学出版社，2016.
[3] 刘哲．康乐服务［M］．第2版．北京：旅游教育出版社，2014.
[4] 陈乾康．饭店文化概论［M］．北京：中国人民大学出版社，2008.
[5] 黄安民．酒店康乐服务与管理［M］．重庆：重庆大学出版社，2016.
[6] 杨华．康乐服务与管理［M］．北京：北京大学出版社，2015.

第十章

酒店名人文化

本章导读

酒店文化是酒店外在形象与精神气质的有机统一，是长期以来酒店价值观、道德观、企业精神、经营哲学等因素综合作用的产物。可以说，酒店文化是酒店生命的体现，是酒店的灵魂，而酒店名人文化，正是这种特色和灵魂最明显的体现。作为酒店文化的一个分支，酒店名人文化是酒店、酒店行业乃至整个社会的精神象征和文化符号，对现实社会有着极为重要的影响，已经成为一种宝贵的文化资源，在一定程度上反映了酒店行业的文明水平，值得酒店经营者高度关注，积极开发利用。

学习目标

1. 理解和掌握酒店名人文化的内涵、表现形式、特征及作用。
2. 了解酒店名人的分类及部分酒店名人的基本情况。
3. 理解和掌握主要酒店名人的文化贡献。
4. 分析和掌握酒店名人文化的塑造方法和传播途径。

内容结构

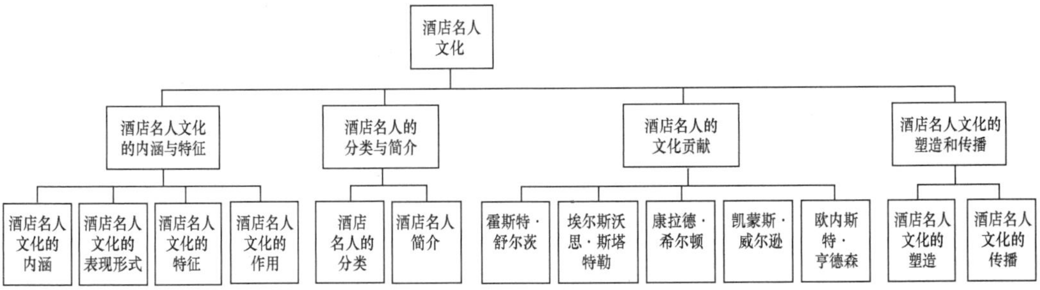

核心概念

酒店名人；名人文化；文化特征；分类；名人贡献；塑造与传播。

第一节　酒店名人文化的内涵与特征

一、酒店名人文化的内涵

1. 名人和酒店名人

在《吕氏春秋·劝学》中有“不疾学而能为天下魁士名人者，未之尝有也”，唐代罗隐《酬寄右司李员外》中有“左省望高推健笔，右曹官重得名人”，明代方孝孺《赠瑄蕴中序》中有“去人群，远世胶，不获从名人胜流，讲说咨叩，以广其业”。名人大多指在社会的各行各业中有明德声望之人。

人有广义与狭义之分。狭义上的名人指知名人士、杰出的或引人注目的人物、显要人物；广义上的名人指一定范围内有高知名度的人。

可以看出，古今关于名人定义的出发点不同，其定义也不尽相同。古代著作中强调名人应该具有“明德”，而现代则强调名人的“知名度”。

当代关于名人的研究中，对名人下的定义也不尽相同。例如，章采烈先生认为所谓历史名人，顾名思义，即历史上在某一领域崭露头角，在某一方面对国家、对民族、对人民起过重大作用，并对后代有着深远影响的那类历史人物。这类历史人物，既包括对国家、对民族、对人民起过正面重大历史作用的人物，也包括对国家、对民族、对人民起过反面重大历史作用的人物。也就是说，他强调了名人既包括正面的，也包括反面的，只要有一定的知名度，就是名人。丹尼尔·布尔斯廷则强调名人就是为人民所熟知的人，他认为名人很大程度上仅仅是因为“知名”而知名的，而不是因为名人自身的伟大贡献或者付出的努力以及所拥有的才华。以上两位学者的观点都符合现代对名人的解释，都强调了名人的知名度，也就是说名人既有可能是正面的“名人”，也有可能是反面的“名人”。

但大多数学者对此都持不同意见，他们认为名人之所以为名人，是因为其在一定领域做出了突出的正面贡献而广为人知。沙永胜认为，名人是在历史发展的各个时期，产生于各界、各领域的那些有道德、有所发现、有所发明、有所创造、对社会的进步与发展具有推动作用并被社会及广大人民群众认同的著名人物。冯昆思认为，名人主要是指那些在某一领域中对社会的发展起到较大的作用，从而在人们心中留下深刻印象的人。李婷也指出，名人是指其卓越的贡献、功绩、创造及精神，在历史中产生了不可磨灭的影响，为丰富民族文化、促进社会发展进步做出了重大贡献的人。杰西卡·埃文斯同样认为，那些魅力十足并且拥有非凡品质的人才能被称为“名人”。这几位学者的观点与古代典籍中的观点基本一致，也就是强调了名人的“明德”，强调了名人的正面贡献及对社会发展的推动作用。

综上所述，名人可以从广义和狭义两个层面来理解。广义的名人是指在一定领域为大家所熟知的人，其既包括做出突出贡献而广为人知的人，也包括因产生较大负面影响而广为人知的名人。狭义的名人则指在某一领域中对社会的发展起到较大的正面作用，从而在人们心中留下深刻印象的人。

鉴于酒店名人的特殊性及酒店名人文化所要传播的正面效应，本书采用狭义的名人概念。也就是说，名人之所以为名人，在于他们的言行为大众所知晓，他们的业绩得到大众的肯定和赞许。因此，名人应该同时具备三个条件：第一，具有较高的知名度，在一定领域广为人知；第二，名人应该具有高尚的品德；第三，名人对社会做出了突出的贡献。据此可以得知，酒店名人是指为酒店业的发展做出突出贡献，广为酒店从业人员所熟知和认可的品德高尚的人。

2. 名人文化与酒店名人文化

名人文化，顾名思义，就是围绕名人所产生的文化。名人文化是社会主义文化的重要组成部分，它同企业文化、校园文化、广告文化一样，有着自己特定的基本概念、构成要素、本质特征和社会作用。但是名人文化作为一个单独的理论，在我国还没有真正形成。因此，关于名人文化的概念尚未形成较为一致的认识。

一般意义上的文化是指人类在社会历史发展过程中所创造的物质财富和精神财富的总和。因此，很多学者据此对名人文化下了定义。沙永胜认为，名人文化是在一定的社会历史条件下，产生于社会各行各业的，具有高尚思想道德，同时对进步和发展具有推动作用，并被广大群众认同的著名先进人物在生产实践和社会活动中所创造的精神财富与物质财富，以及国家机构、社会组织和个人为弘扬他们的精神而创造和形成的一种真实、生动而又独具特色的文化现象。具体而言，名人文化就是著名人物在创造历史、改造社会过程中所形成的文化和围绕他们真实的历史作为和典型的个人事迹而创作形成的文化现象。邓勇勇认为，名人文化应该是在一定的社会历史条件下，某一行业著名的人物在生产实践活动中创造的被人民群众认同的物质财富或精神财富，更主要的是精神层面的价值。这两个概念与通常所理解的文化概念并无二处，都强调了名人文化的精神与物质属性。朱艳梅与郭顺峰则另辟蹊径，分两个角度来界定名人文化：名人文化一是名人作为主体，文化作为客体，即名人创造的文化成果称为名人文化；二是名人既是主体，又是客体，把名人本身所具有的文化张力称为名人文化。但是，第二个角度中的文化成果与文化张力分别对应的还是物质文化和精神文化，本质与第一个角度仍然没有什么不同。

当然，文化的核心是精神文化，物质文化只是精神文化的外显，因此很多学者在探讨名人文化的意义时，主要从精神文化层面进行了描述。秦晋认为，名人具有的与之相匹配的心理素质和道德规范、约定俗成的自律标准和行为方式，就是名人文化。谭清宣则认为，名人文化是一种价值观的凝聚，是一种精神和时尚的体现，也是大众社会心理的反映。顾岫荫认为，名人文化是以名人为核心形成的文化现象、文化系列。李婷从地域文化角度出发，认为名人文化是产生于一定地域范围内，在某地文化的形成、发展和传播过程中做出较大贡献的杰出人物所创造出的文化成果及他们自身蕴含的被后人发现和敬仰的文化影响。这里强调了围绕名人所产生的文化成果及文化现象所带来的文化影响。

以上关于名人文化的表述虽然各有不同，但其关于名人文化本质上的论述是相同的。首先，名人文化是由名人在各自领域的实践活动中所创造或围绕名人而产生的；其次，名人文化的内涵很丰富，既包括物质层面的文化，又包括精神层面的文化，但主要是精神层面的文化；最后，名人文化是一种文化现象，具有一定的社会文化张力，会产生一定的社会文化影响。

综上所述，酒店名人文化是指酒店名人在酒店实践过程中形成的，具有一定的文化张力，并对酒店业的发展产生了一定影响的文化成果及文化现象的总和。

二、酒店名人文化的表现形式

目前关于企业文化的表现形式存在三层次说及四层次说两种说法。三层次说认为，企业文化包括精神文化、制度文化、物质文化，四层次说认为，企业文化包括精神文化、制度文化、行为文化及物质文化。

名人文化不同于一般的企业文化，因此不能简单地用企业文化的表现形式来解释名人文化。王彩琴认为，名人文化表现形式主要有三种：一是名人本身，二是与名人有关的物质遗存，三是与名人有关的文化现象。赵心宪则认为，名人文化主要由两大部分构成：一是著名人物自身形成的文化；二是围绕他们的社会生活、英雄行为、高尚情操而创作的精神产品。

通过对名人文化含义的搜集整理，本书对关于名人文化内涵解释的核心词进行了提炼（见表 10.1），以便于对名人文化表现形式的理解。

表 10.1　名人文化概念的核心词汇

学者	核心词汇
沙永胜	精神财富、物质财富、文化现象
李婷	文化影响
朱艳梅、郭顺峰	文化成果、文化张力
秦晋	心理素质、道德规范、自律标准、行为方式
邓勇勇	物质财富、精神财富
谭清宣	价值观的凝聚、精神和时尚的体现、大众社会心理的反映
顾岫荫	文化现象、文化系列

通过以上讨论可以得知，关于名人文化表现形式的核心词汇包含精神文化、物质文化、道德规范、价值观、文化影响等，既有物质的，也有精神的，但正如邓勇勇、沙永胜等人所说，名人文化既包括物质财富，又包括精神财富，但更主要的是精神层面的价值。

因此，本书也认为酒店名人文化的表现形式主要是精神层面的，其主要包括酒店名人的价值观念、道德规范、经营理念、服务理念、团队意识等，在后续关于酒店名人文化的讨论中，也都是基于精神层面的酒店名人文化来进行的。

三、酒店名人文化的特征

酒店名人文化不同于一般名人文化，其产生离不开酒店这个行业，因此具有明显的酒店业烙印。通过以上对酒店名人文化内涵及形式的分析与探讨，可以将酒店名人文化的特征归结为四点。

（一）内涵的丰富性

与酒店品牌文化、酒店建筑文化等不同，酒店名人文化不是一种单一的文化类型，其内涵十分丰富。酒店名人文化是由在酒店文化的形成、发展、传播过程中做出较大贡献的人物所创造的精神和物质财富的总和，既包括精神层面的内容，如酒店名人价值观念、道德规范、经营理念、服务理念和团队意识等，也包括物质层面的内容，如酒店名人所创造的酒店实体、品牌等。但是，正如前面所述，酒店名人文化主要表现为精神层面的内容，对于酒店管理者来说，如何准确提炼、总结精神层面的酒店名人文化，使之成为酒店业发展的助推器，成为摆在酒店管理者面前的一道难题。

（二）观念的时代性

酒店名人文化中的价值观念跟酒店名人当时所处的时代背景是密不可分的，与当时的经济、文化与社会的发展也是相呼应的。例如，在大酒店时期，酒店仅仅服务于少数上层人士，因此酒店名人文化也倾向于为上层统治阶级服务，“顾客永远都不会错”的经典理论就产生于那个时代。新型酒店时期，旅游由过去的贵族活动逐渐转向大众化，酒店名人文化则更多倾向于如何服务于普通大众，“今天你对顾客微笑了吗?”就产生于这个时代。不同时代的酒店名人文化，具有不同时代的作用。新时代有新时代的文化要求，但是不代表产生于此前的酒店名人文化就不具备当代的适应性，因此，如何做好旧有文化的继承与新时代酒店名人文化的塑造，是酒店管理者应该着重思考的问题。

（三）理念的独特性

任何酒店名人文化都是在特定的环境中产生的，都是对不同环境中相关文化批判的吸收和合理的扬弃，是传统文化底蕴与现代酒店管理理念的融合。由于每个酒店名人所处的时代环境、地域环境、文化环境及企业环境都不相同，其成长环境、教育经历、家庭背景也不同，所以其价值观、思维方式、行为方式也必然不同，这就使得每个酒店名人文化都具有自身的独特性。独特的酒店名人文化是酒店的形象标志，也是酒店品牌影响力的一部分，但是如何使独特的酒店名人文化理念普遍化，使其对整个酒店行业的发展产生影响，需要在酒店名人文化的塑造与传播过程中重点关注。

（四）影响的深远性

酒店名人文化不仅对其创始酒店的发展与进步有着至关重要的影响，对当时酒店业的发展也起着巨大的推动作用，有些酒店名人文化甚至在酒店业的发展中有着革命性的影响。埃尔斯沃思·斯塔特勒推进了豪华贵族酒店时代向现代商业型酒店时代的转变，开启了商业酒店时代的大门，在酒店业发展中具有划时代的意义。酒店名人的文化理念、管理制度不仅在当时，甚至在现代酒店文化的塑造中也同样值得借鉴，影响深远。

四、酒店名人文化的作用

酒店名人文化的作用与企业文化的作用具有相似性，其作用对象主要是酒店内部的员工，主要作用是充分发挥导向作用、凝聚作用、激励作用、约束作用，统一酒店的企业愿景、核心价值观和企业精神，统一内部员工的意志，把员工的个人目标引导到企业目标上，有效增强组织的整体竞争力。从一定意义上说，在酒店业的发展过程中，名人文化折射着酒店业的精神，引导着酒店业精神的传承，在普通酒店从业者的成长历程中，名人文化有着不可替代的影响力、吸引力和感召力，具有价值标杆的作用。

1. 引导员工树立正确的价值观

酒店名人文化对酒店员工行为方式具有一定导向功能。酒店名人文化的核心内容是名人所倡导的价值观、思维方式及行为规范等，其不仅对酒店成员个体的思想和行为起导向作用，对酒店整体的价值取向和经营管理也起导向作用。这是因为酒店名人文化一旦形成，酒店就建立起了自身系统的价值和规范标准，如果酒店成员在价值和行为取向方面与酒店名人文化的系统标准产生悖逆现象，酒店名人文化会进行纠正并将其引导到酒店名人文化所倡导的价值观和规范标准上来。

2. 激发员工的工作积极性

酒店名人文化对酒店员工具有一定的激励作用。一方面，酒店名人所取得的成就本身对酒店从业者就是一种激励，鼓舞着酒店从业者不断超越自我，追求卓越；另一方面，酒店名人文化所倡导的积极向上的理念及行为准则会形成强烈的使命感、持久的驱动力，成为员工自我激励的一把标尺。一旦员工真正接受了酒店名人文化，他们就会被这种理念驱使，自觉、自愿地发挥潜能，为酒店业做出更多贡献。

3. 增强企业的凝聚力

酒店名人文化对酒店员工具有一定的凝聚作用。美国学者凯兹·卡恩认为，在社会系统中，将个体凝聚起来的主要是一种心理力量，而非生物的力量。酒店名人文化具有的文化张力或文化影响力正是这种心理力量的真实写照，可以将酒店员工紧紧地团结在一起，形成强大的向心力，使员工万众一心、步调一致，为实现酒店目标而努力奋斗。

4. 增强员工的环境适应能力

酒店名人文化可以提高员工对环境的适应能力。成熟的酒店名人文化可以影响员工的旧有价值观念，使其建立起新的价值观念，对外部环境具有更强的适应能力。一旦酒店名人文化所提倡的价值观念和行为规范被酒店成员接受和认同，成员就会不自觉地做出符合酒店名人文化要求的行为选择，倘若违背，就会感到内疚、不安或自责，从而主动修正自己的行为。因此，酒店名人文化具有某种程度的强制性和改造性，其效用是帮助、指导员工的日常生活，使其能够快速地适应外部环境因素的变化。

第二节 酒店名人的分类与简介

一般来说，划分维度的不同，酒店名人的分类方法也就不同。酒店名人按照酒店名人所处酒店类型的不同，可以分为度假酒店名人、商务酒店名人、汽车酒店名人；按照酒店名人所处酒店业发展时期不同，可分为客栈时期酒店名人、豪华酒店时期酒店名人、商业酒店时期酒店名人及现代酒店时期酒店名人；按照酒店名人国别的不同，可以分为国外酒店名人和中国酒店名人；按照酒店名人的工作性质的不同，可以分为经营领域酒店名人、管理领域酒店名人和服务领域酒店名人等。酒店名人的分类如表 10.2 所示。

表 10.2　酒店名人的分类

划分标准	酒店名人类型
酒店类型	度假酒店名人、商务酒店名人、汽车酒店名人
酒店业发展时期	客栈时期酒店名人、豪华酒店时期酒店名人、商业酒店时期酒店名人、现代酒店时期酒店名人
国别	国外酒店名人、中国酒店名人
工作性质	经营领域酒店名人、管理领域酒店名人、服务领域酒店名人

本节内容着重根据酒店名人所处酒店业发展时期的不同来对其进行分类。

一、酒店名人的分类

（一）客栈时期酒店名人

最早期的客栈，可以追溯到人类原始社会末期和奴隶社会初期，当时，客栈是为了满足古代国家的外交、宗教、商业旅行以及帝王和贵族巡游等活动的要求而产生的。当时客栈的规模一般较小、价格低廉、设备简陋，只能给旅行者提供最基本的食宿服务，可以将其看作酒店最早的雏形。这段时期出现的名人较少，且记载不详，在此不做赘述。

（二）豪华酒店时期酒店名人

随着资本主义经济的发展，旅游业发展的脚步也在不断加快，开始成了一项经济活动。为了满足新的贵族资产阶级生活和社交活动商业化的需求，豪华酒店应运而生。这个时期的酒店规模宏大、设施奢华、供应齐全、建筑考究、服务正式，并且酒店内部出现了专门的管理机构，是酒店管理机构的雏形，凯撒・里兹和卡罗是这一时期最具代表性的人物。

凯撒・里兹被称为“贵族饭店的鼻祖”，他所经营的里兹饭店以及他本人的名字成了当时最豪华、最时髦、最高级的代名词；卡罗则是巴黎大饭店的创始人。

（三）商业酒店时期酒店名人

19 世纪末至 20 世纪初期是资本主义商业快速发展的时期。这个时期，随着国际市场的不断开辟和现代交通工具的大量使用，越来越多的人加入商务旅行的行列，豪华酒店对于他们而言过于奢侈，而客栈则过于简陋，均无法与他们的需求相匹配。这时，规模较大、设施舒适完善、服务项目齐全且价格也较为合理的商业酒店应运而生。这个时期的酒店名人主要有埃尔斯沃思・斯塔特勒等。

1863 年出生在美国的埃尔斯沃思・斯塔特勒先生是酒店业历史上里程碑式的人物，他把酒店业从豪华贵族型酒店时代推到现代商业型酒店时代，因而被称为“现代商业酒店的鼻祖”。

（四）现代酒店时期酒店名人

20 世纪 50—70 年代，随着第二次世界大战的结束，和平与发展成为世界的主旋律，科学技术的进步、生产力的发展、现代交通工具的普遍使用促使了大众化旅游浪潮的出现。社会需求的变化促使酒店业进入现代酒店时期，呈现出酒店类型多样化的特征。这个时期产生了不少具有划时代意义的酒店名人，他们创造的文化对现代酒店业影响深远。假日酒店大王——凯蒙斯·威尔逊于1952年创建了第一个假日酒店，之后不到20年的时间里，他就把假日酒店的标志小旗插遍了美国高速公路通达的地方，并走向了全世界。凯蒙斯·威尔逊也因此成为这个时期的标志性人物。

我国酒店业在这个时期同样发展迅速，出现了一些酒店名人，如我国第一家酒店集团公司——上海锦江酒店集团创始人董竹君、中国酒店业创业达人季琦、我国最大民营酒店业集团创始人陈妙林等。

二、酒店名人简介

在酒店业的发展过程中，涌现出了一大批酒店名人，他们在酒店业的发展史上留下了浓墨重彩的一笔。本节主要介绍一些代表性人物。

（一）世界豪华饭店之父——凯撒·里兹

凯撒·里兹，丽思卡尔顿饭店的创始人，被称为“贵族饭店的鼻祖”。他的名字和带有他名字的饭店已经成为“时髦”与“豪华”的象征。

1850年2月23日，凯撒·里兹出生在瑞士的一个小山村。15岁时便离家独自生活，他干过许多杂活，学过锻铁，当过擦鞋工，干过商品售货员。生活的艰辛并没有让这个年轻人失去斗志，在坚定信念的支撑下，他独身一人闯荡巴黎。1867年，刚满17岁的他成为巴黎最好酒吧——沃伊辛餐馆的服务员，工作期间，凯撒·里兹有多次为国王和王后服务的经历，这为他后来服务于上层社会的办店方向和服务理念打下了基础。凭借自己的天赋和超人的努力，凯撒·里兹很快就从一名普通的服务员做到了经理。1877年，具有丰富经验的凯撒·里兹最终成为蒙特卡洛大饭店的经理。他制定了严格的卫生标准，并且成为把厕所、浴室和自来水装进客房的第一人。1891年，凯撒·里兹在罗马建造了圣·雷吉斯大饭店。1898年6月，他与具有“厨师之王，王之厨师”美誉的奥格斯特·奥斯格菲尔一起创立了巴黎里兹饭店，饭店以豪华高档的设施、精美可口的饮食以及高贵优雅的服务流程，开启了欧洲新的饭店发展时期的大门。

凯撒·里兹还提出了“客人永远都不会错”的经典命题，宁愿自己多担风险，也不轻易得罪自己的顾客。凯撒·里兹还实行“一个客人一个仆从”的做法，即为每一个客人独立配备一名服务人员，有点像现在酒店的“管家服务”。

（二）现代商业酒店的鼻祖——埃尔斯沃思·斯塔特勒（Ellsworth Statler）

埃尔斯沃思·斯塔特勒是商业酒店的创始人，被誉为“世界酒店业标准化之父”。

斯塔特勒出身于一个贫穷的小山村，生活的艰辛让这个年幼的孩子更加懂得珍惜工作的机会。1876年，年仅13岁的斯塔特勒开始在酒店做礼宾部服务员。他敏而好学，虚心求教，对新鲜事物充满了好奇心。他经常向酒店各部门员工请教，尽可能多地了解酒店的情况，并且随时记录下自己对饭店经营管理的心得体会。两年后由于工作成绩出色被升为领班。他敢于大胆创新，说服店主在酒店内开展代理火车票的业务，成为将铁路订票柜台引进酒店的第一人。

1901年，斯塔特勒为了纽约布法罗的泛美会展建了一家临时酒店。虽然会展以失败而告终，他的酒店却意外获得了不小的利润。利用这第一桶金，斯塔特勒于1904年为了圣路易斯展览会建起了另一处临时酒店，这次收获颇丰。1908年，斯塔特勒在布法罗建起了第一个永久性酒店，并且推出领先的酒店标准，推动了酒店业革命性的进展。1927年，斯塔特勒已经拥有多家酒店，并且在纽约建起了当时最大的宾夕法尼亚酒店。1928年，斯塔特勒不幸意外亡故，但他的酒店梦并没有因此而夭折。他的遗孀爱丽斯·斯塔特勒根据他的遗愿将公司继续扩张，并且在最艰难的大萧条时期顺利度过了经济危机。根据斯塔特勒的遗嘱建立的斯塔特勒基金不仅为斯塔特勒酒店的发展提供强大的后盾，而且使更多有志于从事酒店业的后来者大受裨益，极大地促进了美国酒店业的发展。

斯塔特勒先生提出了“顾客永远都是对的”这一经典论断，与凯撒·里兹的“顾客永远都不会错”的理论相呼应，堪称酒店顾客服务理论的“双璧”。

（三）旅店帝王——康拉德·希尔顿

康拉德·希尔顿，美国旅馆业中叱咤风云的人物，有“旅店帝王”的称号。

1887年，希尔顿出生在美国新墨西哥州圣东尼奥的小镇上。父母是孩子的第一任老师，善良慈爱的母亲和诚实勤恳的父亲在希尔顿成长过程中有着巨大的影响。少年时代，希尔顿一边读书一边在父亲的店里工作。在希尔顿21岁那年，父亲便将圣·安东尼奥店的经理之职交给了他，并且让他拥有部分股权。此后，希尔顿便虚心努力地向父亲学习做生意的技巧和在商业中打拼的经验，逐渐养成了勤勉努力和善于经营的本领。这些宝贵的经验为希尔顿今后的成功牢牢地打下了基础。

希尔顿刚刚涉足旅馆业的时候手里仅有5 000美元，他就是利用这仅有的5 000美元和在一个又一个伟大梦想的激励和指引下，白手起家，一步一步缔造了“旅店帝王”的神话。1943年，希尔顿在纽约、华盛顿、芝加哥等地买下了几家饭店，从而使希尔顿饭店成为第一家沿海岸线城市布局的饭店联盟。1947年，希尔顿饭店公司的股票在纽约股票交易所上市，成为第一家股票上市的饭店公司。1954年10月，希尔顿斥巨资将斯塔特勒酒店系列并购，这是一个拥有10家一流饭店的连锁酒店。这次收购是当时酒店业历史上耗资最大的一宗不动产买卖，创造了希尔顿一生中辉煌的一页。

经过坚持不懈的努力，希尔顿终于登上了美国酒店业大王的宝座。但他没有就此止步，继续在事业中不断进取，成立了国际希尔顿酒店集团有限公司，并将他的酒店王国扩张到世界各地，让全世界的人都知道希尔顿这个品牌。

（四）假日酒店大王——凯蒙斯·威尔逊

凯蒙斯·威尔逊于1913年1月5日出生于美国南方孟菲斯市西北的奥西奥拉小城镇。他在年幼时便开始自食其力，给奶油面包房做过广告，也经常利用晚上时间在一位大伯家的地下室里制作摇椅，帮食品杂货店把食品装袋等。威尔逊17岁开始经营爆米花与弹球机生意，在此后的几年里威尔逊一共开办了11家电影院。20岁时他涉足房地产。

1951年的夏天，威尔逊驾驶着汽车，带着家人一起兴致勃勃地前往华盛顿特区，打算度过一个愉快的假日。当他们进入一家汽车旅馆时，眼前的场景让他们惊呆了：旅馆有着破旧而简陋的设施、不堪入目的环境，房间内没有洗澡的地方，也没有娱乐场所，租金却贵得离谱。这一次不愉快的度假，竟为威尔逊开创了新事业的契机，他萌生了自己开一家汽车旅馆的想法。于是，威尔逊很快画出了汽车旅馆的草图，并请他一位专业制图的朋友埃迪·布卢斯坦为他想建造的汽车旅馆画出工程图纸。一次偶然的机会，布卢斯坦在家里看电视，恰巧看到电视在播放《假日酒店》的节目，布卢斯坦一时兴起就在图纸上随手写了几个字“假日酒店”，威尔逊看到这个名字后很是欣喜，于是，1952 年 8 月 1 日，威尔逊的第一家假日酒店正式开张了。

1972 年，假日酒店公司在世界各地共开设假日酒店 1 405 家，一年接待服务的旅客达 7 200万人次。除了美国陆军之外，假日酒店超过了世界上任何一个组织的膳食供应量。如今，假日酒店已经发展成为世界酒店史上分布最广、最为庞大的旅馆集团。

（五）锦江传奇——董竹君

董竹君，江苏省海门市人，1900 年出生在上海，中国著名的女企业家，上海锦江饭店的创始人。

董竹君自幼家庭十分贫穷，父亲是为洋人拉车的车夫。一个洋车夫的女儿，在当时的社会背景下是没有任何社会地位的，年幼的董竹君为生活所迫只好去青楼卖唱。一次偶然的机会，她结识了一位军人，在他的帮助下，董竹君奋力挣扎，终于跳出了火坑，成为后来的督军夫人。在丈夫去世后，她因不堪忍受封建家庭，带着女儿挣脱束缚，开创新的人生。董竹君的一句名言：“我从不因被曲解而改变初衷，不因被冷落而怀疑信念，亦不因年迈而放慢脚步。”历经无数难以想象的艰难困苦，闯过无数难以逾越的危险难关，她一边周旋于上海权贵之间，一边又紧密追随革命进步的脚步，秘密帮助、掩护共产党人进行地下革命工作。当命运的绳索无情地缚住双臂、当别人的目光叹息生活的悲哀时，她依然固执地为梦想插上翅膀。董竹君完全依靠自己的智慧、才能和勇气，创立起了锦江菜馆和锦江茶室。1935 年 3 月 15 日，“锦江小餐”正式开张，社会人士慕董竹君这位奇女子之名，纷纷而来。“锦江餐”布置幽雅、设计独特，装饰又饶有情趣，成为吸引顾客的一大亮丽的风景线。

在人民政府的帮助支持下，董竹君创立了上海第一家可以接待国宾的锦江饭店。这位奇女子不仅因创造了我国第一家饭店——锦江饭店而家喻户晓，更因她卓越的智慧、深刻的眼光和超人的勇气谱写了百年传奇而广为流传。在董竹君的家乡，人们专门建立了纪念馆来纪念这一位世纪女杰，她的故事将永远闪耀着光辉，激励后人。

（六）中国酒店业创业教父——季琦

季琦，1966 年出生在江苏南通的一个农民家庭，1985 年考入上海交通大学。1997 年 9 月，创办上海携程科技有限责任公司，任总经理。1999 年 5 月，与梁建章、沈南鹏、范敏共同创建了携程旅行网。2001 年，在携程发展正顺时，他从携程抽身而出，创办如家连锁酒店，担任如家快捷酒店管理有限公司首席执行官。2005 年，离开一手创办的如家，创办汉庭连锁酒店，并出任 CEO。2012 年，“汉庭酒店集团”正式更名为“华住酒店集团”，旗下拥有全季、汉庭、星程、漫心、海友、禧玥等酒店品牌。

目前，季琦参与创建的携程旅行网成为中国最大的在线旅游服务商，如家酒店成为国内商务酒店品牌中规模最大的品牌，华住酒店集团是中国国内第一家多品牌的连锁酒店管理集团，位列全球酒店 13 强，而且 3 家企业均已成功上市。因此，季琦是我国酒店行业名副其实的创业达人。

（七）中国金钥匙组织创始人——孙东

孙东，1965 年生于广州，国际金钥匙组织中国区主席，被誉为中国金钥匙组织创始人、服务行业的“教父”。1982 年至 1999 年，孙东在广州白天鹅宾馆工作，曾在保安部、前台部、礼宾部任职。其间他到中山大学进修外语，到美国康奈尔酒店管理学院学习金钥匙服务理论。

从 1994 年起开始，孙东从事中国酒店金钥匙组织工作，曾担任中国酒店金钥匙组织首席代表，现任该组织秘书长和中国旅游饭店业协会金钥匙专业委员会主任、中国旅游管理干部学院客座教授、国际饭店金钥匙组织理事会理事，被国际金钥匙组织授予钻石金钥匙奖章。1999 年，在全国成功引入国际金钥匙这个服务品牌后，孙东致力于培养各酒店的服务精英，把“先利人、后利己，在服务顾客的过程中找到丰盛的人生”的服务观、处世观传递给每位服务人员，并利用编织起的金钥匙服务网络，为顾客提供全面化、个性化和人性化的优质服务。

孙东认为，金钥匙服务是顾客家外的“管家”，他们主要通过综合开发、整合和利用社会资源形成遍布全世界的服务网络，由此扩大自身的服务能力和空间，一方面根据顾客的特点把酒店服务做得更个性化，另一方面根据顾客的需求把酒店服务延伸到社会甚至辐射到整个服务业，从深度和广度两方面做个性化和网络化立体拓展的酒店服务。金钥匙今后必将是酒店服务的核心竞争力之一。

（八）中国最大的民营酒店集团创始人——陈妙林

陈妙林，1952 年出生于杭州萧山县城，1980 年，28 岁的陈妙林担任萧山物资局金属公司经理。5 年后，陈妙林受命改造萧山招待所。1985 年，重新投资改造的萧山宾馆开始营业。在陈妙林的组织下，萧山宾馆突破“招待所模式”逐步壮大。1999 年，萧山宾馆改制为开元旅业集团。

自开元旅业集团成立以来，通过连锁扩张、多元经营和资本运作，陈妙林将开元旅业集团打造成以酒店业为主导产业、房地产业为支柱产业，兼具辅助性工业等产业，总资产超过 200 亿元的大型旅游产业投资与运营集团。

目前，开元集团入列“中国服务业企业 500 强”“中国民营企业 500 强”“最具规模中国饭店集团第二位”“中国旅游集团 20 强”，成为中国最大的民营高星级连锁酒店集团，旗下拥有 140 余家签约管理酒店，分布于中国 24 个省（自治区、直辖市），客房总数达 4 万多间。

第三节　酒店名人的文化贡献

酒店名人的文化贡献主要体现在两个方面：第一方面是酒店名人所倡导的酒店经营理念、服务理念及其对酒店行业所产生的影响；第二方面是酒店名人自身成长经历带来的名人效应。本书着重介绍酒店名人所倡导的酒店经营理念、服务理念及其对酒店行业所产生的影响。

一、霍斯特·舒尔茨——“我们是为绅士和淑女提供服务的绅士和淑女”

丽思卡尔顿酒店管理公司是世界上最著名的酒店管理公司之一，在世界豪华酒店业中首屈一指。它的巨大成功，除了部分归功于其创始人凯撒·里兹以外，霍斯特·舒尔茨有不可磨灭的贡献。

霍斯特·舒尔茨，丽思卡尔顿酒店的总裁兼首席执行官，可谓是一位举足轻重的人物。1999年，舒尔茨被誉为“世界公认的酒店业主”。但是，他却经常对员工说：“我很重要，但是你们比我更重要。因为如果我消失了，没有人会注意到我，如果你们消失了，就会有人注意到，是你们创造了全世界最好的酒店。”

在舒尔茨的经营理念中，核心观念就是“平等”二字。这一点在酒店的实际操作中得以深刻体现。舒尔茨常把员工比作自己的“眼睛和耳朵”，认为酒店经理和员工没有什么尊卑的区别，也表示应该给员工更多的权利。例如，酒店规定任何员工在未经上级领导批准的情况下都有权利使用高达2 000美元的金额处理顾客的投诉和纠正错误，这一做法极大地提高了员工工作的积极性。

同样，“平等”二字也体现在对酒店品牌的保护中。舒尔茨认为，品牌就是企业的心脏，但是要想真正做到品牌保护，需要每一个卡尔顿人的努力。所以，舒尔茨提出：无论在任何情况下，无论你是经理还是普通的员工，身为卡尔顿人都要时刻保证品牌能够代表最佳服务。如果麾下的每个酒店中的每一位员工都能保证服务质量，这便是企业最大的财富。在酒店的培训与考核制度中亦是如此。舒尔茨认为，培训和考核不仅仅是针对员工工作的检查或者升职加薪，真正的培训是不断提高酒店管理层和普通员工的自身素质和工作能力。酒店定期和必要的培训以及不定期的检查，不仅是对普通员工工作能力的评价，也是对管理者包括自己工作能力的检验和审查。经理和员工共同进步，这是丽思卡尔顿酒店成功的关键。

每当谈到丽思卡尔顿酒店，人们总是在脑海中浮现出各种奢华美好的场景。的确，丽思卡尔顿酒店优雅完美的服务、豪华高档的设施以及精美可口的饮食足以令每一位顾客留恋。事实上，丽思卡尔顿最值得推崇的企业文化体现在它的座右铭上：“我们是为绅士和淑女提供服务的绅士和淑女。”这一句座右铭表达了两层含义：一是员工与顾客是平等的关系，不是主人和仆人的关系；二是这是一种人对人的服务，要充满人情味和人性化。只有在员工的心里塑造“平等”的价值观念，他们才能真正设身处地为顾客着想，真正做到人性化的服务。如今，平等的价值观已成为酒店行业新的行业理念。丽思卡尔顿酒店也成为世界上其他豪华酒店的标杆。

二、埃尔斯沃思·斯塔特勒——“顾客永远是对的”

埃尔斯沃思·斯塔特勒，商业酒店的创始人，被誉为“世界酒店业标准化之父”，在酒店业取得了令人瞩目的成就，并推动了一个新的酒店时代的形成。除了天资聪颖、吃苦耐劳以及对酒店业抱有极大的热情外，他自成一派的服务哲学也是值得深究的。

“顾客永远是对的，酒店一切设施、服务都要从满足顾客的需要出发”，这就是斯塔特勒服务哲学的宗旨，这个思想在斯塔特勒酒店中无处不在。可以说，一名真正优秀的服务人员不是尽量去满足顾客提出的要求，而是在顾客提出要求之前就要想到如何去满足。斯塔特勒时时处处为顾客考虑，认为顾客在异地最需要的是感受到家的温暖。在外奔波劳累了一天，回到家想舒舒服服洗个热水澡是必不可少的，而出于顾客隐私性和个人爱好的考虑，在自己的房间内设有洗澡间则是非常方便的。于是，在酒店设计建造上，他向设计师提出要使每一个房间都拥有“私人洗澡间”，这在当时还没有先例。为了实现这样一个宏伟的计划，他首创了用一组给排水管同时供给相邻两间客房的用水形式，取得了较大的成功，并在此后的酒店业中得到了普遍应用，这后来被命名为斯塔特勒竖井式配管。在酒店经营方面，他主张在一般人能够负担得起的价格内，提供必要的舒适、方便、清洁的新型商业酒店产品。为了达到这一目标，在保证效率和服务质量的前提下，无论是客房的设计、建筑的结构、使用的设备、工作人员的组织结构、工作内容以及其他经营管理体制等各个方面都推行彻底的简单化、标准化和科学化的计数管理。“顾客永远是对的，一切以顾客为中心”这不是一句空洞的口号，这句话在斯塔特勒酒店里被发挥得淋漓尽致，在酒店业发展的过程中回荡了一个多世纪，也已成为世界酒店业以及其他服务行业的服务哲学之一。时至今日，现代酒店之所以能如此合理、便捷，许多经营理念和管理方式都来源于这一酒店巨人的贡献。

三、康拉德·希尔顿——“今天你对客人微笑了吗?”

美国希尔顿酒店在创建不到90年的时间里，从一家酒店迅速扩大到100多家，遍布世界五大洲，成了酒店业的巨头。究竟是什么因素促使酒店发展如此迅速、生意如此之好？希尔顿酒店成功的秘诀又是什么呢?

（一）希尔顿文化之微笑服务

企业礼仪是企业的精神风貌，体现着一个企业的经营理念，对企业精神的培育和形象的塑造有潜移默化的作用。希尔顿十分注重员工的文明礼仪教育，倡导员工的微笑服务。他每天问经理和员工最多的话就是：“今天你对客人微笑了吗?”1930年，正值美国经济萧条时期，很多大企业纷纷倒闭，希尔顿人却在亏本经营的情况下面带微笑，让进店的每一个顾客都能享受阳光般的笑容。等到经济危机一过，希尔顿酒店就率先进入了新的繁荣期，跨入了经营的黄金时代。希尔顿酒店以其独特的微笑服务文化温暖了美国并走向了世界。

（二）希尔顿文化之宾至如归

自成立以来，希尔顿酒店把自己的企业文化理念贯彻到每一位员工的思想和行为之中，创造了宾至如归的氛围。希尔顿写了一本书名为《宾至如归》，是每一位希尔顿人的“圣经”。希尔顿会每天专程去麾下各大酒店视察工作，检查希尔顿礼仪是否真正落实在员工的行为之中。希尔顿曾说：“只有让每一个顾客有回家的感觉，酒店才能真正留住顾客。”

（三）希尔顿文化之锐意进取

希尔顿从一开始便把酒店（旅馆）业当作一种“企业”来经营，始终站在时代的前沿，看准方向后便不遗余力地锐意进取。他曾做过多次现在看来惊世骇俗的举动。例如，早年他在英国修建伦敦希尔顿大酒店时，就把地址选在英国女王所居住的白金汉宫附近。顶着巨大的舆论压力，酒店顺利开张。因其地理位置独特，站在酒店楼上便可以对白金汉宫一览无余，因此吸引了较多游客慕名前来住宿体验，自然也给希尔顿酒店带来了滚滚的财源。

（四）希尔顿文化之寸土寸金

希尔顿酒店充分利用酒店的每一寸空间，不断地挖掘改进，把酒店的每一寸土地都变成可盈利的空间。例如，希尔顿酒店把前厅用来装饰的柱子掏空改成玻璃的陈列橱窗，租用给珠宝商；把地下室出租给人当仓库；把衣帽间改成小房间等。在希尔顿眼里，懂得如何最大化地利用现有的资源并且创造出最大化的利益，这才是一个企业的成功之道。

希尔顿创造了一个优秀的企业，其积极进取的企业精神、大胆创新的经营理念、百年不变的服务微笑以及强大的执行力，显示出作为酒店巨头的强大力量！

四、凯蒙斯·威尔逊——“机遇就是财富”

1969 年，在伦敦《星期日泰晤士报》开列的“20 世纪世界名人录”上，出现了一位与丘吉尔和罗斯福齐名的人物。他就是假日酒店大王——凯蒙斯·威尔逊。他在 30 多年的时间里使一个仅有几家汽车旅馆的假日公司发展成世界上最大的酒店集团，缔造了假日酒店的神话。那么，一个身无分文的穷小子是如何成功变身成为大名鼎鼎的假日酒店大老板的呢？威尔逊取得伟大成就的奥秘究竟是什么呢？很简单，就是机遇！机遇就是财富！

年幼的威尔逊生活非常窘迫，他喜欢看电影，经常去电影院干一些杂活。后来，他发现电影院应该出售一些可以供顾客一边看电影一边消遣的食物。于是他抓住这一机遇，说服电影院老板让他在电影院里面卖爆米花。这次，他赚得了人生的第一桶金。后来一次偶然的机会，威尔逊在携带家人一起出去游玩的时候，发现汽车旅馆不仅价格昂贵，服务设施不完善，而且竟然有孩子入住需要额外收费等不合理的要求。于是，他就萌生了自己开一家新型汽车旅馆的念头。他的汽车旅馆不仅给旅客提供理想的住宿条件，旅客能够获得许多享受和乐趣，更重要的是，这里对孩子绝对不收取额外的费用，并且要为孩子专门提供娱乐设施和游乐场所。机遇永远垂青于有准备的人，懂得如何抓住机遇并顺利转化为财富，才是企业成功的至上法宝。这一点，威尔逊做得很好。

法宝一：经营文化之出售特许经营权

威尔逊创办假日酒店之初，遇到了如何发展假日酒店连锁店的难题。他在合伙人华莱士的帮助下，想出了一个绝妙的主意，即出售假日酒店的特许经营权。拥有经营权的公司需先支付 500 美元，以后每间客房每个晚上付一定的特许使用费，同时特许经营人建造假日酒店的费用由自己支付。由于假日酒店的成功经营，许多人申请购买特许经营权，但是只有很少一部分人可以获得批准，其中许多获得批准的申请者是已经在经营假日旅馆并证明是经营成功的企业家。20 世纪 70 年代以后，假日酒店中百分之八十都是特许经营的酒店。酒店的特许经营权出售收获甚丰。

法宝二：管理文化之《假日酒店标准手册》

假日酒店为了保证在全球每一家酒店的服务标准的统一，编印了《假日酒店标准手册》，每一家旅馆都有一本，而且每一本都有一个编号，不得遗失和外传。《假日酒店标准手册》对假日旅馆的建造、室内设备和服务规程都做了详细的规定，并且这些规定非总部批准不得擅自更改。为了保证《假日酒店标准手册》规定的良好实施，假日酒店还制定了严格的检查控制制度。一经发现不合格者责令三个月内改正，再查如果仍存在问题，将加倍处罚。如果还是不能在规定时间内达标，公司将解聘经理；对于特许经营的酒店将会面临从假日酒店除名的惩罚。威尔逊凭借对机遇的敏锐嗅觉，一步步开启了假日酒店的大门，其开拓创新的经营手段、严格完善的管理制度以及乐观进取的企业精神塑造了独具魅力的威尔逊假日酒店文化，使假日酒店发展成为世界酒店史上分布最广、最为庞大的酒店集团。

五、欧内斯特·亨德森——“喜达屋关爱”

作为美国酒店业的三大巨头之一——喜达屋酒店与度假村集团在全球近100个国家拥有1 134家酒店，其自有与管理的酒店雇佣员工171 000名。喜达屋集团从建立到迅速发展壮大要归功于一位酒店大王，他就是喜达屋集团的创始人——欧内斯特·亨德森。

企业文化是一家企业的精髓。如果没有卓越的企业家，就不会有卓越的企业文化。企业家是企业的掌舵人，他们的思想和观念，甚至决定了企业文化的发展走向。欧内斯特·亨德森提出的“喜达屋关爱”就是每一个喜达屋人的金科玉律。

（一）“喜达屋关爱”之关爱员工

没有满意的员工就没有满意的顾客，员工是企业的躯体，只有每一位员工在自己的岗位上努力工作，才能使酒店得以正常运转；尤其是处于一线的服务人员，他们的言谈举止、穿衣打扮、精神面貌等在顾客面前极大地代表着酒店的形象文化。因此，对员工的关爱应作为“喜达屋关爱”的核心内容。喜达屋集团为企业员工做了周详的考虑和安排，不仅为员工提供优良的培训条件和机会，还对员工的职业生涯成长提供极大的关注和帮助。除了关爱员工的切身利益外，还保持着酒店与员工之间良好的雇佣关系，在酒店中营造一种十分和谐融洽的氛围。在这样的工作环境中，对员工工作积极性的提高也是十分有利的。

（二）“喜达屋关爱”之关爱顾客

没有满意的顾客，就没有满意的收入。关爱顾客是关爱生意的基础，企业的价值来源于顾客。顾客能够带来多少利益直接决定着酒店寿命的长短。再完美的酒店，没有顾客的光顾也只能等着关门。为此，在关爱顾客方面，集团特推出两种不同的策略来满足不同档次顾客的需要，即豪华高档品牌策略和常客计划。对于身份尊贵、较富有的顾客，实施豪华品牌策略，尽最大的可能让顾客真正享受到VIP的待遇：从顾客抵达酒店的那一刻起，都有私人管家全程服务，并且配备“金钥匙”一把，让顾客觉得酒店的服务是最贴心、最完善的。另外，酒店还推出了常客计划，该计划有一个忠实的顾客评选栏目——喜达屋嘉宾，其宗旨在于奖励并回报喜达屋的忠实顾客，被评选的顾客可以不受任何限制随时随地入住集团旗下的酒店。在对客服务上，喜达屋做出了“如果你不满意，我们同样不满意”的服务承诺。对于提出好的意见或建议的顾客，还会有丰厚的奖励。

喜达屋集团将“喜达屋关爱”文化深入每一位喜达屋人的内心，让爱溢满喜达屋酒店的每一个角落。所有渴望爱与被爱的人们纷纷慕名而来，最终成为喜达屋的忠实顾客，也正是这种爱的力量使喜达屋自始至终都保持着强盛的竞争力，在世界酒店业的激烈竞争中立于不败之地。

第四节 酒店名人文化的塑造和传播

酒店名人文化所产生的名人效应，是形成先进、积极向上的酒店文化环境的重要因素，对酒店经营哲学的建设、服务精神的传承，发挥着不可代替的榜样导向作用。因此，要加强对酒店名人文化的挖掘，并在此基础上，运用科学的方法塑造和传播酒店名人文化，积极发挥酒店名人文化效应。

一、酒店名人文化的塑造

所谓酒店名人文化的塑造，是指对酒店名人的价值观、道德观、行为方式进行提炼、总结，使之成为员工认可和遵循的文化力量的过程。

塑造酒店名人文化，首先要做好酒店名人文化的挖掘工作。做好酒店名人文化发掘、利用工作，不仅是对酒店文化的有效传承，更是盘活酒店文化、提升酒店档次、促进优质文化直接转化为酒店发展优势，从而更好地服务于酒店的重要举措。

（一）酒店名人文化的挖掘

深度挖掘酒店名人文化，打造独特文化名片，是增强酒店文化软实力的重要途径，也是发掘酒店新经济增长点的重要途径，是促进酒店产业持续科学发展的必然战略选择。因此，应多渠道、多层次，采取多种形式，充分挖掘酒店名人的优秀业绩及事迹，促进酒店名人文化的开发与利用，实现以酒店名人文化大发展推动酒店业绩的大跨越。

酒店名人文化首先体现在酒店名人的经营理念方面，具体包括酒店名人所倡导的经营哲学、企业精神及团队意识等方面。酒店名人优秀的经营理念，主要是对与酒店名人文化有关的企业经营理念进行调研，包括对企业发展过程、经营思想、规章制度以及企业文化的形成做出突出贡献的名人进行调查，对酒店行业中一些关键事件、典型事例进行调查。通过调研，挖掘酒店名人在企业经营管理过程中发挥的作用，提炼其独特的经营哲学、企业精神、价值观念。

酒店名人文化还体现在酒店服务理念方面，具体包括酒店名人的优秀服务事迹及其所蕴含的服务价值观等。挖掘酒店名人先进的服务理念，需要对与酒店名人文化有关的服务事迹进行调研。首先，广泛挖掘酒店业优秀服务人员，对其进行观察及访谈，了解其服务理念；其次，搜集整理优秀的酒店业服务事迹及案例；最后，对所征集的优秀人员及先进事迹所秉持的服务价值观进行提炼、总结。

（二）核心价值观的提炼

酒店名人文化挖掘是塑造酒店名人文化的基础，最终搜集整理的优秀经营理念及服务理念是需要通过一定的方法进行提炼总结，以一种通俗易懂的方式呈现在广大酒店从业者面前的，只有这样，酒店名人文化才能被广大从业者接受，发挥酒店名人文化效应。因此，酒店名人文化的塑造需要对酒店名人的核心价值观进行提炼，并且要强化员工对这种价值观的认同。

酒店名人一般具有与其生存及成长环境相符的积极的、正确的价值观。不同的酒店名人，因为其成长轨迹的不同，所处企业的企业文化不同，因此会形成其对企业经营、对客服务等独特的看法，形成自身独特的价值观。可以通过酒店优秀经营理念及先进服务事迹的挖掘，从中发现并选择酒店名人价值观，为酒店名人文化的塑造奠定基础。在酒店价值观的选择过程中，应该注意所选价值观的正确、科学、特色等；另外还要注意价值观与酒店文化的一致性及酒店员工的认可程度。

酒店名人文化效应发挥的前提是酒店名人文化所倡导的价值观被酒店员工认同。因此，在选择了正确、科学的价值观之后，还应该将其通过一定的方式灌输给所有员工，让酒店员工的行为与酒店文化及酒店名人文化所倡导的价值观保持一致，强化员工的价值认同感。

二、酒店名人文化的传播

酒店名人文化的传播是指将酒店名人文化理念符号化，借助符号编码和解码过程，以隐喻的方式，将酒店名人文化的目的与意义符号的功能联系起来，通过符号化的传播推广，展现酒店名人文化的价值观及经营理念，促使酒店员工和外部公众使用符号，共享意义，形成酒店所期望的价值行为规范。

酒店名人文化要想真正发挥其效应，就必须依靠一些有效的传播手段，使广大酒店从业人员知晓并接受其核心理念，在广大员工心里生根发芽，否则，即使再有魅力的酒店名人文化也只能如空中楼阁。

（一）酒店名人文化的传播对象

1. 对内传播

酒店名人文化的对内传播实际上是对酒店业内部员工及管理者进行的文化培训、教育、宣传、灌输，其目的是让广大酒店从业者能够了解并接受酒店名人文化，用酒店名人文化所倡导的价值观去指导具体工作。酒店名人文化对内传播不仅可以促进酒店企业文化的形成，又可以使酒店名人文化得到传承和发扬。

2. 对外传播

酒店名人文化对外传播是指通过酒店业从业人员，全面准确地对外展示、传播酒店名人文化。通过酒店名人文化的对外传播，不仅可以树立企业形象、提高品牌忠诚度和竞争力，同时也兼有推动社会精神文明建设、促进社会文化进步的作用。

（二）酒店名人文化的传播方式

具体来说，酒店名人文化的传播可以采用教育培训、内部推介和媒体宣传等方式来进行。

1. 教育培训

教育培训是对内传播企业文化的首要手段，也是传播酒店名人文化的重要手段。通过入职培训、企业文化培训、企业动员大会等有针对性的培训方式，加强对员工的文化灌输，不断提高员工对酒店名人文化的认知，使员工的素质及价值观在潜移默化中得到提高。

2. 内部推介

内部推介也是酒店名人文化内部传播的一个重要途径。可以将酒店名人文化用语录、标语、口号等形式表达出来，营造一种浓厚的文化氛围；可以举办一系列关于酒店名人文化的活动、仪式、庆典等；可以通过酒店行业会议平台，挖掘并推介相关酒店名人文化；可以通过编写酒店优秀服务案例等方式来传播酒店名人的先进事迹或者价值观等。

3. 媒体宣传

媒体宣传是企业对外传播酒店名人文化的有效方式。可以通过电视、杂志、新媒体等大众媒介将无形的酒店名人文化有形化，使酒店名人的人格魅力、价值观、行为方式以更加生动、灵活的方式呈现出来，使酒店名人文化深入人心，提升大众对酒店的认可与忠诚。

本章小结

（1）名人可以从广义和狭义两个层面来理解。广义的名人是指在一定领域为大家所熟知的人，既包括做出突出贡献而广为人知的名人，也包括产生较大负面影响而广为人知的名人。狭义的名人则指在某一领域中对社会的发展起到较大的正面作用，从而在人们心中留下深刻印象的人。

（2）名人之所以为名人，在于他们的言行为大众所知晓，他们的业绩得到大众的肯定和赞许。因此，名人应该同时具备三个条件：第一，具有较高的知名度，在一定领域广为人知；第二，名人应该具有高尚的品德；第三，名人对社会有突出的贡献。

（3）酒店名人是指在酒店行业做出突出贡献，并广为酒店从业人员所熟知和认可的品德高尚的人。

（4）名人文化包含三层意思，第一，名人文化是由名人在各自领域的实践活动中所创造或围绕名人而产生的；第二，名人文化的内涵很丰富，既包括物质层面的文化，又包括精神层面的文化，但主要是精神层面的文化；第三，名人文化是一种文化现象，具有一定的社会文化张力，会产生一定的社会文化影响。

（5）酒店名人文化是指酒店名人在酒店实践过程中所形成，具有一定的文化张力，并对酒店业的发展产生了一定影响的文化成果及文化现象的总和。

（6）名人文化不同于一般的企业文化，因此不能简单用企业文化的表现形式来解释名人文化。名人文化的表现形式可以归纳为精神文化、物质文化、道德规范、价值观、文化影响等，既有物质的，也有精神的，但更主要的是精神层面的价值。

（7）酒店名人文化主要包括酒店名人的价值观念、道德规范、经营理念、服务理念、团队意识等。

（8）酒店名人文化不同于一般名人文化，其产生离不开酒店这个行业，因此具有深深的酒店业烙印，其特征包括内涵的丰富性、观念的时代性、理念的独特性、影响的深远性等。

（9）酒店名人文化具有一定的文化张力，对酒店行业的发展及酒店从业者的成长具有深远的影响，具体来说其可以提升酒店的整体形象、引导员工树立正确的价值观、激发员工的工作积极性、增强员工的环境适应能力。

（10）按照酒店名人所处酒店类型的不同，酒店名人可以分为度假酒店名人、商务酒店名人、汽车酒店名人；按照酒店名人所处酒店业发展时期不同，酒店名人可分为客栈时期酒店名人、豪华酒店时期酒店名人、商业酒店时期酒店名人及现代酒店时期酒店名人；按照酒店名人国别的不同，酒店名人可以分为国外酒店名人和中国酒店名人等。

(11) 酒店名人文化的塑造，是指对酒店名人的价值观、道德观、行为方式进行提炼、总结，使之成为员工认可和遵循的文化力量的过程。

(12) 酒店名人文化传播是指将酒店名人文化理念符号化，借助符号编码和解码过程，以隐喻的方式，将酒店名人文化的目的与意义符号的功能联系起来，通过符号化的传播推广，展现酒店名人文化的价值观及经营理念，促使酒店员工和外部公众使用符号，共享意义，形成酒店所期望的价值行为规范。

(13) 酒店名人文化的对内传播实际上是对酒店业内部员工及管理者进行的文化培训、教育、宣传、灌输。酒店名人文化对外传播是指通过酒店业从业人员，全面准确地对外展示、传播酒店名人文化。

(14) 酒店名人文化的传播方式包括教育培训、内部推介和媒体宣传等。

延伸阅读

约翰·威拉德·马里奥特与万豪集团

马里奥特公司是从餐饮业起家的，至今仍是美国餐饮界规模仅次于麦当劳公司的第二大宴会承包商，但马里奥特公司更有名的产业当属饭店业。

1927 年，马里奥特夫妇在华盛顿开了一家生啤酒店。华盛顿的夏季炎热又漫长，常有人向这家生啤酒店购买软饮料。于是，马里奥特夫妇打算再增加冷饮服务，但是华盛顿的冬季也很漫长，对于冷饮业来讲这无疑是一个难熬的淡季。所以，夫妇俩又增加了华盛顿地区从未有过的墨西哥小食品来维持冬季的营业。

这家名为“红火商店”的小餐馆生意的确红火起来，其风味独特的精美食品和充满家庭气氛的环境，吸引了许多食客。到 1929 年，红火商店公司正式成立了。

即使是在大萧条时代，红火商店公司的生意依然保持盈利。为了扩大业务范围，1937 年，马里奥特夫妇第一次跨出了门市经营的方式，华盛顿老机场胡佛航空港向东方航空公司、美国航空公司等航空客运公司的大型航班供应快餐盒饭。在机场获得成功后，夫妇俩又在 1939 年赢得了美国财政部大楼供应盒饭的合同。到 20 世纪 50 年代，这种盒饭业务又扩大到华盛顿儿童医院。红火商店公司还开设了 5 家较大的餐馆。

1957 年，马里奥特夫妇再度进入新行业，他们在弗吉尼亚州开设了马里奥特汽车旅馆，首次进入饭店业。从此，人们不断从报纸上看到红火商店公司新的旅馆和餐馆正式开业的启事。

马里奥特夫妇在 1964 年把公司交给儿子比尔经营，此时的红火商店公司共拥有 45 家餐馆、4 家大型饭店。比尔的上台，加快了红火商店公司的发展速度。他把发展重点集中在饭店业上，认为饭店业这种综合性行业，既能促进餐饮业又可促进房地产业，是“一次投资、多渠道赚钱”的好买卖。经过连续 6 年的兴建与收购，比尔把公司饭店业的规模扩大了 4 倍，使公司在收入和利润上都超过了希尔顿饭店。

比尔在餐饮业的发展也未停顿，1966 年他买入一家委内瑞拉飞机食品供应公司，红火商店公司拥有了海外业务。随后在美国买入 22 家“胖小子”连锁餐厅以及罗伊·罗杰斯快餐公司。1967 年，公司更名为马里奥特公司。

比尔在 1971 年向《福布斯》杂志解释他的扩张目的时说：“我想建立这样一个企业，

它能够为离家在外的人提供任何他所需要的服务。”

在20世纪70年代，赌博业成为热门的休闲投资市场，但比尔却坚决回避了这一市场，继续集中力量于饭店业。

马里奥特公司所经营的饭店业都是高档次的，主要面向上流社会和商人。因此，公司的饭店都拥有设备齐全的会议大厅和豪华餐厅，许多商界、政界、文娱界的重大集会都选择在马里奥特公司的饭店举行。这些饭店大多集中在波士顿、纽约、洛杉矶等大城市。随着航空业的发达，马里奥特公司又逐渐在机场附近兴建饭店。在整个20世纪70年代，公司在饭店业发展上共投资30亿美元，客房数以平均每年17%的速度急剧上升。

当20世纪70年代末期出现经济衰退的迹象时，马里奥特公司在饭店业上的发展步伐出现了短暂的停顿。比尔为保险起见，在饭店业投资上持观望态度，而把资金转向餐饮业，他买下了著名的吉诺连锁餐饮公司。后来，马里奥特又买进了在机场经营食品、饮料和其他商品的霍斯特国际公司，成为该行业中最大的公司。

在观望了几年后，比尔发现单凭高档饭店难以维持当年17%的客房增长速度。而从报纸上看，顾客似乎对中档饭店的服务充满抱怨的情绪。比尔决定闯入潜力庞大、困难与机遇同样多的中档饭店市场。他专门组织了一个市场调查小组，交给他们的任务是：准确调查出顾客为什么花钱不多还抱怨，为了省钱他们到底愿意放弃哪些服务待遇。

经过3年市场调查后，马里奥特公司在1983年推出了中档旅馆“庭院饭店”。第一家庭院饭店建在亚特兰大，整个饭店为两层小楼，共有150个房间。饭店中没有侍者、没有房间服务、没有大型会议室和宴会厅，却有高档豪华的客房、精美优惠的自助餐。比尔说：“住中档饭店的人最关心的是吃和住，他们不在乎（甚至可能不习惯）别人的服务。因此，我们把服务中省下的钱，全部都投放到住和吃上。庭院饭店不是那种中档服务、中档食宿的中档饭店，它是低档服务、高档食宿的中档饭店。我们至今还没听到客人对庭院饭店的抱怨。”

在经济衰退、行业竞争加剧的情况下，比尔采取的另一项加快公司发展速度的方法是放弃对大多数饭店的所有权。从1982年起，马里奥特公司在新建成一座饭店后，立即出售该饭店，但买方必须同意由马里奥特公司派人负责经营管理。比尔认为这种方法可以加快公司利润的增长速度、减少投资风险，同时也比将经营权出租给特许承包商的做法更能保证经营质量。

庭院饭店的成功，给马里奥特公司饭店业注入了活力，同时也带来了新的启示：顾客更注重在舒适的环境中自由自在地生活，而不需要饭店强加的服务。故此，马里奥特公司在20世纪80年代中期又打入了豪华公寓市场。

就在这些新饭店、新公寓红红火火的发展之际，比尔又组织了一次新的市场调查，开始对老龄化问题日益突出的社会现状进行研究。经过数年调查后，马里奥特公司着手兴建“老年社区”。目标顾客是那些无人照料的退休老人。以前，这类老年服务都由一些非营利性组织经营，但由于资金不足、条件有限，许多老人得不到很好的照顾，更多的老人无法进入其中。营利性、公寓性的老年社区解决了这些矛盾，在1988年试营业后大受欢迎。为此，比尔宣布：马里奥特公司将在20世纪90年代中期建成150个老年社区。

约翰·威拉德·马里奥特在市场开发上颇有开创精神，但在经营上是个谨慎的企业家。

和美国其他大饭店主相比，他似乎不太勇于冒险，惯于审时度势、量力而行。他嫉恨借贷，以至到1953年才开始向公众出售股票，而售出的股票最多不超过其总价值的1/3。

尽管如此，从一个小小的餐饮店主到一个赫赫有名的世界大饭店与食品联号集团的董事长，约翰·威拉德·马里奥特在经营管理上确有其独到之处。

（1）强调制度和标准化管理。马里奥特所属的饭店、旅馆及航空食品公司都采取典型的美国式管理方法，即一切服务、一切食品制作都强调程序化、质量标准化、工作制度化。马里奥特要求其每个员工衣袋里要放一本工作手册，随时对照检查自己的工作职责、工作范围以及完成任务的情况，是否已经达到了质量标准，是否已经具备了承担该工作的知识技能和实践技能。例如，厨师衣袋里放一本食品配方和菜式配方，一切要按照标准、按照程序、按照规章要求去做，不得随意更改；服务员做房间时，规定在不到半小时之内必须按照66个步骤去做等。马里奥特的这种制度和质量标准管理既控制了成本费用消耗，又保证了食品和服务质量，为马里奥特饭店的质量盛誉奠定了基础。

（2）实行集权领导。马里奥特从创业开始一直坚持集权领导。从食品的采购、贮存、粗加工到供餐服务都实行集中领导、统一管理。虽然多少年来，业界对集权领导一直存在着争论，但是马里奥特一直是坚持这样做的。1937年，马里奥特建立了统一的贮存中心和粗加工基地，占地3万多平方米，内设食品的质量控制实验和厨房操作检验实验室，其成果是有力地控制了成本的消耗和食品的质量标准。饭店管理实行总经理领导负责制，总经理是饭店经营管理的一家之长。由他发布经营管理命令、经营战略、竞争措施；也由他控制和检查服务质量以及决定企业的发展方向。马里奥特还要求，一切马里奥特饭店、汽车旅馆、航空食品公司必须按照马里奥特饭店联合公司的统一经营方针、仪器质量标准、服务质量标准去经营管理。马里奥特的"集权领导负责制"的成功经验被一些饭店联号研究和效仿。

（3）马里奥特饭店联合公司坚持开展多种经营的方针。开展多种经营是马里奥特的经营方针之一，早在20世纪70年代，马里奥特的经营市场就分成三个方面：即航空食品、汽车旅馆和旅游及商业旅馆、饭店及家庭快餐，三项的营业收入各占总收入的1/3，1974年，每天供应的食品收入达110万美元。马里奥特饭店联号公司所属饭店提供的服务项目有无人自动售货机、盘式餐桌用餐服务、自助餐服务、工厂用餐服务、企业办公室用餐服务、公共场所自助快餐服务。另外，马里奥特还建立了一些特殊餐馆，如路边快餐店、汽车旅馆及快餐店、航空食品快餐以及1975年在纽约开设的世界上最大的汽车旅馆及拥有16 500间客房的汽车旅馆群。

（4）马里奥特饭店的经营管理方式。马里奥特是以竞争、跳跃、探测市场需求以及有效的组织机构实现目标管理的。这种以其目标管理和竞争手段不断推动马里奥特饭店跳跃式发展的特点，不仅符合美国的管理方式，而且遵循一般饭店的发展规律。例如，马里奥特在马萨诸塞州牛顿城开设一家汽车旅馆时，拥有433间客房的马里奥特先生邀请4 000人参加开业典礼，并留客人一个晚上，可是事后客人发现自己要正常付房费。显而易见，马里奥特的管理方式与众不同，他从不跟随在别人后面，而是按自己的探索，使用别具一格的经营管理方式。

（5）注重创新的传统。马里奥特致力于提高服务质量与服务效率，他在餐馆与车场安装了内部联络系统，顾客在车上一点菜，服务员现场通知厨房，当服务员从停车场返回柜台时，客人的菜已经开始制作或者已经做好，放在柜台上。这样大大提高了餐馆的服务效率。

他把精力放在寻找新地址、创造新方法、加强监督与提高效率上，并且强调以合理的价格服务尽可能多的人。他最早在餐馆建设汽车驶入通道，顾客可以不下车就能点菜并把饭菜带走。

(6) 重视宣传促销。马里奥特非常重视广告对酒店的促销作用，在第一家小餐馆开业前，马里奥特利用学校的孩子散发优惠券的办法，使他对广告的作用有了新的认识。他认为广告成功的三大原则是：第一，以尽可能低的代价把信息传递给尽可能多的人；第二，把信息不断地传递给尽可能多的人；第三，在顾客头脑中不断地留下一种突出的不可磨灭的印象。

(7) 地理位置是酒店与餐馆成功的关键。马里奥特往往把自己的酒店与餐馆建在大桥边，他认为道路容易改线，桥一般不易迁走。他总是根据交通格局的变化来改变酒店与餐馆的地理位置。

阅读思考

1. 约翰·威拉德·马里奥特在马里奥特饭店集团发展过程中的文化贡献有哪些?
2. 尝试总结有关约翰·威拉德·马里奥特的名人文化。

复习思考

1. 名人应该具备哪些条件?
2. 名人文化的内涵是什么?
3. 酒店名人文化的表现形式有哪些?
4. 酒店名人文化的特征有哪些?
5. 酒店名人文化的作用有哪些?
6. 酒店名人文化的分类有哪些?
7. 酒店名人文化的塑造方法是什么?
8. 酒店名人文化的传播途径有哪些?
9. 阐述名人文化与企业文化的区别。
10. 阐述酒店名人文化与酒店品牌的关系。

参考文献

[1] 章采烈. 论历史名人级差及其效应——中国名人名胜资源的旅游价值 [J]. 旅游学刊, 1994, (4): 44-47.
[2] 沙永胜, 辛文, 陈美瑛, 顾嵬君, 等. 高扬名人文化的旗帜——吉林市名人档案馆建设纪实 [J]. 兰台内外, 2001, (1): 52-56.
[3] 冯昆思. 试论云南历史名人旅游资源及其保护与开发 [D]. 北京: 中央民族大学, 2003: 14-17.
[4] 李婷. 临桂名人文化与语文课程资源开发利用研究 [D]. 桂林: 广西师范大学, 2015.
[5] Evans J., D. Hesmondhalgh. Understanding Media: Inside Celebrity [M]. New York: Open University, 2005.
[6] 沙永胜. 名人文化研究 [J]. 兰台内外, 2001, (6): 44-49.

[7] 邓勇勇．乡村名人文化旅游开发研究——以洛克故居为例［J］．中国商贸，2012，(25)：178－180.
[8] 朱艳梅，郭顺峰．武当名人文化的内涵及旅游资源价值探析［J］．郧阳师范高等专科学校学报，2009，29（6）：6－9.
[9] 秦晋．名人现象和名人文化［N］．工人日报，2000－06－18.
[10] 谭清宣．试论涪陵名人文化的内涵与开发［J］．长江师范学院学报，2013，29（1）：20－23＋133.
[11] 顾岫荫．名人文化和民族精神教育［J］．辅导员，2003，(Z1)：54－56.
[12] 王彩琴．河南名人文化与旅游开发［J］．河南科技大学学报（社会科学版），2011，29（3）：80－82.
[13] 赵心宪．基于历史认同的"名人文化"概念界定问题——巴渝文化名人研究学术思考之二［J］．重庆第二师范学院学报，2016，29（1）：38－44＋174－175.
[14] 黎永泰，李文勇．试论企业文化传播的内涵和特点［J］．企业科技与发展，2010.
[15] 姜杉，浅谈企业文化传播的有效方法和途径［J］，商情，2009（12）：18.
[16] 周三多．管理学［M］．北京：高等教育出版社，2015.
[17] 徐萍．饭店文化［M］．北京：中国铁道出版社，2010.
[18] 林璧属．饭店企业文化塑造［M］．北京：旅游教育出版社，2009.
[19] 李咏．酒店帝王：希尔顿传奇［M］．北京：中国经济出版社，2011.
[20] 凯蒙斯．抓住机遇——威尔逊和他的假日酒店［M］．上海：上海译文出版社，1999.
[21] 钱炜．饭店标准化之父——斯塔特勒［J］．饭店现代化，2004.
[22] 一刚．锦江饭店与董竹君［J］．食品与生活，2009.
[23] 滕秋丽．浅谈饭店文化以及建设饭店文化的途径——以"喜达屋关爱"为例［J］．经济研究导刊，2013.
[24] 勇强．从穷小子到酒店大老板［J］．致富之友，2005.
[25] 义鸣．"旅店大王"凯蒙斯·威尔逊［J］．名人传记，2014.
[26] 张宇庆．宾至如归——希尔顿饭店独特的营销文化理念［J］．中外企业文化，2001.
[27] 徐萍．饭店文化［M］．北京：中国铁道出版社，2010.
[28] 徐昌贵，谢春山．饭店文化的塑造与维系［J］．青岛酒店管理职业技术学院报，2010.
[29] 李振海．丽兹卡尔顿——豪华酒店的管理典范［J］．旅游时代，2012.
[30] 王洪莉．喜达屋酒店与度假村国际集团［J］．饭店现代化，2013.
[31] 黎永泰，李文勇．试论企业文化传播的内涵和特点［J］．企业科技与发展，2010(14)：217－218＋221.